U0897514

一种新媒介的长处，将导致一种新文明的诞生。

—英尼斯：《帝国与传播》

媒体的力量并不只是在于（甚至不主要在于）它宣告事实的力量，还在于它有力量提供宣告出现的形式。报纸或电视上的新闻和“现实世界”不仅在内容上，也在形式上存在一种联系。也就是，世界被组合成一种毋庸置疑且不受关注的叙述惯例，并被理想化，它不再是讨论的对象，而成了任何讨论的根本前提。

—迈克尔·舒德森：《新闻的力量》

在新媒体语境下，借助于新媒体的易于接近性和极大便利性，人们或主动或被动地将工作、生活媒介化，将现实世界数字化。在这种新媒体语境里，新闻叙事又是如何匹配这个数字化的现实世界的呢？

下面就让我们开启这段探索的旅程……

国家社会科学基金项目成果

News Narrative in the Context of New Media: Discourse Evolution and Fuzzy Boundary

新媒体语境下的新闻叙事：话语嬗变与模糊边界

曾庆香　著

科学出版社
北　京

内 容 简 介

互联网所促成的数字化生存状态极大地改变了人类新闻叙事的方方面面。

本书从叙述者到叙事方式，从叙事样态到叙事语体，从叙事模式到叙事原则，从叙事补充到叙事声音，结合经典叙事学和后经典叙事学的理论进路，针对当今鲜活的、五彩斑斓的新媒体语境下的新闻叙事变革与创新进行系统、全面的论述。本书体系完备，逻辑严密，观点新颖，虽然学术色彩浓厚，但可读性强。

本书适合媒体从业者、政府管理者、专业研究者阅读。

图书在版编目（CIP）数据

新媒体语境下的新闻叙事：话语嬗变与模糊边界/曾庆香著. —北京：科学出版社，2021.12

ISBN 978-7-03-067528-6

Ⅰ. ①新… Ⅱ. ①曾… Ⅲ. ①新闻写作-研究 Ⅳ. ①G212.2

中国版本图书馆 CIP 数据核字（2020）第 258238 号

责任编辑：冯丽萍 赵 洁 / 责任校对：贾伟娟

责任印制：苏铁锁 / 封面设计：蓝正设计

科学出版社 出版

北京东黄城根北街 16 号

邮政编码：100717

http://www.sciencep.com

北京凌奇印刷有限责任公司 印刷

科学出版社发行 各地新华书店经销

*

2021 年 12 月第 一 版 开本：720×1000 1/16

2021 年 12 月第一次印刷 印张：18 1/4 插页：2

字数：301 000

POD定价： 98.00元

（如有印装质量问题，我社负责调换）

自序

媒介即讯息。互联网所引发的无远弗届、无孔不入的社会革命，是对马歇尔·麦克卢汉这一当时振聋发聩的观点最彻底的诠释。

互联网在信息传播方面所造就的日新月异的变迁，既灿若星辰，又俗如凡尘，让人们既知“白昼之光”，又识“夜色之深”；既站在台上参与演奏“新闻交响乐”的华章，又坐在台下与缥缈而真实的芸芸众生“指点江山”。

数字化、媒介化的生存状态，让众人把自己的生命都当成了一场秀。身份的自由穿梭，时空的随意切换，成就了新媒体语境下的新闻叙事内容上的活色生香、形式上的五彩斑斓。

拙著即是对互联网所造就的新闻叙事的种种创新进行审视、分析的结果，是我2014年国家社会科学基金项目“新媒体语境下的新闻叙事研究”（项目编号：14BXW004）2019年初结项的成果，也是我2005年出版的专著《新闻叙事学》在新媒体语境里的延伸。

书稿漫长又烦琐的三审三校终于完毕，刚长舒一口气，生发愉悦之感，忐忑与焦虑又接踵而至。忐忑因由拙著即将接受“检阅”，如非能带给读者收获而浪费其宝贵时间，将深感罪莫大焉。此份不自信源于无论前期的撰写，抑或后期的修改，真切地感到己之才疏学浅与学术短板。此必使书稿存在挂一漏万、学术想象力不够丰富等诸多缺点。如真让各位读者大失所望，我一直在线，恭请教诲，恭候雅正！

近几年，在埋头做学问之余，常环顾四周，发现周围一拨拨学术新秀如春笋般涌现。他们理论功底深厚，研究方法科学新潮，英语听说读写流畅，论文模式与国际接轨，在SSCI期刊上频频发文，在国际会议上侃侃而谈。为我国学术蓬勃发展欣喜之余，躬身自省，发觉我对学术四肢“历史、理论、方法、英语”的掌握，竟无一令己满意。这既有吾之年代的先天不足之因，又有己之早年未能居安思危、与时俱进之由，导致一方面深感学术竞争压力山大，另一方面又觉江郎才尽、黔驴技穷。焦虑据此而生。

心欲奋起直追，然随着年岁增长，常觉力有不逮，记忆衰退，又面临层出不穷的新媒介，新知识随之日新月异，深惧思想、理论、方法落伍于时代，心常惶惶然……何以解忧，唯有文章！

回顾自己的学术之路，深深认同李普曼 25 岁时的感叹：“我们的生活是被幕后操纵的；我们是自己也无法解释的戏剧中的演员。”（《放任与驾驭》，1914 年）反思自己读硕、读博、更换专业之初心，一是为了脱离教师队伍，崇尚“铁肩担道义”之职；二是为了不受书籍、考试之折磨。谁知天不遂我愿，竟与教师、书籍结下了不解之缘。许是事与愿违，许是博士学位论文对仅有兴趣的“压榨”，致使博士毕业后的最初两年出现看到理论书籍甚至专业书籍就本能地心生厌恶。两年之后，知识积淀已用尽，碍于工作、考核压力，慢慢拾起书本，撰写论文，申请课题，不知何时，心境慢慢转换，学术之路在我心目中竟由“白饭粒、蚊子血”转变为“白月光、朱砂痣”，以至最近几年，对学术生出热爱，尤其对理论书籍爱不释手。可谓心由境生，心随物转，境之所在，心之所向。“拥有的才是最好的”，不是参悟之果，也不是解嘲之词，而是自己真实心境的写照。

科研之辛劳，旁人难以感同身受，只有同人才惺惺相惜。当我没有想法、没有问题时，会焦躁不安；当我有写作冲动，又常陷入困顿之时，恨不能拿头撞墙，撞出思路；当我沉浸在状态中，观点、材料在脑海翻飞，我又极度亢奋，难以成眠。

科研之踟蹰，学术攀爬之艰难，非常人之能理解。思辨与实证，国内与国外，研究套路不同，写作模式有异。我的写作速度缓慢，各种研究套路不熟练，难以二者兼顾。当我做思辨研究时，唯恐自己形而上，因虚幻而无价值；当我做实证研究时，又恐细碎而缺乏深度、高度与厚度。当我的文章追求在国内发表时，深觉自己未与国际接轨；当我试图寻求国际发表时，又怕被国内学者所遗忘。我永远在否定，永远在挣扎。

非常羡慕那些年轻学者，思辨实证转换自如，国内国外期刊通吃。目前，这是我求而不得又让我郁闷不已之事。且用“日拱一卒，功不唐捐”聊以自慰吧！

虽如此，我在学术上也常享受到高级愉悦，当对问题进行长时思考而豁然开朗时，当对现象用理论解释透彻时，当文字、书稿变成一行行铅字时，尤其当年轻的学者或年老的长者肯定甚至谬赞自己的文章时，成就感、幸福感来得太猛烈，竟无以言表，让我苦中作乐，甘之如饴！

尼采说：每一个不曾起舞的日子，都是对生命的辜负。拙著虽离完美、无懈可击很远，却是我努力“起舞”的展示，算是我未辜负2014～2019年这段时光的见证吧！

致谢

拙著的面世，让埋藏我心中已久的感恩之情喷薄而出……平日怯于表达，借此机会略表我的感激之情。

感谢国家社会科学基金的资助，如果没有这一项目的鞭策和结项压力，拙著可能还仅仅虚幻地存在于我的脑回路之中。

感谢中国社会科学院新闻与传播研究所前任所长尹韵公老师。在我的学术成长道路上，他多次给予无私的指点、帮助，让我受益匪浅。

感谢中国人民大学新闻学院陈力丹老师。他对我长期的栽培，对拙著的迷津指点，对部分章节的赞赏，既给予我信心又督促我笔耕不辍。

感谢中国社会科学院新闻与传播研究所所长唐绪军老师。他多次对我的文章进行字斟句酌的修改，让我领悟到如何高屋建瓴地架构文章。

感谢我的课题组成员、中国传媒大学新闻学院的陆佳怡、仇筠茜老师对拙著第七章所做出的贡献，她们在我这一章的初稿写作中给予了较多的帮助，并对其进行了修改。感谢我的博士常媛媛、吴晓虹，硕士高红梅、沈璜，硕士研究生李嘉楹、肖孟乔、郭文琛对拙著资料的搜集、格式的调整、文稿的校对。

感谢家人对我工作的全力支持，容忍我挑灯夜战，黑白颠倒。在我痛苦、烦躁、徘徊之时，他们给予我关心、鼓励和宽慰，让我迅速冲破迷雾，调整心态，走出低谷，进入且写且珍惜的享受状态。

感谢中国传媒大学的高晓虹、雷跃捷、隋岩、张毓强、刘自雄、刘年辉老师和其他领导、同事。感谢中国社会科学院新闻与传播研究所的方勇、季为民、王怡红、宋小卫、杨瑞明、钱莲生、张满丽、刘瑞生、朱鸿军、王凤翔和其他领导与老师。感谢北京电影学院的胡智锋老师。他们都给予了我各种鼓励和帮助。

感恩的名单还可列很长很长：中国教育电视台的胡正荣老师，清华大学的李彬老师、史安斌老师、陈昌凤老师，中国人民大学的杨保军老师、彭兰老师、王润泽老师，复旦大学的黄旦老师，武汉大学的单波老师，南京大学的夏倩芳老师，上海大学的吴信训老师，浙江大学的邵培仁老师、吴飞老师，深圳大学的吴予敏老师、黄春平老师，苏州大学的陈龙老师，四川大学的蒋晓丽老师、赵毅衡老师，重庆大学的董天策老师……他们在我的学术道路上都给予了我帮助。

感谢国家社会科学基金项目结项时的五位匿名评审专家，他们的评审意见也让我受益不少。

感谢科学出版社和编辑张宁、冯丽萍、赵洁，她们的认真严谨让我肃然起敬。感谢中国广播电视出版社的李晓霖编辑、中国书籍出版社原编辑李建红（现已高升为《出版发行研究》主编）。

要列出在学术上所有帮助过我的人是不可能的，感谢所有帮助过我的师长、朋友和同学！

曾庆香

2021 年 3 月

目录

表层新闻景观篇

底层变革逻辑篇

绪论：既是语境又是媒介

在互联网横空出世五十多年来的当今，人类已完完全全进入尼古拉·尼葛洛庞帝（Nicholas Negroponte）所描绘的数字化生存状态。下面这组数字真切地证明人类的这种数字化生存：互联网数据研究机构 We Are Social 和 Hootsuite 共同发布的《数字 2021 全球概览报告》（*Digital 2021 Global Overview Report*）指出，2021 年 1 月全球互联网用户数量已达 46.6 亿（占全球总人口的 59.5%），用户每天在所有设备上使用互联网的时间为 6 小时 54 分钟[①]；中国互联网络信息中心（China Internet Network Information Center，CNNIC）发布的第 47 次《中国互联网络发展状况统计报告》显示，截至 2020 年 12 月，我国网民规模达 9.89 亿，互联网普及率为 70.4 %。[②]这种数字化生存状态足以说明人们每天生活在媒体之中（live in），而不是与媒体生活在一起（live with）[③]，这甚至使得人类的生活与工作领域已经很难再找到一块未被肇始于互联网的新媒体侵入、开垦的“土地”。

在个人层面，人们的衣食住行、工作、学习、休闲、娱乐都被互联网渗透与重构，人们的各种习惯，如购物习惯、娱乐习惯、社交习惯、思维习惯、学习习惯、信息获取习惯、工作习惯等都被彻底改变。

在国家层面，经济结构、权力结构、机构组织、国际关系、国家治

---

① We Are Social & Hootsuite. Digital 2021 global overview report [R/OL].（2021-01-27）[2021-07-10]. https://wearesocial.com/digital-2021.

② 中国互联网络信息中心. 第 47 次中国互联网络发展状况统计报告[R/OL]. 2021[2021-07-10]. http://www.cnnic.net.cn/hlwfzyj/hlwxzbg/hlwtjbg/202102/P020210203334633480104.pdf.

③ BECKETT C, DEUZE M. On the role of emotion in the future of journalism[J/OL].（2016-09-05）[2020-12-01]. https://journals.sagepub.com/doi/full/10.1177/2056305116662395.

理等诸多方面也受到了新媒体的强烈影响。我国邮电系统的发展历程便是新媒体影响机构组织的缩影：1949 年，邮电部成立[①]；1994 年，邮电部分离出了邮政总局、电信总局两个企业局[②]；1998 年，全国推行邮电分营，撤销邮电部，在原邮电部和电子工业部的基础上组建信息产业部，成立国家邮政局（国家邮政局由信息产业部管理）[③]，随后电信业实现了政企分开；2007 年，国家邮政局实现政企分离，组建中国邮政集团公司[④]；2008 年，信息产业部被整合划入新组建的工业和信息化部，国家邮政局转由交通运输部管理。[⑤]

国家广播电视总局的发展历程更彰显了新媒体的影响：1949 年 6 月中国广播事业管理处成立；1949 年 11 月，中国广播事业管理处扩充为广播事业局[⑥]；1952 年，广播事业局改为中央广播事业局[⑦]；1982 年 5 月，中央广播事业局撤销，设立广播电视部[⑧]；1986 年 1 月，广播电视部改为广播电影电视部[⑨]；1998 年 3 月，广播电影电视部的电视网络政务管理职能划出后，改组为国家广播电影电视总局[⑩]；2013 年 3 月，将国家新闻出版总署和国家广播电影电视总局的职责整合，组建国家新闻

---

① 根据 1949 年 9 月 27 日颁布的《中华人民共和国中央人民政府组织法》第十八条。

② 国务院办公厅. 国务院办公厅关于印发邮电部职能配置、内设机构和人员编制方案的通知[EB/OL].（2010-11-12）[2021-07-01]. http://www.gov.cn/zhengce/content/2010-11/12/content_7911.htm.

③ 国务院机构改革方案[J/OL]. 中华人民共和国国务院公报，1998（9）：404-407. 1998 [2021-07-01]. http://www.gov.cn/gongbao/shuju/1998/gwyb199809.pdf.

④ 国务院. 国务院关于组建中国邮政集团公司有关问题的批复[EB/OL].（2006-08-28）[2021-07-01]. http://www.gov.cn/gongbao/content/2006/content_421761.htm.

⑤ 国务院机构改革方案[EB/OL].（2008-03-27）[2021-07-01]. http://www.npc.gov.cn/zgrdw/huiyi/dbdh/11/2008-03/27/content_1449760.htm.

⑥ 甘惜分. 新闻学大辞典[M]. 郑州：河南人民出版社，1993：419.

⑦ 国家广播电视总局. 广播电视机构沿革[EB/OL]. [2021-07-01]. http://www.nrta.gov.cn/col/col2046/index.html.

⑧ 全国人民代表大会常务委员会. 全国人民代表大会常务委员会关于国务院部委机构改革实施方案的决议[J]. 中华人民共和国国务院公报，1982（9）：392-393. [2021-07-01]. http://www.gov.cn/gongbao/shuju/1982/gwyb198209.pdf.

⑨ 全国人民代表大会常务委员会关于将广播电视部改为广播电影电视部的决定[J/OL]. 中华人民共和国国务院公报，1986（2）：41. 1986[2021-07-01]. http://www.gov.cn/gongbao/shuju/1986/gwyb198602.pdf.

⑩ 罗干. 关于国务院机构改革方案的说明——1998 年 3 月 6 日在第九届全国人民代表大会第一次会议上[J/OL]. 中华人民共和国国务院公报，1998（9）：408-414. [2021-07-01]. http://www.gov.cn/gongbao/shuju/1998/gwyb199809.pdf.

出版广电总局（不再保留国家新闻出版总署、国家广播电影电视总局）[①]；2018 年 3 月，在国家新闻出版广电总局广播电视管理职责的基础上，组建国家广播电视总局（不再保留国家新闻出版广电总局）[②]。这两大部门的发展历程和名称更迭，充分彰显了新媒体是如何改变权力组织结构的。

对此，联合国教科文组织早在1998年的《世界文化报告》（*World Culture Report*）中便指出："信息技术——特别是因特网及万维网——具有改变世界及人类的潜力。网络空间（Cyberspace），即这些新关系发生的空间，使我们的时空概念、表现方式和语言发生了变化。"[③]因此新媒体已成为社会各个层面存在与发展的语境。

叙事话语作为人们的意识栖息与竞争场所，无疑也发生了深刻变革，话语权的颠覆便是充分体现。这种变革最先体现在叙事的最前沿地带——新闻报道之中，其常见表现是网民们戏谑、仿拟的网络词汇进入新闻报道中，其典型表现是各种形式的用户新闻[④]层出不穷。[⑤]

新媒体对新闻叙事产生了极大的影响，这主要表现在两个方面：一是新媒体作为媒介，即原生于新媒体的新闻从新闻叙述者的身份到新闻叙事的样态再到新闻叙事的原则都迥异于互联网络诞生之前传统媒体的新闻；二是新媒体作为语境，即原生于传统媒体的新闻在新闻叙事种类与样态、新闻叙述的方式与原则等方面与新媒体诞生之后的新闻相比也

---

① 国务院机构改革和职能转变方案[EB/OL]. [2021-07-01]. http://www.npc.gov.cn/wxzl/gongbao/2013-07/18/content_1810943.htm.

② 国务院机构改革方案[J/OL]. 中华人民共和国全国人民代表大会常务委员会公报，2018(2)：266-269. (2018-04-15)[2021-07-01]. http://www.npc.gov.cn/zgrdw/wxzl/gongbao/site161/20180809/fc4dd4f775c81cd5f0bc01.pdf.

③ VINSON L. Heritage and cyberculture: What cultural content for what cyberculture?[R]//UNESCO. World culture report, 1998: Culture, creativity and markets. Paris: United Nations Educational, Scientific and Cultural Organization, 1998: 237.

④ "用户新闻"这一术语借自刘鹏，仅指普通个人用户所发布的新闻，国外通常称之为公民新闻。此书稿之所以未采纳"公民新闻"这一术语，一是中外语境不同，避免歧义；二是"用户新闻"这一术语强调了普通个人从受众到用户的转换，强调了普通个人叙述新闻的自主性；三是笔者所探讨的新媒体语境下的公民新闻的发布者几乎都是用户，因为公民新闻基本都是通过新媒体发布的。

⑤ 刘鹏. 用户新闻学：新传播格局下新闻学开启的另一扇门[J]. 新闻与传播研究，2019(2)：5-18.

发生了显著变化。本书论述的范围包括这两个方面，而不仅是原生于新媒体的新闻叙事。因此本书主标题为“新媒体语境下的新闻叙事”。

第一节 新媒体作为语境：从辅助到竞争再到融合

计算机和互联网诞生之初，几乎无人预测，它们将会颠覆整个新闻实践，甚至成为传统媒体的“杀手”。新媒体对新闻传播的影响最早是作为语境而不是作为媒介而产生的。正如兰斯·斯特拉特（Lance Strate）所指出的：“媒介技术的影响集中体现在社会环境本身而不是环境中的特定媒体内容。”“作为环境，媒介不能决定我们的行动，但它们能界定我们可以采取行动的范围，并且可以在阻碍某些行动的同时鼓励和促进另外一些行动。”①

一、新媒体作为工具：辅助新闻报道

计算机和互联网一诞生便被新闻记者充分利用起来，计算机作为辅助工具与手段，互联网作为素材来源、数据库服务，以进行传统新闻报道，从而催生了计算机辅助新闻学（Computer Assisted Journalism，CAJ）。计算机辅助新闻学由以下四个部分（简称均为CAR）组成。②

（1）计算机辅助报道（computer assisted reporting，CAR），始于计算机的数据统计功能，在互联网兴起之后，它不再局限于计算机的计算功能，而包括互联网的信息搜索、查找等功能。

因此，计算机辅助报道包含计算机和互联网两个辅助工具，包括两方面内涵：一是在新闻报道过程中利用计算机来进行数据处理与分析、图文处理、（多媒体）制作新闻、版面编辑；二是在新闻报道过程中，利用互联网中海量的、实时的信息，搜索新闻线索、获取新闻信息、查找新闻来源、采访新闻人物、验证新闻事实、发布新闻稿件和搜集受众

---

① STRATE L. Studying Media as Media: McLuhan and the Media Ecology Approach[J]. MediaTropes, 2008, 1: 127-142.

② 明安香. 信息高速公路与大众传播[M]. 北京：华夏出版社，1999：234-237.

反馈等。总之，计算机辅助报道指在新闻报道任何环节，采用计算机和/或互联网进行辅助报道。[①]正如美国学者菲利普·梅耶（Philip Meyer）所指出的："CAR 是指任何采用计算机获得信息和分析信息的报道。"[②]计算机辅助报道早期最重要的类型是民意测验、预测新闻、调查报道、精确新闻，后来发展到几乎所有类型的新闻报道都需借助计算机和互联网的辅助。

（2）计算机辅助调查（computer assisted research，CAR），指利用互联网上的各种信息，包括各种报告与文章的数据库、新闻稿以及重要组织机构和个人的互联网主页等开展与新闻报道有关的调查。

（3）计算机辅助参考（computer assisted reference，CAR），指利用各种在线资源，如辞典、百科全书、地名索引、年鉴、新闻等，以及互联网公司各种用户的反馈数据，进行数据的检索和事实的交叉验证。

（4）计算机辅助聚会（computer assisted rendezvous，CAR），即利用互联网中的数千个新闻组（usenet 或 news group）、布告牌和新闻论坛等电子讨论组，定期与遍布世界各地的具有相同兴趣、爱好或职业的人们进行讨论，即人们在虚拟社区进行定期线上聚会。

显然，计算机辅助调查、参考、聚会都是为了做好计算机辅助报道，是它不可或缺的部分，因此，后来这四个概念便统一为"计算机辅助报道"，即"计算机辅助新闻"逐渐被"计算机辅助报道"取代。[③]计算机辅助报道四个部分中的任何一个，其目的都是服务于传统新闻报道，而非生成新的新闻。

为了充分利用计算机和互联网等新媒体为传统媒体进行新闻报道，美国新闻学界和新闻业界于 20 世纪 80 年代中期便已开设计算机辅助新闻报道系列课程，并出版了一批指导教材：1989 年，为专门探讨和推动 CAR，美国调查性报道记者与编辑协会（Investigative Reporters and Editors，IRE）与密苏里大学新闻学院（Missouri School of

---

① GARRISON B. Computer-assisted Reporting[M]. New York: Routledge, 1998: 11.

② 转引自卜卫. 计算机辅助新闻报道：信息时代记者培训的重要课程[J]. 新闻与传播研究，1998(1)：11-21.

③ MITCHELL A. Computer Assisted Journalism[EB/OL]. [2020-12-01]. http://www.sources.com/SSR/Docs/SSR33-11-ComputerAssistedJournalism.htm.

Journalism）联合成立了美国计算机辅助报道学会（National Institute for Computer-Assisted Reporting，NICAR），随后几年为数千名新闻记者举办了200多期培训班，探讨如何使用计算机、数据库和互联网进行新闻报道。反观我国，在20世纪90年代不少新闻院校虽然也都陆陆续续开设了计算机课程，但主要是教授学生利用计算机进行文字处理、版面编辑和电视节目编辑。①

从上述的计算机辅助报道及其相关课程的目的可知，初始阶段的新媒体对新闻叙事产生的影响还非常有限，这还可从新闻报道的新媒体化的表现形式中（详见本章第二节）得到证明。

随着新媒体的发展及其技术的完善，新媒体作为工具的性能得到了越来越多的展现，以至于现在达到了"记者们没有电脑、没有网络便无法进行任何报道"的地步；并且只要传统媒体存在，新媒体辅助传统媒体新闻报道的工具作用便会一直得到发挥，如目前如果没有推特（Twitter）、脸书（Facebook）、微博、微信，传统媒体几乎不可能完成对突发事件的报道。对此，《连线》（*Wired*）杂志称之为预警，认为博客已经成为传统新闻记者的预警系统，提前提醒即将发生的、不引人注目的，但是突发性的新闻。事实上，新媒体作为工具，绝不仅是作为预警系统，而是作为新闻线索、作为消息来源。

二、新媒体作为竞争：传统新闻式微

人类的数字化生存状态顺理成章地导致人们依靠互联网（目前尤其依赖社交媒体，详见第五章）而不是通过传统媒体了解新闻，而网络原住民则更有基本不接触传统媒体的趋势。新媒体并非最近几年才成为传统媒体强大的竞争对手，在互联网诞生的初始阶段，新媒体就已是如此。然而，传统媒体却一直沉浸于初始认知中：新媒体只是可利用的工具。因此，许多传统媒体还只是将互联网作为另一种纸张、另一种电波，将网站作为内容的另一种发行途径，来发行自己的电子版。即便有

① 卜卫. 计算机辅助新闻报道：信息时代记者培训的重要课程[J]. 新闻与传播研究，1998(1)：11-21.

传统媒体将互联网作为竞争对手，但也沉浸于互联网只是与报纸、广播、电视并列的“第四媒体”，竞争不过是由“三足鼎立”变为“四足鼎立”而已，却未深刻地意识到在新媒体“温水煮青蛙”的影响中，互联网已发展壮大为自己的“杀手”。2019 年中国传媒产业市场结构图（图 0-1）和 2011—2019 年中国传媒产业市场结构变化图（图 0-2）显示，传统媒体市场整体处于持续衰落之中，至 2019 年总体规模占当年整体传媒市场的比例不到 1/5，其中报刊、图书等平面媒体的市场份额仅为 6%。①

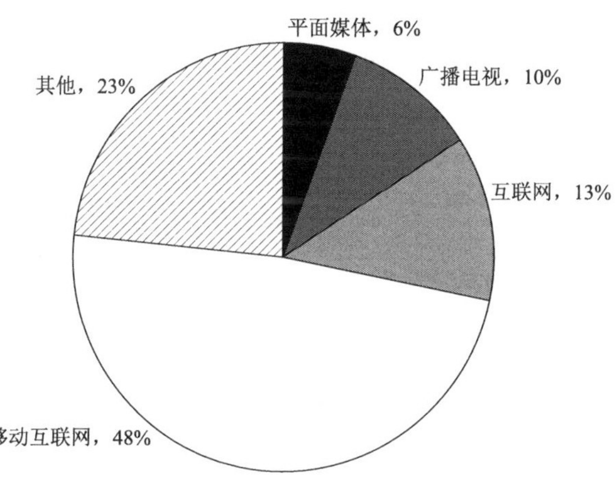

图 0-1　2019 年中国传媒产业市场结构

资料来源：崔保国，徐立军，丁迈．中国传媒产业发展报告．2019[M]．北京：社会科学文献出版社，2019：2-4，173，211．

崔保国，徐立军，丁迈．中国传媒产业发展报告．2020[M]．北京：社会科学文献出版社，2020：4，124，190．

QuestMobile 研究院．QuestMobile 2020 中国互联网广告大报告（上篇）[R/OL]．(2020-04-28) [2020-12-01]．https://www.questmobile.com.cn/research/report-new/92．

传统媒体尤其报纸不仅整体衰败，而且不少报纸被迫停刊。2011 年我国一共有 1928 种报纸，发行数量 467.43 亿份②，而到 2019 年便减少到 1851 种，发行数量减少到 317.6 亿份。③就连著名的《京华时报》和

---

① 崔保国，徐立军，丁迈．中国传媒产业发展报告．2019 [M]．北京：社会科学文献出版社，2019：3．

② 崔保国．中国传媒产业发展报告．2018[M]．北京：社会科学文献出版社，2018：12．

③ 国家新闻出版署．2019 年新闻出版产业分析报告（摘要）[R/OL]．2020[2020-12-01]．https://www.chinaxwcb.com/uploads/1/file/public/202011/20201104095548_wwrm2mol4a.pdf．

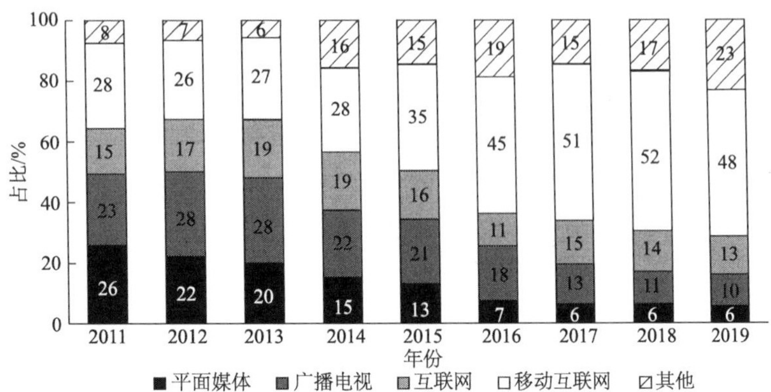

图 0-2 2011—2019 年中国传媒产业市场结构变化

资料来源：崔保国. 2012 年：中国传媒产业发展报告[M]. 北京：社会科学文献出版社，2012：5.
崔保国. 2013 年中国传媒发展报告[M]. 北京：社会科学文献出版社，2013：5，233.
崔保国. 中国传媒产业发展报告. 2014[M]. 北京：社会科学文献出版社，2014：2，3，62，64.
崔保国. 中国传媒产业发展报告. 2015[M]. 北京：社会科学文献出版社，2015：5，203，204，206，259.
崔保国. 中国传媒产业发展报告. 2016[M]. 北京：社会科学文献出版社，2016：4，5，18，130，167，218.
崔保国. 中国传媒产业发展报告. 2017[M]. 北京：社会科学文献出版社，2017：7，8，10-12，52，60.
崔保国. 中国传媒产业发展报告. 2018[M]. 北京：社会科学文献出版社，2018：10，11，13，14，154，207.
崔保国，徐立军，丁迈. 中国传媒产业发展报告. 2019[M]. 北京：社会科学文献出版社，2019：2-4，173，174，211.
崔保国，徐立军，丁迈. 中国传媒产业发展报告. 2020[M]. 北京：社会科学文献出版社，2020：4，124，124，190.
QuestMobile 研究院. QuestMobile2020 中国互联网广告大报告（上篇）[R/OL]. (2020-04-28)[2020-12-01]. https://www.questmobile.com.cn/research/report-new/92.

《东方早报》的纸质版也于 2017 年 1 月 1 日休刊。①②不仅如此，报纸广告收入自 2011 年开始也急剧减少（图 0-3），2019 年报刊广告和发行收入继续“双降”，广告+发行整体收入继 2017 年同比下滑 14.8%，2018 年同比下滑 12.8%后，2019 年又同比下滑了 10.9%，其中报纸广告市场更是在 2017 年、2018 年分别下跌逾 30%后，于 2019 年又同比下跌了 24.8%，市场整体规模不足 60 亿元。③④⑤2019 年报纸广告刊登额同比下

① 京华时报社. 我们只是转身 我们不会离去[N]. 京华时报，2016-12-31(1).

② 东方早报社. 青出于蓝而胜于蓝[N]. 东方早报，2016-12-31(1).

③ 崔保国. 中国传媒产业发展报告. 2018[M]. 北京：社会科学文献出版社，2018：11.

④ 崔保国，徐立军，丁迈. 中国传媒产业发展报告. 2019[M]. 北京：社会科学文献出版社，2019：4.

⑤ 崔保国，徐立军，丁迈. 中国传媒产业发展报告. 2020[M]. 北京：社会科学文献出版社，2020：4.

降 24.8%，广告资源量同比下降 17.4%，为传统媒体市场中广告刊登额和资源量下降最为严重的媒体，宣告着“这种以版面为基础的经营模式走到了尽头”①。

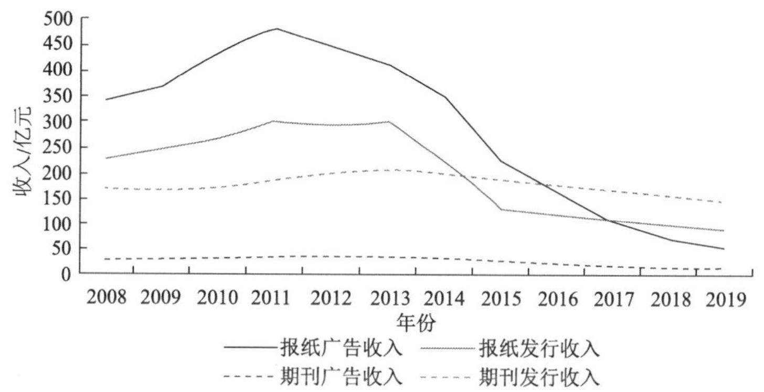

图 0-3　2008—2019 年中国报刊广告及发行收入

资料来源：崔保国，徐立军，丁迈．中国传媒产业发展报告．2019[M]．北京：社会科学文献出版社，2019：3.

2019 年广播电视行业虽然整体收入与上年相比有所增长，但国家广播电视总局规划财务司的数据显示，2019 年传统广播电视广告收入再次负增长，较 2018 年下降 9.13%。②

新媒体作为竞争对手给传统媒体带来的“随风潜入夜”的强大影响，国外传统媒体也只是在博客诞生之后才彻底惊醒，纷纷撰文探讨，如《纽约时报》（*The New York Times*）2000 年 12 月 28 日发文《博客入侵：平行的个人日志网》（“Invasion of the ‘Blog’: A Parallel Web of Personal Journals”）③；《新闻周刊》（*Newsweek*）2002 年 5 月 20 日发文《博客会杀死传统媒体吗？》（“Will The Blogs Kill Old Media?”）④；《华盛顿邮报》（*The Washington Post*）2001 年 5 月 17 日发文《生活中的日

① 姚林．2019 年中国报纸与期刊产业发展报告[M]//崔保国，徐立军，丁迈．中国传媒产业发展报告．2020．北京：社会科学文献出版社，2020：177-178.

② 国家广播电视总局规划财务司．2019 年全国广播电视行业统计公报[R/OL].（2020-07-08）[2020-12-01]. http://www.nrta.gov.cn/art/2020/7/8/art_113_52026.html.

③ GALLAGHER D F. Invasion of the ‘Blog’: A Parallel Web of Personal Journals[N]. The New York Times, 2000-12-28(G11).

④ LEVY S. Will The Blogs Kill Old Media?[J]. Newsweek, 2002, 139(20): 52.

日夜夜》（“A Day-by-Day in the Life”）[①]；《连线》杂志在 2002 年 5 月 1 日和 2002 年 6 月 6 日分别发表《博客革命》（“The Blogging Revolution”）[②]和《博客算是走入正统》（“Blogging Goes Legit，Sort Of”）[③]；2002 年 6 月《美国新闻学评论》（*American Journalism Review*）杂志发文《网上起义》（“Online Uprising”）[④]；同年 7 月《经济学家》（*The Economist*）发文《树木的反击：传统媒体应该拥抱博客吗？》（“The Trees Fight Back：Should Old Media Embrace Blogging?”）。[⑤⑥]

国外尤其美国的传统媒体虽然彻底惊醒，但要形成互联网思维却需漫长的时间和巨大的代价，因此它们也未逃脱衰败和倒闭的命运，如美国著名的、全球第一份便士报《纽约太阳报》（*The New York Sun*）历经数次起伏，最终于 2008 年停止发行纸质版。[⑦⑧]《基督教科学箴言报》（*The Christian Science Monitor*）自 2009 年 4 月起停止出版纸质版。[⑨]之后，美国几乎每年都有纸版报纸退出市场。自 2008 年到 2011 年，英国已有 70%的地方报纸倒闭[⑩]，自 2005 到 2020 年，英国累计关闭的地方报纸总数已达至少 265 家。[⑪]德国、法国等国家的传统报纸也都未能幸免于难。

在这些倒闭的报纸中，有些是被网络媒体收购、改组，如 1835

---

① WALKER L. A Day-by-Day in the Life[N]. The Washington Post, 2001-05-17(E01).

② SULLIVAN A. The Blogging Revolution[J/OL]. (2002-05-01)[2020-12-01]. https://www.wired.com/2002/05/the-blogging-revolution.

③ SHACHTMAN N. Blogging Goes Legit, Sort Of[J/OL]. (2002-06-06)[2020-12-01]. https://www.wired.com/2002/06/blogging-goes-legit-sort-of.

④ SEIPP C. Online Uprising[J]. American Journalism Review, 2002, 6(24): 42-47.

⑤ The Economist. The Trees Fight Back: Should Old Media Embrace Blogging?[J]. The Economist, 2002, 364(8280): 67.

⑥ 孙坚华. 博客论[EB/OL]. (2002-05-24)[2021-07-16]. http://www.doc88.com/p-085655711937.html.

⑦ SPENCER D R. The Yellow Journalism: The Press and America's Emergence as a World Power[M]. Evanston, Illinois: Northwestern University Press, 2007: 22-28.

⑧ BARRON J. Losing Money, New York Sun Is to Shut Down After 6 Years[N/OL]. The New York Times, 2008-09-30(B1)[2021-07-01]. https://www.nytimes.com/2008/09/30/nyregion/30sun.html.

⑨ PÉREZ-PEÑA R. As Cities Go From Two Newspapers to One, Some Talk of Zero[N/OL]. The New York Times, 2009-03-12(A1)[2021-07-01]. https://archive.nytimes.com/www.nytimes.com/2009/03/12/business/media/12papers.html.

⑩ 地方报纸大面积倒闭 英国报纸艰难时世觅转型[EB/OL].(2011-01-18)[2021-07-10], http://www.cctv.com/stxmt/20110118/101753.shtml.

⑪ 辜晓进. 英国媒体大变局(外 7 则)[J].《青年记者》，2020(25)：84-85.

年就开始出版的美国营利性日报《安娜堡新闻报》（*The Ann Arbor News*），在 2009 年停刊纸质版、改出网络版后[①]，又在 2013 年转成了 2012 年重组成立的数字媒体公司"密歇根现场传媒集团"（MLive Media Group）旗下的数字媒体，报纸内容整合进了 MLive.com 网站[②]；有的是完全转向数字版，如《基督教科学箴言报》是美国首家以网络版替代纸质版的全国发行日报[③]；《新闻周刊》也于 2012 年 12 月 31 日终结纸质版，并于 2013 年全面转向数字版。

上述国内外传统媒体收入下降和停刊潮流，不但是传统媒体作为媒体的衰落和淘汰，而且是传统媒体式的新闻的衰败和淘汰。新闻集团与苹果公司合作开发的数字报刊《日报》（*The Daily*）不足两年便被关闭[④]，给传统报业数字化的转型努力以重创。2004 年 9 月 26 日，美国《纽约时报杂志》（*The New York Times Magazine*）刊登了一幅颇具讽刺意味的封面照片：两位报道过数次总统大选的大牌记者守在美貌动人的博客作者安娜·玛丽·考克斯（Ana Marie Cox）身边，看她在博客上报道大选。相关的封面文章中写道："新闻媒体帮助创造了现代运动，但现在它们似乎被困在其中了。相比之下，博客作者们适应得很快。"[⑤]这两个案例足以说明传统媒体式的新闻及其电子版都已不符合新媒体语境下的新闻受众的需求。

三、新媒体作为合作：融合新闻报道

在经历上述衰败和倒闭的强烈阵痛后，媒体开始认真探索互联网思维，进行真正转型。《新闻周刊》中文刊 2008 年 1 月至 2009 年 1 月的

---

① LARCOM G. Farewell, Ann Arbor[N/OL]. The Ann Arbor News, 2009-07-23(1)[2021-07-01]. https://www.mlive.com/news/ann-arbor/2009/07/ann_arbor_news_closing_ends_de.html.

② AnnArbor.com Staff. AnnArbor.com moving to MLive.com on Sept. 12[EB/OL].(2013-09-04)[2021-07-01]. https://www.mlive.com/news/ann-arbor/2013/09/annarborcom_moving_to_mlivecom.html.

③ COOK D. Monitor shifts from print to Web-based strategy[N/OL]. The Christian Science Monitor, 2008-10-28 [2021-07-01]. https://www.csmonitor.com/USA/2008/1029/p25s01-usgn.html.

④ News Corporation. News corporation announces details regarding proposed separation of businesses[EB/OL].(2012-12-03)[2021-07-01]. https://newscorp.com/2012/12/03/news-corporation-announces-details-regarding-proposed-separation-of-businesses/.

⑤ KLAM M. Fear and laptops on the campaign trail[J/OL]. The New York Times Magazine,(2004-09-26)[2021-07-01]. https://www.nytimes.com/2004/09/26/magazine/fear-and-laptops-on-the-campaign-trail.html.

执行主编陈序先生对此有深刻说明：“报纸是一种新闻产品。……既然转向互联网，就要做适合互联网的产品；既然做适合互联网的产品，就要用互联网的生产方式；既然用互联网的方式生产互联网的产品，当然就要重新定位市场，重新定义竞争者，重新寻找盈利模式；既然全部重新来过，跟从头做一个新产品、新媒体、新企业又有何分别？”①

由于互联网的最大特点是包含一切媒介，因此融合文字、音频、视频、动画、图片、图表等多种形式的新闻报道，即融合新闻便成为业界共同认可且最显而易见的适合互联网的产品。于是传统媒体纷纷走向媒体融合的道路：有的通过所有权来融合，即主要是互联网企业收购或投资传统媒体，如亚马逊公司创始人杰夫·贝佐斯（Jeff Bezos）以2.5亿美元收购《华盛顿邮报》②，腾讯入股成都商报报业集团③、与成都传媒集团开展战略合作④；有的是不同类型的传统媒体进行整合，即广播电视报纸网络整合为传媒集团，如银川市整合原银川日报社和银川市广播电视台，组建银川市新闻传媒集团⑤，天津市在原北方网新媒体集团的基础上，整合今晚报社、天津日报社、天津广播电视台和天津支部生活杂志社组成“津云中央厨房”⑥；有的是先由某一类型的传统媒体内容扩充到不同的媒介平台，如人民日报社先创办人民网，再扩充视频、音频平台，最后整合内部不同媒体平台进行融合⑦，现在人民日报社、新华社已经形成由业务平台、技术平台、空间平台三部分构成的全媒体平台（俗称“中

① 张志安，刘虹岑. 转型与坚守：新媒体环境下深度报道从业者访谈录[M]. 广州：南方日报出版社，2015：50.

② FARHI P. Washington Post to be sold to Jeff Bezos, the founder of Amazon[N/OL]. The Washington Post, 2013-08-05[2021-07-01]. https://www.washingtonpost.com/national/washington-post-to-be-sold-to-jeff-bezos/2013/08/05/ca537c9e-fe0c-11e2-9711-3708310f6f4d_story.html.

③ 宋滟泓. 增强内容深度腾讯入股财新传媒 砸钱圈地企鹅面临业务整合风险[J]. IT时代周刊，2012(15)：31-32.

④ 李雪昆. 成都传媒完成“4311”战略布局[EB/OL]. (2015-12-02)[2021-07-01]. https://www.chinaxwcb.com/info/38383.

⑤ 孙晓梅. 打造5n现代传播体系 银川市新闻传媒集团构建新闻宣传强势平台[J]. 城市党报研究，2018(03)：44-46.

⑥ 洪涛，梁宏峰. “中央厨房+工作室”打造融合新模式[J/OR]. 网络传播，2018(10)：74-75(2018-12-26) [2021-07-01]. http://www.cac.gov.cn/2018-12/26/c_1123905923.htm.

⑦ 人民网. 人民日报社简介[EB/OL]. [2021-07-01]. http://www.people.com.cn/GB/50142/104580/index.html.

央大厨房”）[①]；有的是整合资源来融合，如美国有线电视新闻网（Cable News Network，CNN）自 20 世纪 90 年代就开始进行全球新闻采集（Worldwide Newsgathering），利用“多媒体处理平台 Media 360”将采访讯息分类并储存至数字数据库中，以供各媒体使用[②]；有的只是业务整合，即或通过多技能记者，或通过不同技能记者合作以形成多技能叙述事件。无论以何种方式融合，最终目的是利用多种元素进行事件叙述（图 0-4）。

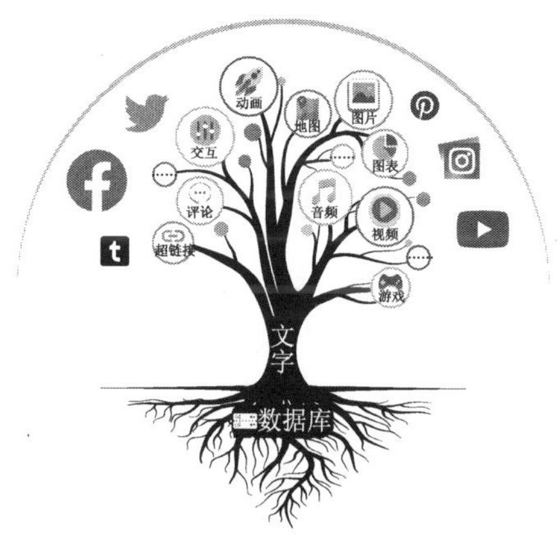

图 0-4　融合新闻叙事元素

资料来源：郭光华，夏偲婉. 融合新闻文本构成分析——以 2012—2016 年普利策新闻奖作品为例. 重庆第二师范学院学报，2017，30(6)：27-31.

在艰难痛苦的转型过程中，传统媒体有非常成功的案例，典型的有英国《卫报》（*The Guardian*）、英国广播公司（British Broadcasting Corporation，BBC）、美国《纽约时报》等。

《纽约时报》不仅是全世界权威的传统纸媒，也是传统纸媒走向网络化、移动化的行业变革先锋。除了继续经营报纸之外，《纽约时报》的数据新闻、AR 新闻、VR 新闻、游戏式新闻、全景新闻等，作为融合新闻类型，都非常成功；而其新闻网站、新闻客户端、脸书账户和推特账户也是全球运营得非常成功的新媒体平台。《卫报》的数据新闻则几乎成为全球的标杆。《人民日报》的新媒体运营也较为成功，其官方微博

---

① 赵新乐. 人民日报社带来的启迪：“50 天”如何建成中央厨房？[EB/OL]. (2017-05-02) [2021-07-01]. http://media.people.com.cn/n1/2017/0502/c192370-29248829.html.

② CNN Press Room. CNN worldwide fact sheet[EB/OL]. [2021-07-01]. https://cnnpressroom.blogs.cnn.com/cnn-fact-sheet/.

和微信账号都引人注目，前者的粉丝数量至 2021 年 7 月 10 日已高达 1.33 亿，其抖音账号的影响力 2018 年在全国的传统媒体矩阵中也排名第一。①

正是基于自己的成功，美国《纽约时报》执行总编迪恩·巴奎特（Dean Baquet）指出，为了使新闻报道获得尽可能多的阅读率，媒体人士必须对新闻报道方式进行变革，这可能意味着不再仅以传统的书面文章进行消息发布，而使用诸如社交网络的推文、帖子等新方式进行新闻报道。②正是这种理念，导致许多传统媒体在发布传统新闻报道之前或同时，会在新媒体上发布与之相匹配的简短报道，以作为预告或广告，同时辅以传统新闻报道的超文本链接。

《纽约时报》公布的数据显示，从 2011 年到 2016 年，其来自数字新闻产品的收入翻了五番，达到 2.33 亿美元，而在此期间，来自纸媒的收入则呈现下降趋势。③这说明，即便《纽约时报》转型非常成功，仍阻挡不了纸媒整体形态的缓慢衰落。

不过令人欣慰的是，虽然传统媒体势头下降，新媒体逐步壮大，但数字化生存的人们所消费的新闻仍然主要来自传统媒体化身的专业媒体（包括传统媒体版本和新媒体版本）。手机用户消费的新闻，仍然主要依赖这些权威媒体，如脸书 2015 年推出的即时文章（Instant Articles），内容主要来自《纽约时报》《国家地理》（*National Geographic*）、《大西洋月刊》（*The Atlantic*）、《明镜》（*Spiegel*）、《图片报》（*Bild*）、《卫报》、全国广播公司新闻（*NBC News*）、英国广播公司新闻频道（*BBC News*）等权威媒体。

第二节 新媒体作为媒介：从复制到专用再到原生

新媒体的发展历程经历了 Web 1.0 和 Web 2.0 两个阶段（详见第二

① 央视网. 首份媒体抖音年度报告发布 主流媒体内容年播放量近 800 亿次[EB/OL].（2019-01-22）[2020-12-01]. https://baijiahao.baidu.com/s?id=1623360019740957798.

② 晨曦. 纽约时报执行总编：一篇好帖子的新闻价值不亚于文章[EB/OL].（2017-05-31）[2021-01-11]. http://tech.qq.com/a/20170531/020104.htm.

③ 晨曦. 纽约时报执行总编：一篇好帖子的新闻价值不亚于文章[EB/OL].（2017-05-31）[2021-01-11]. http://tech.qq.com/a/20170531/020104.htm.

章第一节）。在 Web 1.0 阶段，新媒体作为媒介，更多的是发挥载体作用，类似报纸媒介的纸张，广播、电视媒介的电波。但到了 Web 2.0 阶段，新媒体作为媒介的功效得到了充分开发。

一、Web 1.0 阶段：传统新闻网络化

新媒体在 Web 1.0 阶段的新闻报道主要是传统媒体的网络化，或者说是传统报道的新媒体化，这导致了网络报纸的诞生。从世界范围来看，《圣何塞信使报》（*San Jose Mercury News*）1987 年首先将报纸搬上当时还未成熟的互联网，从而拉开了传统媒体触网的帷幕。我国第一张报纸电子版（即电子报纸）《杭州日报》于 1993 年 12 月 31 日问世。但直到 1994 年因特网实现了商业化运作，才迎来了其他传统媒体的电子版及其发展黄金期：1994 年到 1996 年初，全球上网报纸为 900 家左右，1997 年 10 月达到 2300 家。[①]追溯这段新闻报道的新媒体化或者说数字化历程，可发现其经历了三个阶段：①电子版阶段，即网上所有内容都是纸质报纸的翻版；②超链接（hyperlink）阶段（大概始于 1996 年），即通过网页上的超链接，读者能够从这一网站跳到另一网站，以寻求所需信息；同时，各大传统媒体所办的网站还开辟了电子公告板（Bulletin Board System，BBS）、邮件列表、搜索引擎和订阅新闻等服务，供受众在网上发布信息、搜索特定主题的新闻，并向用户发送分类新闻；③“网络专用新闻”阶段（大约始于 1997 年），互联网新闻包括两个部分：一是直接复制传统媒体新闻，二是为网络专门生产新闻。[②]不过，这一阶段的网络专用新闻仍由记者和网站雇员生产，在叙事风格上，与传统媒体新闻几无差异，只是由于版面或时间所限，不在传统媒体上呈现。

总之，在 Web 1.0 时期，新媒体新闻具有两大特点，一是互联网新闻仍然主要由记者和网站雇员生产，二是虽然通过 BBS、电子邮件等产生了少量用户原创内容（user generated content，UGC），但传播范围局限于人际传播和小群体传播，要进入大众传播渠道，还需被记者改造、

① 杨小龙(杨晓农). 网络报纸：概念、功能、发展对策研究[D]. 郑州：郑州大学，2005.

② 卜卫. 计算机辅助新闻报道：信息时代记者培训的重要课程[J]. 新闻与传播研究，1998(1)：11-21.

收编，即 Web 1.0 阶段的 UGC 只是专业报道的素材，而非新闻本身。因此即便出现了网络专用新闻，其叙事特征除了在叙事时态（即时效性大大增强，被称为过程新闻，详见第四章）和叙事元素（即同时采纳文字、音频和视频进行叙事，被称为多媒体叙事）上发生了变化，其他未发生较为明显的改变。这可从早期新闻网站的新闻标题和正文看出，即新闻标题交代具有新闻价值的新闻事实，如新浪网新闻中心 2000 年 8 月 15 日的三条新闻：《宋楚瑜控告连战“妨害名誉案”今天开庭》《我国耗资近亿元全面清理日军“731”部队遗址》《门将高健斌跟腱断裂 中国队又失一将》，而不像社交媒体新闻，故意采用各种召唤结构，如设置悬念、突显惊奇、真情呼告等，如“人民日报”微信公众号 2019 年 1 月 5 日的两条新闻：《下次从月球传回的可能是中文！但不幸的是……》《原来人冻成冰后身体反应是这样的……抖一次心疼一下》。网站新闻与社交媒体新闻的显著差异对比详见第五章。因为网站新闻源于传统媒体，因此在社交媒体盛行的 Web 2.0 阶段，它的新闻风格仍在很大程度上保持了传统媒体新闻的叙事风格，而与社交媒体新闻叙事风格迥然相异。也正是因为网站新闻脱胎于传统媒体，导致 Web 1.0 阶段新媒体的口号仍是内容为王，即网站目标是以内容来吸引眼球，这显然也是传统媒体思想的延续。

在新闻叙事上，新闻文本虽然出现了超链接，但被链接的文本并未编织进原文本，因此，原文本的叙事结构并未因超链接而发生变化。其多媒体叙事，内容也基本重复，即文字与音频或视频的内容基本一致，未能在视角上、内容上产生互补作用，因此在叙事上也未形成新的特征。

不过，这一阶段的新闻叙事开始追求透明性，如《网络时代》（*Cyber Times*）的编辑罗伯·菲克思默（Rob Fixmer）描述说：《纽约时报》正在实验一种全方位影像（omni-direction imaging）技术，它将使用户通过计算机看到记者采访的新闻现场。①

总之，Web 1.0 阶段的新闻生产在机构上、主体上未发生显著变化，即生产新闻的机构仍是传统媒体，主体仍是专业记者，新媒体主要是人们进行传统报道的工具、手段和载体。计算机辅助报道和传统媒体的网

① 卜卫. 计算机辅助新闻报道：信息时代记者培训的重要课程[J]. 新闻与传播研究，1998(1)：11-21.

络化足以说明，这一阶段的新媒体被传统媒体收编，而不是传统媒体被新媒体改造，因此未对新闻叙事产生显著影响。但传统媒体和专业记者也在一定程度上受到了新媒体技术逻辑的影响，为适应它不得不在新闻叙事上做出一定程度的调整，如上述的过程叙事、透明叙事等。

二、Web 2.0 阶段：互联网原生新闻

Web 2.0 阶段的新媒体从总体上改变了传统媒体时代和 Web 1.0 阶段从上至下进行新闻生产和发布的精英模式与格局，带来了自下而上的新闻生产与发布的草根模式与格局。

Web 2.0 社交媒体便于用户生产并发布内容，导致众多互联网原生新闻的出现。互联网原生新闻不同于网络专用新闻。Web 2.0 阶段的网络专用新闻与 Web 1.0 阶段的网络专用新闻虽然有所不同，但通常也是由专业记者所生成的。这时的网络专用新闻包括两种：有的是在传统媒体的报道版本上根据新媒体特征修改而成，如 2019 年 1 月 15 日@人民日报微博新闻【97 岁“中国肝胆外科之父”#吴孟超退休#：从医 70 年，救治 1.6 万肝胆病人】便是根据《文汇报》2019 年 1 月 14 日陈青、张鹏的文章《97 岁“中国肝胆外科之父”吴孟超昨日院士退休》改写而成的报道（图 0-5）；有的是专业记者专门为新媒体生产的新闻，带有浓厚的传统新闻的特征与痕迹。

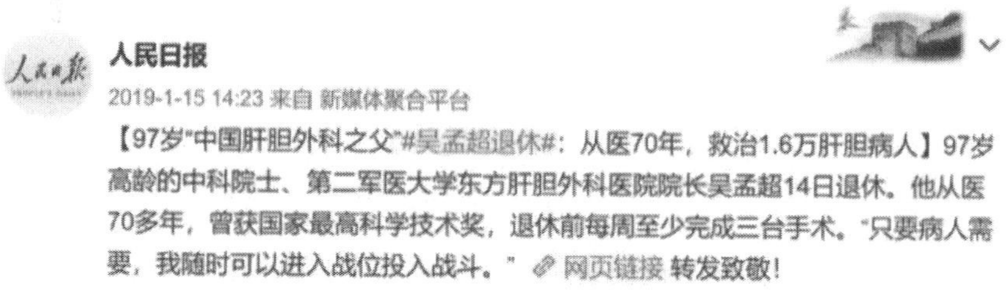

人民日报
2019-1-15 14:23 来自 新媒体聚合平台
【97岁"中国肝胆外科之父"#吴孟超退休#：从医70年，救治1.6万肝胆病人】97岁高龄的中科院士、第二军医大学东方肝胆外科医院院长吴孟超14日退休。他从医70多年，曾获国家最高科学技术奖，退休前每周至少完成三台手术。"只要病人需要，我随时可以进入战位投入战斗。" 网页链接 转发致敬！

图 0-5 微博专用新闻-@人民日报微博截图

互联网原生新闻既包括传统媒体作为专业机构在新媒体直接生成的原生新闻（图 0-6），又包括普通用户生产和发布的新闻，如 2009 年 12 月 19 日 21 点 02 分，台中女孩萧珊珊在新浪微博上发布了这样一则信息“地震@@！好强！”，该则消息成为全球播报 2009 年台湾地震最早的消息。

图 0-6 微博原生新闻-@广州日报微博截图

从新闻叙述者来说，互联网原生新闻包括业余新闻（它又包括用户新闻和公务新闻）、专业新闻（即网络专用新闻）和算法新闻（详见本书第三章）。

从新闻叙事样态来说，互联网原生新闻有套娃式新闻、对话式新闻、注解式新闻、定制式新闻、游戏式新闻（详见本书第四章）；

从新闻报道呈现的样态来说，互联网原生新闻包括层式新闻、串式新闻、360°新闻、3D 新闻、图谱新闻（详见本书第四章）；

从新闻叙事的语体来说，互联网原生新闻采纳了悬念、惊奇、呼告与贴近等亲密召唤与情感回应的语言（详见本书第五章）；

从新闻叙事模式来说，互联网原生新闻包括：蜂巢型新闻、菱形型新闻和钻石型新闻（详见本书第六章）；

从新闻叙事原则来说，互联网原生新闻体现为透明性，具体表现为叙述者、叙述声音和叙述时空的透明，具有零度控制与镜像场景特征（详见本书第七章）；

从对新闻叙事的补充来说，互联网原生新闻出现了数据新闻。数据新闻不再是对新闻事件的叙述，而是对新闻的论证；它不再满足于传统新闻对新闻事件的一事一报，而是对同类事件的大样本或全样本进行论证分析，以发现暗藏其后的规律与事实，是一种研究式新闻（详见本书第八章）。

互联网原生新闻叙事可谓类别丰富，层出不穷，有的源自新媒体的技术特征，如360°新闻、3D新闻依赖VR、AR技术，这些新闻叙事依附于新媒体技术之上。有的是源自新媒体的技术逻辑，如定制新闻、游戏新闻、对话新闻依赖互联网的互动；用户新闻则依赖互联网的分享。有的源自专业记者对普通公民的用户新闻或公务新闻的背书、求证与解释。

总之，社交媒体的出现，接二连三地催生了各种各样的迥异于传统新闻的倒金字塔结构的新闻，破除了以往传统新闻的标准叙事模式。Web 2.0阶段的新媒体新闻叙事，不再由专业记者集中控制，而是由专业记者、普通用户与机构、智能机器人共同完成。个人不再是传统媒体时代中不受人关注的、默默无闻的风景观赏者，而是风景的书写者，如不少新闻便是用户个人的新闻报道，并为传统媒体订定范式，而且引发大范围甚至全国舆论热潮，如江歌案在2017年多次掀起全国舆论高潮便是典型；或者是引人关注的风景欣赏者，即受众对新闻文本或新闻事实本身的评论，又成了媒体报道的“风景”，即新闻事实的一部分，如“人民日报”微信公众号2019年1月5日《原来人冻成冰后身体反应是这样的……抖一次心疼一下》专门开辟了“这样的抖动令网友心疼”的用户回复“园地”（图0-7）。受众作为用户的这种身份转换、新媒体新闻叙事的这种场景变换，可用卞之琳的著名短诗《断章》给予形象生动的注解：“你站在桥上看风景，看风景的人在楼上看你。明月装饰了你的窗子，你装饰了别人的梦。”

图0-7 “人民日报”微信公众号新闻中的受众评论

第三节 新媒体语境下的新闻叙事研究综述

虽然对叙事的讨论几乎与叙事本身一样古老，如早在古希腊，柏拉图就在《国家篇》中对《荷马史诗》中的叙述进行了著名的二分说：模仿（mimesis）和叙事（diegesis）。但“叙事学”（narratology）一词在 1969 年才由茨维坦·托多罗夫（Tzvetan Todorov）在其著作《〈十日谈〉语法》（*Grammaire du Décaméron*）中正式提出：“这部著作属于一门尚未存在的科学，我们暂且将这门科学取名为叙述学，即关于叙事作品的科学。”①但事实上，俄国民俗学家弗拉基米尔·普洛普（Vladimir Propp）1928 年出版的《民间故事形态学》（*Morphology of the Folktale*）通常被认为是叙事学发轫之作，在其中他提出了事件/行为的 31 种功能。总之，叙事学是在法国结构主义和俄国形式主义的双重影响下发展起来的。

在叙事学确立二三十年后，其研究范式发生了重大转移：从关注故事/话语的经典叙事学转移到 20 世纪 80 年代中后期、90 年代初开始的后经典叙事学。“后经典叙事学”（Post-Classical Narratology）这一概念由美国叙事学家戴维·赫尔曼（David Herman）在 1997 年发表的《认知草案、序列和故事：后经典叙事学的要素》（“Scripts，Sequences，and Stories：Elements of a Postclassical Narratology”）文章首次提出。

经典叙事学主要研究虚构性文本的共同叙事特征和个体差异特征，旨在描述控制叙事（及叙事过程）中与叙事相关的规则系统。经典叙事学通常有两个研究范式，一是以故事层面为研究对象，包括行动、功能、序列与结构模式；二是以话语层面为研究对象，包括叙述者、叙事视角、叙事时间、叙事空间等叙事语法。

后经典叙事学则在故事与话语研究中注入了读者认知与理解、社会历史语境，或在其他学科研究中融入故事与话语分析。这导致其研究对象从虚构性文本延伸到非虚构性文本，且其研究目的也从总结普适性的叙事语

① 李志雄．亚里士多德古典叙事理论[M]．湘潭：湘潭大学出版社，2009：40．转引自张寅德：叙述学研究[M]．北京：中国社会科学出版社，1989：1-2．

法转移到探究叙事与社会、文化、历史、读者等之间的关系。总之，后经典叙事学具有跨媒介、跨体裁、跨学科、跨语境等特点，是对经典叙事学的延伸、扩展和精进。[①]

正是在这种后经典叙事学背景下，叙事学理论才拓展到新闻领域。因此，对新闻的叙事分析一开始就处于新媒体语境之下。只不过如前所述，由于新媒体在最开始只是传统媒体报道的辅助工具，之后才转到复制传统新闻和具有浓厚传统新闻痕迹的专用新闻阶段，导致早期的新闻叙事研究对象仍是传统新闻。

兴起于20世纪80年代末90年代初的新闻叙事研究遭遇了两种态度的拉扯：一方面，由于其兴起之时正是追求客观、公正的新闻专业主义深得人心之时，因此它在初始阶段受到了一定程度的抵制和质疑，如有学者认为叙事技巧，即讲故事艺术的使用，是对新闻实践的犯罪或背叛（sins or treasons）[②]；记者们则用职业信条“事实，全部是事实，除了事实别无其他”（the facts，all the facts，nothing but the facts）来反对新闻是讲故事。[③]另一方面，由于受文学很大影响的新新闻主义正处于强弩之末，用源于文学的叙事理论来分析新闻无疑与它的追求相契合，因此受到了这批记者和学者的热烈欢迎和极大关注。

随着越来越多的人对新闻叙事特征进行分析，人们也越来越认可并赞成新闻具有叙事的一面，以至于形成了叙事新闻学（Narrative Journalism）、文学新闻学（Literary Journalism），并形成了叙事性非虚构作品[narrative nonfiction，有的称为文学性非虚构写作（literary nonfiction）、新闻性非虚构写作（journalistic nonfiction）、纪实文学（the literature of fact）等，叙事新闻即属此类]写作派，且叙事新闻学和文学新闻学的培训在西方非常盛行。波士顿大学新闻学教授马克·克拉默（Mark Kramer）是叙事新闻学的代表人物，他宣称，“叙事新闻学时代

---

① HERMAN D. Narratologies: new perspectives on narrative analysis[M]. Columbus: Ohio State University Press, 1999: 27.

② NEVEU E. Revisiting narrative journalism as one of the futures of journalism[J]. Journalism studies, 2014, 15(5): 533-542.

③ ROEH I. Journalism as storytelling, coverage as narrative[J]. The American Behavioral Scientist, 1989, 33(2): 162-168.

已经来了”。由享誉全球的哈佛大学尼曼新闻基金会创建的尼曼叙事新闻学项目每年召开尼曼叙事新闻学会议。美国也常举办叙事性非虚构文学写作大会。多次获得普利策新闻奖的美国《俄勒冈报》（*The Oregonian*）主编杰克·哈特（Jack Hart）的《故事技巧：叙事性非虚构文学写作指南》（*Storycraft：the Complete Guide to Writing Narrative Nonfiction*）便是这一派别的学术著作的代表。

总之，叙事学在新闻领域一兴起，便受到国内外学者的关注，以至于出现了不少相关研究文献。国内研究文献，至 2019 年 1 月 16 日，在“中国知网”“文献”栏，全选所有“文献分类目录”，以篇名作为搜索条件，输入“新闻”并且“叙事”，搜索得到 1092 篇论文（含博硕士学位论文）；由于叙事通俗的说法是讲故事，所以又输入“新闻”并且“故事”，搜索得到 1370 篇论文，共计 2462 篇文献。对中国国家图书馆中文文献库进行搜索，以题名为搜索条件，输入“新闻”+“叙事”，共搜到 19 本专著。

国外研究文献，至 2019 年 1 月 25 日，在“EBSCO-Communication Source”数据库搜索，以标题作为搜索条件，输入“journalism”+“narrative”，搜到 88 篇文献；输入“news”+“narrative”，搜到 106 篇文献；输入“journalism”+“storytelling”，搜到 21 篇文献；输入“news”+“storytelling”，搜到 18 篇文献，共计 233 篇文献。

根据内容的有用程度，笔者对上述文献进行了或细致或简略的查阅。下文根据对文献的研读和梳理，分别从“传统媒体新闻叙事”和“新媒体新闻叙事”两个方面进行综述。

一、国内外传统媒体新闻叙事研究文献综述

西方针对传统媒体新闻（包括新媒体语境下的传统媒体新闻）的叙事研究的主要关切焦点有两个。

第一，从故事层面阐释新闻具有叙事特征。它又包括两个方面，一是新闻所展现的故事类型，经典文献有美国学者理查德·坎贝尔（Richard Campbell）的《60 分钟和新闻：美国中产阶级神话》（*60 Minutes and the News：A Mythology for Middle America*），指出记者在新闻报道中扮演

侦探、精神分析师、旅游者、裁判者，而新闻讲述的故事类型有：神秘浪漫故事（mystery）、医疗故事（therapy）、冒险动作故事（adventure）、独裁组织故事（arbitration）等。[①]对于新闻故事类型，伊扎克·罗伊（Itzhak Roeh）也指出有悲剧新闻故事、喜剧新闻故事、浪漫新闻故事和反讽新闻故事。[②]二是新闻故事所展现或所应有的叙事技巧，认为新闻具有或应该具有类似小说和戏剧之叙事要素与叙事技巧，如罗纳德·N. 雅各布斯（Ronald N. Jacobs）在1987—1994年的数篇论文中指出，新闻展现了故事的开始、中间、结尾等历程，新闻叙事具有事件性和戏剧性。[③]哈特则认为好的新闻故事在人物上都包含了行为者（即主角）、对立角色，在情节上包括冲突、挑战及戏剧张力，即讲述的是行为者如何克服障碍、跌倒失败或竞争成功。[④]

第二，从话语层面对新闻叙事的结构和理解进行阐述，最知名的是荷兰学者梵·迪克（Van Dijk），其代表作是《作为话语的新闻》（*News as Discourse*）。作者既从经典叙事学的研究范式论述了新闻文本的组织逻辑，又采取后经典叙事学的研究范式从“语境”和“受众”两个角度阐释了新闻的制作、对新闻的理解。

由于新闻叙事研究是在后经典叙事学背景下展开的，所以在从故事、话语层面研究新闻叙事时，既有经典叙事学的文本研究，如上述哈特的《故事技巧》和坎贝尔的《60分钟和新闻：美国中产阶级神话》，也有后经典叙事学的语境分析，如上述梵·迪克的代表作《作为话语的新闻》。

国内对新闻叙事学的研究始于20世纪末、21世纪初。国内对传统新闻的叙事研究主要有两个面向，第一，从经典叙事学角度对新闻文本和新闻故事化进行分析，包括叙事主体、叙事语法、叙事声音、叙事视角、叙事时空等，如2006年何纯的《新闻叙事学》、2014年方毅华的

---

① 陈晓. 叙事学视阈下的电视新闻深度调查节目研究——以凤凰卫视《社会能见度》为例[D]. 南京：南京师范大学，2014：2.

② ROEH I. Journalism as storytelling, coverage as narrative[J]. The american behavioral scientist, 1989, 33(2): 162-168.

③ JACOBS R N. Producing the news, producing the crisis: narrativity, television and news work[J]. Media, culture and society, 1996, 18: 373-397.

④ HART J. Storytelling[J]. Editor & publisher, 1994, 127(6): 5. 转引自蔡琰，臧国仁. 新闻叙事结构：再现故事的理论分析[J]. 新闻学研究，1999(58)：1-28.

《新闻叙事导论》。这一研究视角还包括对（传统）新闻故事化技巧和（传统）新闻实践的叙事变革等方面的探讨，如2014年徐培亮的《新闻叙事的故事化技巧》、2009年王辰瑶的《嬗变的新闻》和2007年黎明洁的《新闻写作与新闻叙述：视角·主体·结构》。

第二，从后经典叙事学角度对新闻叙事的意识形态建构进行研究，典型代表是笔者2005年出版的《新闻叙事学》，其中既有从微观、中观和宏观三个层面的新闻话语的意识形态建构进行的论述，又有从原型沉淀、受众解读等方面进行的意识形态阐释。其中既涉及经典叙事学的范式，如叙事结构、叙事视角、叙事声音，又涉及后经典叙事学的意识形态范畴。另外，李凌燕2013年的《新闻叙事的主观性研究》从新闻的形容词、情态词、语序、句式、篇章结构等方面对新闻的主观性（即建构意识形态）进行了探讨。

总之，无论国内还是国外，学者们针对传统新闻的叙事分析都是全面、系统的。

二、国内外新媒体新闻叙事研究文献综述

如前所述，在Web 1.0阶段，自从新闻网站创办之后，新媒体才真正出现网络专用新闻，且网络专用新闻的叙事方式与传统新闻叙事几无差别。迈入Web 2.0阶段之后，新媒体原生新闻才开始进入大众视野，叙事主体的多样导致新闻叙事样态的多种多样。这时才开始真正出现新媒体新闻叙事的研究文献。

新媒体技术或新闻类型被层出不穷地推出，导致新提出的新闻叙事术语众多，如数字新闻叙事、网络新闻叙事、微博新闻叙事、APP新闻叙事、微信新闻叙事、虚拟现实（含VR）新闻叙事、游戏式新闻（又称新闻游戏，详见第四章）叙事、数据新闻叙事、融合新闻叙事、融媒体新闻叙事和新媒体新闻叙事，不过却未发现社交媒体（含社会化媒体、自媒体）新闻叙事这一术语。

虽然新媒体技术、形态及其新闻类型众多，但由于它们都是建立在互联网的技术逻辑之上，因此，在叙事的许多方面它们都具有相似性。综合上述中英文文献，针对新媒体新闻叙事的研究成果主要包括以下内容。

（一）新闻叙事模式

在国外，针对新媒体语境下对事件的叙述，BBC 数据新闻记者、著名“在线新闻博客”（Online Journalism Blog）的创始人保罗·布拉德肖（Paul Bradshaw）在其《21 世纪新闻编辑室的模式》（“A Model For the 21st Century Newsroom”）一文中指出，21 世纪新闻模式分为三个阶段七个步骤：快速传播阶段，即快讯（alert，通过手机、电子邮箱发布）、草稿（draft，通过博客发布）两个步骤；深度解析阶段，即报道（article/package）、分析/反思（analysis/reflection）、背景（context）三个步骤；用户中心阶段，即互动（interactivity）及定制（customisation）两个步骤，这七个步骤形成了钻石型新闻模式（笔者将之称为菱形型新闻模式，详见第六章）。[①]而德温·哈内尔（Devin Harner）在《推特效应：社交媒体如何改变新闻叙事》（“The Twitter Effect：How Social Media Changes the News Narrative”）一文中指出，在新媒体语境下的新闻叙事中，读者和记者都信任和期待蜂巢叙事，即大量的推特简讯和相应的博客帖子，来为大家报道事件。蜂巢叙事的结果就是记者们不会针对“新闻是什么”或“故事重点在哪”表达任何意见[②]，未对蜂巢叙事进行具体论述。

在国内，笔者 2014 年发表的论文《新媒体语境下的新闻叙事模式》（详见第六章）是第一篇论述新媒体语境下的新闻叙事模式的论文。之后所发表的 43 篇（截至 2021 年 10 月 21 日）论文，基本都受到笔者此篇论文的影响。总之，相关文献都认为，新媒体语境导致新闻叙事模式不再局限于传统新闻的倒金字塔叙事模式，而出现了“蜂巢型、菱形型、钻石型”三种新的叙事模式。虽有文献指出新媒体语境下的新闻叙事模式还包括“网状型、橄榄型、多元化型”等模式[③]，但根据对文献的研

---

① BRADSHAW P. A Model for the 21st century newsroom[EB/OL].（2007-09-17）[2021-07-10]. https://onlinejournalismblog.com/2007/09/17/a-model-for-the-21st-century-newsroom-pt1-the-news-diamond/.

② HARNER D. The Twitter effect: How social media changes the news narrative[EB/OL].（2011-06-28）[2021-07-10]. http://mediashift.org/2011/06/the-twitter-effect-how-social-media-changes-the-news-narrative179/.

③ 肖晓署. 新媒体语境下的新闻叙事模式[J]. 记者摇篮，2018（10）：49-50. 水伟杰. 新媒体语境下的新闻叙事模式[J]. 西部广播电视，2018（16）：67-68. 雷雨甜，周江江. 浅析新媒体语境下的新闻叙事模式[J]. 新闻研究导刊，2018，9（13）：182. 侯应仙. 新媒体语境下的新闻叙事研究[J]. 传播力研究，2018，2（14）：63.

读，发现这三种模式实质上分别是“蜂巢型”“菱形型”和“钻石型”。

（二）超文本叙事

超文本是由节点（node）和链（link）构成的信息网络，即通过节点和链将各种不同空间的文字信息组织在一起的网状文本，因此又称为超链接。节点是字符、数字、文本、图形、图像、音频、视频等多种形式的数据。超文本是 Web 页面区别于其他媒体的重要特征之一，网页浏览者只要单击网页中的节点就可自动跳转到超链接的目标对象。

超文本概念最早由美国人范尼瓦·布什（Vannevar Bush）于 1945 年发表的《诚若所思》（“As We May Think”）一文中正式提出。在此文，他设想了一种叫作存储扩充器（memory extender，Memex）的、能借助链接（link）浏览、翻阅大量的存储于不同地方的联机文本与图形系统的机器。特德·纳尔逊（Ted Nelson）1965 年创造了术语“超文本（hypertext）”[①]。万维网（world wide web）的发明者、英国科学家蒂姆·伯纳斯·李（Tim Berners Lee）1989 年提议用超文本技术建立一个全球范围内信息网，1990 年开发出超文本标识语言（hypertext markup language，HTML），1991 年万维网在超文本技术基础上得以诞生。超文本叙事随之成为网络叙事的主要方式。

新闻超文本叙事，又称新闻超链接叙事、新闻非线性叙事，主要指网络新闻借助于互联网络的超文本技术与系统，通过各种链接文本对新闻叙事进行补充、延伸、注释、索引[②]，是一种非线性结构。

由于超文本是网络基础，因此其叙事结构得到了学者们较为充分的研究。对超文本结构研究最有代表性的是澳大利亚学者凯瑟琳·菲尔普斯（Katherine Phelps）。她在《数字媒体的故事形态》（“Story Shapes for Digital Media”）一文中指出，超文本结构具有 7 种类型：线性、互动、多线性、镶嵌多线性、巢状漏斗式、树枝状及非线性。[③]英国学者玛丽-劳尔·瑞恩（Marie-Laure Ryan）在菲尔普斯超文本结构基础上将

① 周立柱. 超文本与超介质系统的发展与研究[J]. 计算机科学，1991(4)：28-32.

② 彭柳. 新媒体时代的新闻叙事及文本特征[J]. 编辑之友，2017(11)：57-60.

③ PHELPS K. Story shapes for digital media[EB/OL]. [2019-01-30]. http://www.glasswings.com.au/modern/shapes/.

其修正为：主轴与分支状、树枝状、流程图、迷宫状、轨道变换状、网络状和海星状。[①]菲尔普斯和瑞恩的超文本结构针对的是所有叙事文本，其中主要是虚构作品。针对新闻叙事而言，台湾学者陈雅惠指出，超文本结构只有四种：主轴与分支状、流程图、轨道变换状、树枝状。[②]但是她指出新闻叙事的超文本结构只是将来的形式。

（三）多元素叙事/融合新闻叙事

多元素叙事指新闻可采取文字、音频、视频、图片等多种符号元素、符号手段进行叙事。[③]由于在传统媒体时代，报纸只能采用文字或图片进行叙事，广播只能利用音频，而电视则只能使用视频来进行报道。但建立在计算机和互联网之上的新媒体，借助数字技术，能将图、文、声、像等各种元素的信息统一转化为计算机能识别的二进制数字“0”和“1”，且能将这些数字进行运算、加工、存储、传送、还原，突破了传统媒体一种媒介只能传输和识别一种元素的信息的局限，使得一种新媒介能兼容多种传统媒体的传播元素，对此，美国学者保罗·莱文森（Paul Levinson）指出：“开始的时候，因特网的内容是文本，到了90年代，它扩张以后就包括了图像和声音。到了世纪之交，它又提供了网络电话（internet telephone）、在线音频播放（real audio）、在线视频播放（real video）。因特网证明且暗示，这是一个宏大的、包含一切的媒介的媒介。”“网络的内容不是一种媒介，而是许多媒介。”[④]因此，多元素叙事又称多媒体叙事、跨媒体叙事或融媒体叙事（又称媒体融合、融合新闻）。

融合新闻叙事，国内外目前都主要从新闻实务方面进行论述。媒体融合（Media Convergence）概念最早由美国学者伊锡尔·德·索拉·普尔（Ithiel de Sola Pool）教授提出。澳大利亚学者斯蒂芬·奎因（Stephen Quinn）指出，媒体融合的关键人物是编辑，他必须评估每一个新闻事件的价值以进行最适当的分配。融合新闻叙事因为集文字、音频、视频以及互

---

① RYAN Marie-Laure. Avatars of story[M]. London: University of Minnesota Press, 2006.

② 陈雅惠. 探索网路新闻叙事新方向[J]. 新闻学研究，2014(121)：127-165.

③ 吴健民. 新媒体视域下新闻叙事的创新路径探析[J]. 传媒，2018(1)：68-69.

④ 保罗·莱文森. 数字麦克卢汉：信息化新纪元指南[M]. 何道宽，译. 北京：社会科学文献出版社，2001：7，52.

动图表等多种叙事方式于一体，因此能使受众得到全方位的信息和享受。对于媒体融合的模式，荷兰阿姆斯特丹大学新闻学教授马克·德兹（Mark Deuze）提出了两种多媒体融合的类型：一种是跨媒体融合，即电子邮件、短信、印刷、广播、电视、手机等媒体平台的融合；一种是媒材的融合，即口语、文字、音乐、图片、图像、动画等多个媒体格式的互动和利用。①

如同超文本叙事，多媒体叙事也是以互联网为肇始的新媒体叙事的基本特征。因此，大多数针对新媒体新闻叙事的文献都指出了这一特征，但分析都较浅显，缺少叙事角度的深入分析。

（四）交互性叙事

“交互性”（interactivity）是一个模糊的概念，它既包括一种人际的互动关系，也包括一种人机间互动的关系。由于机器显示的是信息，因此，人机间互动展现为一种人与信息的互动。建立在互联网络基础之上的新媒体自然具有网络的互动性，因此新媒体新闻给受众提供了众多互动机会：既有受众作为用户与新闻生产者的互动机会，也有用户与新闻内容的互动机会。

互动类型是国内外学者的研究重点，德兹指出有三种：一是浏览互动，即用户通过选择内容浏览来进行互动，如选择类别、关键词搜索、打印等；二是功能互动，即用户可以与其他用户或内容的生产者进行互动（如联络作者、接触其他人、转发消息等）；三是定制化互动，即用户可以在新闻中上传自己的内容得出自己的结论。②Zeng & Li 通过分析美国报纸网上互动关系后指出，存在两种类型：内容互动和人际互动。③

简言之，交互性叙事指传受双方互动共同完成新闻叙事，从而改变了由传者单方面独立叙事的局限。因此，众多文献把新闻叙事中的上述

---

① JARVIS J. Networked journalism[EB/OL].（2006-07-05）[2019-01-30]. http://www.buzzmachine.com/2006/07/05/networked-journalism/.

② JARVIS J. Networked journalism[EB/OL].（2006-07-05）[2019-01-30]. http://www.buzzmachine.com/2006/07/05/networked-journalism/.

③ ZENG Q and LI X. 2006. Factors influencing interactivity of Internet newspapers: A content analysis of 106 U. S. newspapers' websites. In LI X（ed.）, Internet newspapers: The making of a mainstream medium[M]. London: Lawrence Erlbaum, 2006.

三种互动类型和两种互动关系统称为交互性叙事。归纳起来，文献中的交互性叙事包括三种：一是指受众参与新闻报道中的任何一个环节，如参与采集、生产等，如用户新闻；二是指新闻叙事之后传者与受者之间的互动，如评价、点赞、反驳、更新等；三是指受众与新闻信息的互动，新闻叙事必须依靠用户进行选择或信息输入，新闻叙事才能继续进行，如游戏式新闻和数据新闻中的定制类型。①（笔者不赞同这种观点，认为第三种才是真正的交互性叙事，第一种是参与式新闻，第二种是新闻互动，第三种是互动新闻，详见第四章）基于此，文献又把交互性叙事称为互动叙事、参与性叙事。

（五）沉浸式叙事

沉浸式叙事指新媒体借助于各种设备让受众全身心地沉浸于新闻叙事之中。沉浸理论由美国心理学家米哈里·奇克森特米海伊（Mihaly Csikzentmihalyi）在 1975 年提出，指一种人们在日常活动中无比投入的状态，并指出挑战（challenge）与技巧（skill）是影响沉浸的主要因素。随着计算机技术的发展，沉浸理论延伸至人机互动的讨论，并提出两个沉浸的主要特征：在活动中的完全专注（concentration）和活动中的心理享受（enjoyment）。

随着虚拟现实新闻的诞生，被虚拟现实行业内称为“虚拟现实教母”的美国学者诺尼·德·拉·佩娜（Nonny de la Peña）便把沉浸理论借用过来，提出了“沉浸式新闻”的概念。

沉浸式叙事借助于两种途径，一种是通过设备在新闻报道中模拟新闻场景，并让受众通过可穿戴设备进入新闻场景当中，从而沉浸于新闻故事，这以虚拟现实新闻（即 VR 新闻）为典型代表；一种是通过让受众扮演新闻人物的角色进行选择、体验，并应对挑战，从而沉浸于新闻故事之中，典型代表为新闻游戏。沉浸式叙事使受众由被动式接受新闻信息转换为沉浸式的新闻体验，因此它又被称为体验式叙事、虚拟化叙事、娱乐化叙事。②

---

① 王元. 新媒体新闻叙事在融媒体时代的策略及创新路径[J]. 传播力研究，2018，2(26)：98.

② 常江，杨奇光. 重构叙事？虚拟现实技术对传统新闻生产的影响[J]. 新闻记者，2016(9)：29-38. 蔡培清. VR 新闻叙事特征研究：以《纽约时报》VR 新闻为例[D]. 厦门：厦门大学，2017：1-44.

事实上，沉浸式叙事在叙事作品中从古至今都存在，只不过以前或者通过精彩的文字叙述，如哈特指出的，“作者要身临其境地去观察，去倾听，去嗅闻，去触摸，这就是叙事性新闻的标志性方式——沉浸式报道”①，即通过生动形象的场景描写，或者通过现场声音和播报声音，或者通过二维视频让受众沉浸其中。新媒体语境下的沉浸式叙事则通过3D、360°、720°等视频或体验手段来让受众专注。但也有学者指出，虚拟现实的沉浸新闻反而破坏了新闻叙事。②

（六）多元叙事主体

由于社交媒体为普通用户提供了直接生产新闻的平台和入口，因此新闻叙事主体便不再局限于专业记者和专业媒体，而是每位用户和每个组织都成了潜在新闻叙事主体，尤其是突发事件和事件内幕，最早报道者往往是恰逢身处事发之地和事件之中的用户，而非专业记者。另外，专业记者的新闻叙事有时还会受到受众的质疑、更正、补充甚至反转。因此，在新媒体语境下，新闻叙事主体已远远超越了专业记者这一边界而完全多元化。由于新闻的叙事主体往往是叙事声音的发出者，因此，多元叙事主体又被称为多元叙事声音。

除了上述六种新媒体新闻叙事之外，国外文献还提到三种新闻状态：过程新闻（process journalism）③、弥漫新闻（ambient journalism）④、辫子新闻（braided journalism）⑤（详见第四章）。

上述六个方面是研究文献总结出的新媒体新闻所独具的叙事特征，而任何叙事作品都具有的叙事母题、叙事时间、叙事空间、叙事视角、叙事语法（即又称叙事序列、事件序列），新媒体新闻叙事的研究文献也有

---

① 杰克·哈特. 故事技巧：叙事性非虚构文学写作指南[M]. 北京：中国人民大学出版社，2012：151.

② JONES S. Disrupting the narrative: Immersive journalism in virtual reality[J]. Journal of media practice, 2017, 18(2-3): 171-185.

③ ROBINSON S. Journalism as process: the organizational implications of participatory online news[J]. Journalism & communication monographs, 2011, 13(3): 137-210.

④ HERMIDA A. Twittering the news: The emergence of ambient journalism[J]. Journalism practice, 2010, 4(3): 297-308.

⑤ 谢尔·以色列. 微博力[M]. 任文科，译. 北京：中国人民大学出版社，2010：109.

论述。但文献研究发现，在这些方面，新媒体新闻叙事与传统媒体新闻叙事没有太多的相异之处，如传统新闻叙事序列“连接式”“嵌入式”和“交替式”在 VR 新闻和新闻游戏中都存在。①即便有异，也无非是某种类型新媒体新闻叙事多一点，而另外一些类型传统媒体新闻叙事多一点，如传统媒体新闻叙事更多采用全知叙事视角和第三人称叙事视角，而新媒体新闻叙事则使用第一人称叙事视角多一些。且由于这些研究并非建立在大数据或抽样的基础之上，结论本身值得商榷，如有文献通过大量的文本分析和内容分析指出，目前学界的观点“VR 对传统新闻叙事产生了显著的影响”言过其实，并且认为“现阶段的 VR 新闻，不过是换了一个摄制方式和接收装置的视频新闻”②。有鉴于此，有关这些研究结论在此不赘述。

综述国内外文献可发现，学界和业界对新媒体新闻叙事更关注操作技巧，即如何制作新媒体新闻，如何让一个素材生产适合不同类型媒体的新闻，如何制作数据新闻，包括数据挖掘技术、数据清理技术、数据分析技术和可视化技术等等。

上述文献综述显示，目前人们对新媒体新闻叙事的研究还相对停留在浅表层面，无论是超文本叙事、多元素叙事、沉浸式叙事、交互式叙事还是多元叙事主体，都是新媒体语境下的新闻显而易见的特征。总之，针对新媒体新闻叙事的研究零散浅显，重术轻学，与现在如火如荼的新媒体新闻传播现象极为不匹配。

第四节　研究框架、研究方法和创新之处

本书的主要研究问题是新媒体对新闻叙事产生了怎样的影响，新闻叙事在新媒体诞生之后产生了怎样的变革，主要采用思辨研究法、文本分析法、文献研究法，从经典叙事学和后经典叙事学两个视角对新媒体语境下的新闻叙事变革进行了深入、全面、系统的研究，在学术上具有

---

① 常江，杨奇光. 重构叙事？虚拟现实技术对传统新闻生产的影响[J]. 新闻记者，2016(9)：29-38.

② 蔡培清. VR 新闻叙事特征研究：以《纽约时报》VR 新闻为例[D]. 厦门：厦门大学，2017：40.

显著的创新性。

一、研究框架：表层景观+深层规律+底层逻辑

自从互联网尤其是社交媒体诞生以来，新闻叙事发生了巨大的变革，本专著在对关键概念进行厘清和对新闻叙事变革的动因进行分析的基础上，从光怪陆离的新闻景观着手，分析新媒体语境下的新闻叙事表层上的特点及其原因，接着顺藤摸瓜，探讨表层的新闻景观下所隐藏的新闻叙事模式与原则等新媒体语境下的新闻叙事规律，最后将视线再深入更底层，探索新媒体语境下的新闻叙事变革的逻辑。因此本书分为四个部分："概念与动因""表层新闻景观""深层叙事规律""底层变革逻辑"。

本书除绪论、结语之外，共有九章，其思维导图（图 0-8）、章节内容与逻辑如下。

（一）思维导图

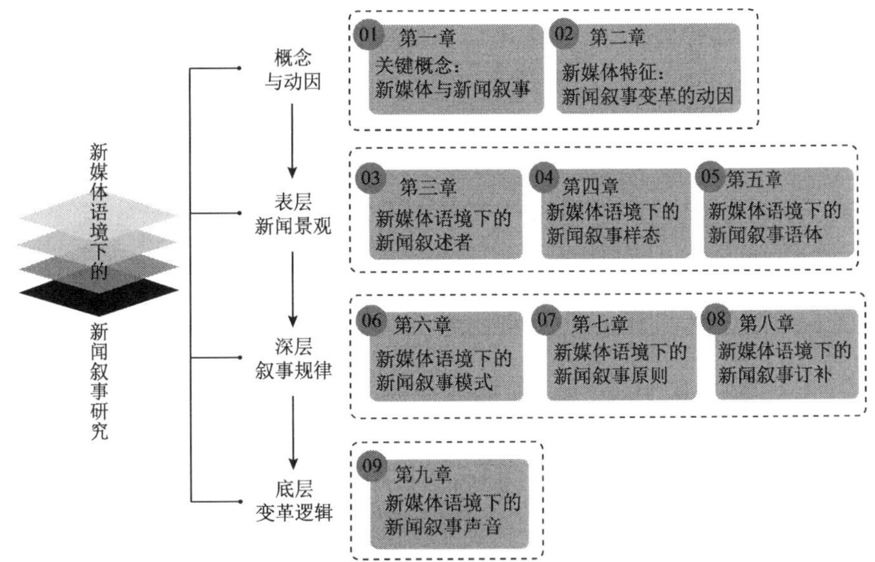

图 0-8："新媒体语境下的新闻叙事研究"思维导图

（二）章节内容与逻辑

本书部分之间、章节之间基本都是层层递进的关系。

与以往媒体不同，新媒体在人们生活、工作中的角色，不仅是媒介，更是语境。本书绪论从新媒体的这两个层面论述其对新闻叙事的影响。新媒体作为语境，从传统媒体新闻叙事的视角进行论述；新媒体作为媒介，从新媒体新闻叙事的视角进行阐释。

1. 概念与动因

此部分包括第一、二两章，分别界定概念与论述叙事变革动因。这两章之间既并列又有递进关系，同时为后面七章论述“新媒体语境下的新闻叙事变革”做铺垫。

（1）第一章 关键概念：新媒体与新闻叙事

鉴于新媒体概念的模糊和新闻叙事概念的混用，本书第一章对这两个概念进行界定、厘清，以正本清源，方便后面章节的论述。

该章对新媒体概念的界定，将从新媒体作为术语的形成与发展、新媒体的形态、新媒体所提供的行动可能性三个方面进行分析界定。对新闻叙事概念的界定，将从叙事开始，并将分析指出新闻叙事判断的标准。

（2）第二章 新媒体特征：新闻叙事变革的动因

由于以互联网为肇始的新媒体技术特征造就了当前人类一切行为、实践（包括新闻实践）范式变革，因而专辟一章阐述新媒体逻辑及其与新闻传播的关系，对新闻叙事变革追根溯源。该章将从新媒体发展历程、结构特征、社交基石和使用场景四个方面进行论述，这四节的内容同样层层递进。

2. 表层新闻景观

此部分包括三章，分别论述新闻叙述者、新闻叙事样态、新闻叙事语体，这三方面的变革非常显著，能被人们直接感知。

（1）第三章 新媒体语境下的新闻叙述者：主体类型与主体间性

新媒体语境下的新闻叙事变革最凸显之处是：普通公民、机构组织、智能机器人像职业记者一样成为新闻叙述者，即新闻叙事主体，从而出现社会化新闻叙事、职业化新闻叙事和智能化新闻叙事三者并存的局面。

该章对社会化新闻叙事、职业化新闻叙事和智能化新闻叙事三种类型各自的叙事方式进行挖掘归纳，分门别类，并对新闻叙事主体网络及其之间的关系进行思考。

（2）第四章 新媒体语境下的新闻叙事样态：两极叙事与功能互补

该章结合新媒体的媒介属性、传播特征和新闻叙述者的变革，从“人人记者”和事件形态两个角度梳理新媒体语境下的新闻叙事的种种新样态，并总结新媒体语境下新闻叙事样态的总体特征。

（3）第五章 新媒体语境下的新闻叙事语体：亲密召唤与情感回应

通过对传统的《人民日报》《央视新闻》和“人民日报”“央视新闻”微信版本及微博版本的新闻的长期追踪和思考，发现作为传统媒体，它们展现出严肃、权威、高冷的“阳春白雪”形象；作为新媒体，它们呈现出轻松、幽默甚至搞怪、喜怒哀乐溢于言表的“下里巴人”形象。该章将以《人民日报》《央视新闻》《澎湃新闻》为例，论述新媒体语境下的新闻叙事语体特征，并分析其风格转变的原因。

此部分的第三章全民记者促成了第四章“光怪陆离”的新闻叙事样态，二者结合共同促成了第五章亲密性和情感化的新闻叙事语体，这三章也是层层递进关系。

3. 深层叙事规律

“新媒体语境下的新闻叙事模式”和“新媒体语境下的新闻叙事原则”是隐藏在表层的新闻叙事现象之下的规律、规则。“新媒体语境下的新闻叙事订补”则从反面论述新闻叙事的规律。此三章为并列关系。

（1）第六章 新媒体语境下的新闻叙事模式：从细节叙述到全景报道

新媒体的实时传播、4A 属性等技术逻辑和结构特征，导致新媒体语境下的新闻叙事的模式不再固守倒金字塔模式。为适应新媒体的技术逻辑和传播特征，新闻叙事出现了新的模式：蜂巢型新闻叙事模式、菱形型新闻叙事模式和钻石型新闻叙事模式。该章对这三个新的新闻叙事模式进行论述。

（2）第七章 新媒体语境下的新闻叙事原则：透明叙事与阅读期待

新媒体的技术逻辑和结构特征促成了新闻叙事的原则由客观性原则转向自证的透明性原则。该章从叙述者的透明、叙事声音的透明、叙事时空的透明三方面论述用户新闻具有天然的透明性特征，并论述用户新闻的透明性叙事有助于探寻事件真相。

（3）第八章 新媒体语境下的新闻叙事订补：数据新闻与扫描模式

在新媒体及其带来的大数据语境里，数据新闻一出现便以其独特品格而受到广大新闻媒体和新闻爱好者的喜爱，也迅速引起学者们的注意。

针对我国众多记者和学者将数据新闻当作新闻叙事，并对之进行叙事学方面的分析，本书将专辟一章论述数据新闻的类型、特征与模式，在此基础上论述它是否为新闻叙事。该章也是对第一章“新闻叙事”概念与观点的回应。第三部分的论述是建立在第二部分的阐释之上，两部分的内容层层推进。

4. 底层变革逻辑

此部分从纵向的角度探讨新媒体语境下的新闻叙事变革的底层逻辑，即话语权的变革。此部分放弃了经典叙事学分析叙事声音的路径，采取后经典叙事学的话语权取向，原因在于前者通常是对单篇进行分析，相对琐碎，难以拔高主题。

第九章 新媒体语境下的新闻叙事声音：从话权代理到话权自理

由于谁叙述新闻，就发出了谁的声音，因此，新闻话语权也就体现了新闻叙事声音。纵观新闻传播历史可发现，人类经历了“新闻话语权完满”到“新闻话语权分隔”再到“新闻话语权完满”的历程。前期“新闻话语权完满”阶段出现在部落社会的早期，即口语传播时代的早期；而后期“新闻话语权完满”阶段则起始于以互联网为基础的新媒体时代，尤其是社交媒体时代。因此，相比传统媒体时代，新媒体时代带来了新闻话语权的显著变革。

因此该章通过宏观的新闻语境和新闻实践等后经典叙事学的新闻话语权视角来分析新媒体语境下的新闻叙事声音的变革，分别从传统媒体机构内的新型新闻和传统媒体机构外的用户新闻进行论述。

此部分的观点建立在第三章到第八章所论述的所有变革的基础之上，揭示了新媒体语境下新闻叙事变革的底层逻辑，是对前文内容的深化。

二、研究方法：思辨研究+文本分析

本书坚持马克思主义新闻观，采用思辨与实证（仅使用了实证中的定性研究法）相结合的方法，具体来说主要有以下三种。

（一）思辨研究法

思辨研究是研究方法中的一级概念，是一种通过操作概念以获得理论性结论的方法。思辨研究假定事实已确认，直接对所研究的现象进行概括，以获得或提升理论。在思辨研究过程中，常会建立概念，发展一系列命题，进行逻辑推演，直至揭示理论性结论。[①]理想化的思辨研究由三个要素组成。

第一，科学概念。每一科学领域都发展了与此相适应的概念群，即一系列专门术语。本书的科学概念有：新闻叙事、新媒体、叙事主体、叙事声音、话语权、透明性，等等。

第二，科学命题及其逻辑组织。科学命题由概念组成，且被判断为真的原理或定律。它们是某个领域内的事实的概括与总结，通常是这一领域内的基本规律和基本关系的反映，是理论赖以建立的基础。

科学概念依靠相应的逻辑而被发展为命题，并再根据逻辑推演出新的知识，得出理论性结论，并最终变成系统性知识或其中的一部分。

第三，逻辑或理论结论。理论结论由概念和原理推演出来的，其根本功用是对特定社会现象进行解释和预测。

本书稿运用了思辨研究法的主要章节有：第一章“关键概念：新媒体与新闻叙事”；第三章第四节“新闻叙述者：主体性与主体间性”；第五章“新媒体语境下的新闻叙事语体：亲密召唤与情感回应”；第六章“新媒体语境下的新闻叙事模式：从细节叙述到全景报道”；第七章“新媒体语境下的新闻叙事原则：透明叙事与阅读期待”；第八章“新媒体语境下的新闻叙事订补：数据新闻与扫描模式”；第九章“新媒体语境下的新闻叙事声音：从话权代理到话权自理”。

（二）文本分析法

文本分析法是实证研究中定性研究法中的一种，因此是研究方法中

① 卜卫. 传播学思辨研究论[J]. 国际新闻界，1996(5)：31-35.

的三级概念。

实证研究法是研究者通过操作事实得出研究结论的方法。实证研究的重要组成部分是收集和加工、整理事实。如何收集事实，形成了实证研究的两大派别：定性研究和定量研究。

定性研究法是通过不断地采集和积累事实来发现理论结论，其基本过程是一个归纳过程，即先积累事实，后进行推论，其研究目的是理解事实。

文本分析法的对象为各种文本，目的是从文本表层深入文本深层，以发现那些由普通阅读很难把握的深层意义。它下面还有诸多种研究方法，主要有“新批评”法、文化研究法、互文法、符号学分析法、叙述学分析法、解构主义法、文本社会学方法、话语分析法，等等。

本书主要采用了文本分析法的主要章节有：“第三章 新媒体语境下的新闻叙述者：主体类型与主体间性”；“第四章 新媒体语境下的新闻叙事样态：两极叙事与功能互补”；“第五章 新媒体语境下的新闻叙事语体：亲密召唤与情感回应”。

不过，由于本书不是实证研究，因此根据需要，本书的文本分析法，未严格遵照文本分析法中文本集的要求来执行。

（三）文献研究法

文献研究法既是思辨研究和实证研究共用的方法，也是定性研究和定量研究共用的方法，是研究方法中的二级或三级概念，主要指搜集、鉴别、整理研究文献，并通过对研究文献的研读，形成对研究选题的科学认识的方法。文献法是一种古老而又富有生命力的科学研究方法。

文献研究法一般包括五个基本环节，分别是：提出课题或假设、研究设计、搜集文献、整理文献和进行文献综述。

本书每一章的撰写都搜索并研读了大量的研究文献，因此所有章节都运用了文献研究法。

从研究过程来说，本书主要采取了下面两种路径：搜集、研读文献/文本材料→经验概括→理论；理论→搜集、研读文献/文本材料→经验概况→理论。

三、创新之处：新业态+新概念+新观点

本书在创新上具有显著表现，据笔者所掌握的文献看，应是国内第一本全面、系统论述新媒体语境下的新闻叙事变革的专著。具体创新的观点如下。

（1）在第一章中，本书提出并非所有的新闻都是叙事，否定了新闻都是讲故事的观点，并指出新闻叙事的本质特征是事件性和叙事方式，即时间性和因果关系。在论述新闻叙事的基础上，本书指出新闻主要有四种类型：叙事新闻、论证新闻、说明新闻和描写新闻。

（2）在第三章中，本书指出新媒体语境下的新闻叙述者，即新闻叙述者包括普通公民、机构组织等社会化叙述者，专业媒体与记者等职业化叙述者，智能机器人等智能化叙述者，但创新在于指出叙事主体的叙事方式主要有个人讲述、机构叙述、媒体复制、记者改写、记者代理、记者创作、记者策展和智能生成。新闻叙事主体间性经历了“我-他”传播、“我-你”传播、“我-我”传播的历程，且这三种主体间性并存于新媒体语境。

（3）在第四章中，本书归纳总结出新媒体语境下的新闻叙事所呈现出的五种新样态：套娃式新闻、注解式新闻、层式新闻、串式新闻、图谱新闻都是本书归纳总结出的新媒体语境下的新闻叙事所呈现的新样态。

（4）在第五章中，本书指出社交媒体新闻采纳悬念、惊奇、呼告与贴近等四种召唤结构，并将用户的情感回应融进新闻文本之中，原因在于新闻叙事从传统媒体的“新闻展”及其仪式化演讲转变为社交媒体的“新闻流”及其日常化对话，而新闻仪式化的消解和交往化的凸显又是因为用户间的黏性和场景的私密性要求采用亲密化的召唤和情感化的回应来匹配。对社交媒体新闻语体亲密性与情感化的论述也是本书的一个重要创新。

（5）在第六章中，本书指出新媒体语境下的三种新闻叙事模式有蜂巢型、菱形型、钻石型。虽然蜂巢叙事最早由哈内尔提出，但他仅指出蜂巢叙事是推特和博客作为整体叙事的特征，本书把蜂巢型叙事概念

化并运用于新闻叙事。本书的钻石型叙事则完全不同于布拉德肖的钻石型报道。

（6）在第七章中，本书提出用户新闻叙事具有天然的透明性。具体表现有①叙述者的透明，即叙述者与聚焦者、行为者三合一，或者是叙述者与聚焦者的二合一；②叙述声音的透明，即用户新闻（除敏感话题、禁忌话题、虚假信息外）的叙述的受控程度为零，其文本则为透明；③叙事时空的场景镜像化。从叙事的角度论证新闻透明性是本书的又一个重要创新。

（7）在第八章中，本书提出一个与众不同的观点：数据新闻并非新闻叙事（但本书依然进行论述的原因详见第八章），而是一种社会科学研究式的论证新闻；数据新闻具有四种类型，分别是整体-呈现型、问题-分析型、质疑观点-调查-分析-证实/证否看法+结论型、已然-预测型；数据新闻开发了扫描式报道模式。对数据新闻的论述也是本书的一个重要创新之处。

（8）在第九章中，本书指出传统媒体时代，新闻中介和社会精英代理普通民众的新闻话语权力，但新媒体语境下的用户新闻促成了民众新闻话语权回归完满，新型新闻解构了社会精英话语权。将新闻话语权区分为自理与代理，同样具有创新性。

总之，本书内容丰实：从叙述者到叙事方式，从叙事样态到叙事语体，从叙事模式到叙事原则，从叙事订补到叙事声音。分析全面：经典叙事学分析和后经典叙事学阐述兼顾，修辞叙事学论述和认知叙事学阐释并用，思辨和实证并举。一言以蔽之，本书体系完备，逻辑严密，观点新颖，虽然学术色彩浓厚，但可读性强，是针对当今鲜活的、五彩斑斓的新媒体语境下的新闻叙事变革进行系统论述的专著。

概念与动因篇

清晰且正确的概念是一切思考的基石。因此只有厘清概念才能走向高阶思维。

作为肇始于“史无前例的新生事物”[①]的互联网的新媒体，形态多、内涵多，学者们可根据各自研究目的强调不同侧面，因此界定也较多。本书稿对其之界定和论述重点置于其适配新闻叙事变革的特征之上。

新闻学界、业界普遍存在着一种认知误区：认为所有的新闻都是叙事。同时对“新闻叙事”这一概念的界定也较少，因此非常有必要对之进行厘清。

马歇尔·麦克卢汉（Marshall Mcluhan）指出：“任何媒介对个人和社会的任何影响，都是由于新的尺度产生的；我们的任何一种延伸（或曰任何一种新的技术），都要在我们的事务中引进一种新的尺度。”[②]新媒体引入的不仅是一种新尺度，而是形式化、结构化甚至主题化生活世界与工作场景，更由外而内颠覆了传统的新闻叙事，从而成为各种变革的动因。

① 马克·波斯特. 互联网怎么了？[M]. 易容，译. 开封：河南大学出版社，2010：28.

② 马歇尔·麦克卢汉. 理解媒介[M]//埃里克·麦克卢汉，弗兰克·秦格龙. 麦克卢汉精粹. 何道宽，译. 南京：南京大学出版社，2000：227.

第一章　关键概念：新媒体与新闻叙事

“新媒体”和“新闻叙事”是在业界和学界使用非常广泛的两个术语。新媒体由于表现形态、传播手段层出不穷，而且处在发展进程中，因此成为最难界定的模糊概念之一。[①]

“叙事”则随着叙事学成为显学而成为一个既时尚又学术的词语，并被泛化成为一个隐喻，即把所有文本、所有话语都当成叙事。随着这一隐喻的深入人心，人们把它当成了真理式的观点。对此，新西兰学者肖恩·库比特（Sean Cubitt）曾指出目前的叙事话语存在着“将几乎所有人类文化模式都理解为叙事”的错误。[②]这种错误认知也延伸到了新闻界，以至于人们把所有新闻都当作叙事，并对它们进行叙事分析，如国内不少文献都认为数据新闻是在“讲述故事”[③]，故事化仍是数据新闻的价值取向[④]，指出数据新闻是一种新闻叙事[⑤]，甚至从叙事声音、叙事语法等角度进行论述[⑥]。

不过，国内业界和学界将所有新闻看作叙事（即讲故事），除了受隐喻说法的影响之外，还与 story 这个英文单词既有中文的“故事”又

---

① 彭兰. “新媒体”概念界定的三条线索[J]. 新闻与传播研究，2016，23(3)：120-125.

② SEAN C. Spreadsheets, sitemaps, and search engines: Why narrative is marginal to multimedia and networked communication, and why marginality is more vital than universality. In RIESER M and ZAP A（eds.）. New screen media: Cinema/art/narrative[M]. London: BFI Publishing, 2002: 3-13.

③ 李岩，李赛可. 数据新闻：“讲一个好故事”？——数据新闻对传统新闻的继承与变革[J]. 浙江大学学报(人文社会科学版)，2015，45(6)：106-128.

④ 杨晓军. 数据新闻故事化叙事的可能性及思维路径[J]. 编辑出版，2016(1)：114-118.

⑤ 孟笛. 开放理念下的新闻叙事革新——以《纽约时报》数据新闻为例[J]. 新闻界，2016(3)：61-65.

⑥ 张军辉. 从“数字化”到“数据化”：数据新闻叙事模式解构与重构[J]. 中国出版，2016(8)：39-43。

有“新闻”（news）“报道”（reportage）的含义有关[①]，如很多美国和英国新闻前有“story by ××”，后有“Do you like this story?”“More on this story”。显然，这些语句中的story的含义是“报道”而非“故事”。

同时，以色列学者伊扎克·罗伊（Itzhak Roeh）曾撰文指出一种矛盾现象：英语记者的日常行话里浸透了“故事”（stories）“新闻故事”（news stories）的概念，但是他们却反对“记者在讲述故事”的任何提法。[②]这从一个角度说明，西方记者的“故事”或者是隐喻的说法，或者是指报道，而非“故事”本意。

基于此，在对新媒体语境下的新闻叙事进行研究之前，有必要先对“新媒体”“新闻叙事”这两个关键概念进行界定、厘清。

第一节　新媒体：形态、可供性、内涵与外延

新媒体（New Media，又译为新媒介，有的又称新兴媒体），本义是新近出现的媒体，而“新近出现”是一个具有时间参照点的相对概念。本书论述的新媒体即现阶段的新媒体，肇始于互联网的诞生。

一、新媒体作为术语：从历时泛指到共时专指

在人类传播史上，除了空气之外，每一种媒体在新出现之时都是新媒体，因此，“新媒体”是一个历史性概念，正如2016年1月全国网络媒体技术联盟在其第七届年会中指出：

> 很久很久以前：新媒体就是报纸；
> 从前的从前：新媒体指的是电台等；
> 从前之前不是很长时间：新媒体指电视等；
> 再往后：新媒体就指四大门户网站和BBS了；
> 后来：社交媒体占据，比如博客、微博、豆瓣、QQ空间；

---

① Longman dictionary of contemporary English[Z]. 北京：外语教学与研究出版社，1995：1423.

② ROEH I. Journalism as storytelling, coverage as narrative[J]. The American behavioral scientist, 1989, 33(2): 162-168.

现在：微信、微博、客户端（包括视频客户端等）[①]。

这说明从历时的角度看，新媒体泛指所有历史阶段所出现的新媒体；从共时的角度来说，它在各个历史阶段有各自的专指。

“新媒体”这一术语最早出现于麦克卢汉1959年的会议论文《电子革命：新媒介的革命影响》（“Electronic Revolution: Revolutionary Effects of New Media”）。在论文中，麦克卢汉指出：“从长远的观点来看问题，媒介即是讯息。所以社会靠集体行动开发出一种新媒介（比如印刷术、电报、照片和广播）时，它就赢得了表达新讯息的权利。”[②]显然，麦克卢汉的这篇论文很好地说明了“新媒体”是一个历史相对概念，与“旧媒体”相对而言，即历史阶段不同，“新媒体”这一概念所表征的内涵和外延不同。不仅如此，麦克卢汉在此文中明确地把起始于电报的模拟式电子媒介当作新媒介。[③]

自从19世纪诞生的电报宣告模拟式电子时代的到来之后，20世纪20～70年代出现了广播、电视、录音、录像、通信卫星、有线电视等一系列模拟式电子新媒介，可谓层出不穷，让人眼花缭乱。在这些模拟式电子新媒介相继出现之时，数字式网络化电子新媒介也穿插诞生，如世界上第一台通用计算机于1946年诞生，阿帕计算机网（Arpanet，简称阿帕网）于1969年诞生（详见第二章第一节）。这种穿插诞生使现阶段的、建立在电子计算机及与其相伴相生的数字技术和网络技术基础上的“新媒介”这一概念的最早提出，被众多国内外学者追溯到1967年美国哥伦比亚广播公司（Columbia Broadcasting System，CBS）的技术研究所所长、NTSC电视制式的发明者彼得·卡尔·戈尔德马克（Peter Carl Goldmark）所发表的一份关于开发电子录像（electronic video recording）商品的计划，因为其中提出了new media这个概念。1969年美国传播政策总统特别委员会主席尤金·V. 罗斯托（Eugene V. Rostow）向当时的

① 刘世民. 2016年1月全国网络媒体技术联盟第七届年会的几个关键词[EB/OL].（2016-01-18）[2019-02-02]. https://www.cnblogs.com/sammyliu/p/5134605.html.

② 麦克卢汉. 麦克卢汉如是说：理解我[M]. 何道宽，译. 北京：中国人民大学出版社，2006：3.

③ 麦克卢汉. 麦克卢汉如是说：理解我[M]. 何道宽，译. 北京：中国人民大学出版社，2006：3-6.

美国总统理查德·米尔豪斯·尼克松（Richard Milhous Nixon）提交的一份报告书，因其中多处使用了 new media 一词，也被认为对“新媒体”这一概念的流行功不可没。因为随着罗斯托报告书的扩散，“新媒体”一词流行于美国并扩散至其他西方国家。[①]但从计划书和报告书可知，其中的“新媒体”仍指模拟式电子媒体的创新应用，并非指数字式网络化电子媒体。

直至互联网在 20 世纪 90 年代出现并普及之后，新媒介才真正从泛指各种（包括模拟式和数字式）电子新媒介转向专指数字式网络化电子媒介，如在互联网诞生的早期，联合国教科文组织明确指出，新媒体就是网络媒体。1998 年 5 月，联合国新闻委员会正式提出：互联网已成为继报刊、广播、电视之后的第四媒体。[②]

之后，数字化、网络化作为新媒体的标志性特征得到了众多学者的充分认同，如美国著名专栏作家兼学者丹·吉尔默（Dan Gillmor）认为“新媒体”是数字技术在传播中广泛应用后产生的新概念，这说明他认为新媒体的概念界定必须具有“数字技术”这一元素。美国学者列夫·马诺维奇（Lev Manovich）和丹麦学者克劳斯·布鲁恩·詹森（Klaus Bruhn Jensen）都认为数字化和网络化是区别现阶段新旧媒体的最基本特征。[③]数字化和网络化作为新媒体的本质特征，在中国也得到了众多学者的认可，如清华大学熊澄宇教授指出，新媒体就是数字媒体、网络媒体，是建立在计算机信息处理技术和互联网基础之上，发挥传播功能的媒介总和。[④]联合国教科文组织对其的定义可谓一锤定音：“以数字技术为基础，以网络为载体进行信息传播的媒介。”[⑤]

互联网出现之后再兴起的新媒体基本都建立在互联网基础之上。因此新媒体的数字化和网络化的本质特征在其后的发展历程中得到了进一

① 注：经对当时的政府报告和尤金·V. 罗斯托个人生平进行核查，笔者发现其所服务的总统为林登·本恩斯·约翰逊(Lyndon Baines Johnson)，而非尼克松，所引文献曾存在一定史实谬误。明安香. 信息高速公路与大众传播[M]. 北京：华夏出版社，1999：72.

② 匡文波．“新媒体”概念辨析[J]. 国际新闻界，2008(6)：66-69.

③ 转引自潘忠党，刘于思. 以何为“新”？“新媒体”话语中的权力陷阱与研究者的理论自省——潘忠党教授访谈录[J]. 新闻与传播评论，2017(1)：2-19.

④ 匡文波．“新媒体”概念辨析[J]. 国际新闻界，2008(6)：67.

⑤ 匡文波. 关于新媒体核心概念的厘清[J]. 新闻爱好者，2012(19)：32-34.

步强化。

新媒体经历了从门户网站到社交平台的发展历程。随着网络技术、通信技术、计算机技术等日趋发展，新媒体的表现形态越来越丰富，Web 1.0 阶段新媒体的主要形态有邮件、门户网站、BBS、网络社区、搜索引擎等；Web 2.0 阶段新媒体的主要形态有博客、微博、微信、推特、脸书等。世界最知名的公民记者马特·德拉吉（Matt Drudge）①最早是通过新闻讨论组发布新闻，然后创建自己的个人网页发布信息，同时通过邮件列表向人们发送报道。但让他名噪一时的报道则主要是通过博客发布的。

同时，新媒体还经历了从电脑媒体到手机媒体的发展过程。随着移动通信技术的发展及其与互联网技术的结合，互联网终端从 PC 端扩展到以手机为典型的移动端。1G 时代，手机只是模拟通信系统，即模拟调制，只能语音通话。2G 时代，手机由模拟制式转为数字制式，除了通话功能外，还可收发短信，最重要的是，可通过 WAP 浏览器浏览专门的 WAP 网站的文字、图片等信息。在此阶段，手机作为媒体开始崭露头角。这导致 2002 年搜狐 CEO 张朝阳在“搜狐时尚手机之旅”的活动中首次提出了手机媒体是“第五媒体”的概念。②2003 年 2 月 1 日 22 时 32 分，美国“哥伦比亚”号航天飞机失事 16 分钟后，新浪网把这则新闻以手机短信的方式发送给万千客户，由此开创了国内手机传播新闻的先河。3G 时代，手机可通过无线网络进行多媒体网页浏览、实时可视通话、音视频观看、电子商务、网络游戏等。4G 时代，手机可传输高质量的音视频与图像、多媒体文件，通信速度更快，性能更稳定。③5G 时代将带来的广阔和美妙的应用空间，更是让人们憧憬。

二、新媒体形态：载体、介质、形式、平台、机构

媒体和媒介的内涵一直纠葛在一起，界定媒体时往往用媒介来解释。但一般来说，媒介指传播信息的载体、渠道、中介物、工具、技术手段，

① 由于马特·德拉吉被国外媒体和学者封为“第一个公民记者”，所以本书在提到他时继续延续这一称号。

② 胡长兰. 第五媒体与手机媒体的等同性分析[J]. 考试周刊，2009(27)：237-238.

③ 杨驰原，匡文波，董文杰等. 我国手机媒体发展现状与趋势[J]. 传媒，2016(23)：15-19.

而媒体则指从事信息采集、加工制作和传播的社会组织。[①]又鉴于新媒体发展的特点，它不仅包括上述表现形式，还包括平台、机构这些表现形态。

首先，从上述“新媒体”这一概念的由来可知，它最初和最基本的内涵是作为介质、载体存在，如麦克卢汉的电报、戈尔德马克的电子录像。互联网诞生之后所兴起的各种新媒体，最初也是作为介质、载体，如最初作为网络媒体的新闻网站，基本是把各个传统媒体的内容搬运到网络上。最初手机媒体的表现形态——手机报，也是把报纸内容直接转移到手机这一终端载体之上。手机报的两种模式莫不如此：一种是彩信手机报模式，就是报纸通过电信运营商将新闻以彩信的方式发送到手机终端上，用户可以离线观看，如 2004 年 7 月 18 日，《中国妇女报》推出了中国第一份手机报《中国妇女报——彩信版》[②]。另一种是无线应用协议（wireless application protocol，WAP）网站浏览模式。这种模式是手机报订阅用户通过访问手机报的 WAP 网站，在线浏览信息，类似于上网浏览的方式，2004 年 12 月重庆日报报业集团旗下的三家媒体《重庆晨报》《重庆晚报》和《热报》联手，在中国首次推出手机报的 WAP 手机上网版。

其次，新媒体是作为信息传播形式、传播手段呈现的，它一般是作为一种或一组程序、软件的应用。互联网诞生之后，新媒体层出不穷，方兴未艾，如早期有新闻组、BBS、电子邮件、搜索引擎，后来有博客、微博、APP、微信等。[③]以早期的新闻组和最近的微信为例：新闻组与电子邮件（e-mail）、文件传输（FTP）、BBS 一起，是早期因特网上提供的四个标准信息传播形式。新闻组是以专题形式给因特网用户提供讨论的场所，通过它可同世界各地的人们共同讨论可想到的任何主题。新闻组可看成是一个有组织的电子邮件系统，只不过不是发给某一个特定的用户，而是全世界范围内的新闻组服务器。新闻组是由分布在世界各地

---

① 郭庆光. 传播学教程[M]. 北京：中国人民大学出版社，1999：147.

② 邓靖，于奇. 中国第一家无线报纸“手机报”开通[EB/OL]. (2004-07-19)[2021-01-13]. http://tech.sina.com.cn/it/t/2004-07-19/0715389391.Shtml.

③ 彭兰. “新媒体”概念界定的三条线索[J]. 新闻与传播研究，2016，23(3)：120-125.

的新闻组服务器（news server）互连而成的。[①]新闻组服务器与服务程序采用网络新闻传送协议（network news transfer protocol，NNTP），由计算机程序自动控制。Windows 系统中的 Outlook Express 软件包便具有新闻组客户程序的功能。[②]在 2020 年用户超过 12 亿、目前已形成由公众号、小程序、微信支付、企业微信所共同构成的移动生态的“微信”，曾被称为社交媒体的领头羊[③]，最初是腾讯公司于 2011 年 1 月 21 日推出的一个为智能移动终端提供即时通信服务的免费应用程序。美国作为各种新媒体发源地，更是开发了全球性著名社交媒体，如脸书、推特、WhatsApp、YouTube、Instagram，它们是人们获取信息的重要渠道。仅就脸书来说，2020 年每月有 27.4 亿活跃用户，占全球社交网络人口的 59%，36%的人从脸书获得新闻。[④]这些社交媒体最早都是作为社交软件出现的。

再次，新媒体作为传播渠道、平台存在，且由媒体平台转变为平台媒体。随着网络媒体的崛起和普及，受众尤其是年轻受众对新闻信息的获取很快从传统媒体迁移到网络媒体；随着移动互联网和手机媒体崛起并普及，受众以更快的速度转移到手机终端之上。美国皮尤调查中心（Pew Research Center）2021 年 1 月发布的《2020 美国社交媒体新闻调查报告》（*News Use Across Social Media Platforms in 2020*）显示，超过半数的美国人通过社交媒体阅读新闻，其中 36%的美国成年人“经常”访问脸书来获取新闻[⑤]；《中国互联网发展报告 2020》显示，截至 2019 年底，我国移动互联网用户规模达 13.19 亿[⑥]；第 47 次《中国互联网络发展状况统计报告》表明，截至 2020 年 12 月，我国手机网民规模达 9.86

---

① 杨文钧. 谈谈新闻组[J]. 计算机辅助设计与制造，2000(11)：86-87.

② 裴纯礼，孙建刚. Usenet 新闻组服务及其在教学中的应用[J]. 信息技术教育，2003(10)：64-67.

③ 中国信息通信研究院. 2019-2020 微信就业影响力报告[R/OL].（2020-05-14）[2021-07-11]. https://www.chinaz.com/2020/0514/1134680.shtml.

④ 海外营销数据：2021 年关于 Facebook 的统计数据[R/OL].（2020-03-18）[2021-10-30]. https://zhuanlan.zhihu.com/p/358146956 .

⑤ Pew Research Center. News use across social media platforms in 2020. [R/OL].（2021-01-12）[2021-07-11]. https://www.journalism.org/2021/01/12/news-use-across-social-media-platforms-in-2020/. 另可参见 http://www.199it.com/archives/1190176.html.

⑥ 梁爽. 报告：我国移动互联网用户规模达 13.19 亿[EB/OL].（2020-07-24）[2021-07-11]. http://tech.cnr.cn/techzt/2020zghlwdh/pic/20200724/t20200724_525180190.shtml.

亿，网民通过手机接入互联网的比例高达 99.7%，手机网络新闻用户规模达 7.41 亿，占手机网民的比例为 75.2%。①

随着新媒体作为渠道、平台的作用越来越突显，影响力越来越大，它们也越来越不满足于只是提供信息入口，或作为各种媒体陈列内容的平台，而是有意转变为平台媒体，即充分利用其签约的专业媒体内容和普通用户所产生的内容以及自身所拥有的各种互联网技术，将内容进行整合、编辑，开发新闻产品，提升新闻质量，优化用户阅读体验，并实现用户个性化定制，如 2015 年 5 月脸书推出交互式媒体内容创建工具即时文汇（Instant Articles），即将与其合作的九家媒体《纽约时报》《国家地理》《大西洋月刊》《明镜》《图片报》《卫报》、NBC 新闻、BBC 新闻和 BuzzFeed 的内容以更优读者体验与互动的方式进行呈现。又如 2015 年 10 月，推特正式推出新功能 Moments（瞬间），即通过整合推特平台上的推文、照片和视频内容，给用户一个完整的、沉浸式的体验。这说明新媒体不只是新闻报道的聚合，而且还是新闻报道的编辑与策展人。目前，大部分 Moments 事件由推特人工筛选编辑，其编辑团队大多拥有新闻从业经验，利用数据工具梳理事件，了解事件发展态势，然后把最有价值的内容挖掘出来呈现给受众。

总之，媒体平台侧重平台和技术，更加强调内容汇聚和展现的价值；平台媒体则更加侧重信息和服务，更加强调内容的选择和整合的价值。②

最后，新媒体也作为组织机构存在，即基于新媒体作为渠道、平台基础上提供信息服务的传播机构，包括大众传播机构和社交媒体机构。自 1997 年 1 月 1 日人民网创办以来，紧接着网易、搜狐、腾讯和新浪四大商业门户网站分别于 1997 年 6 月 24 日、1998 年 2 月 25 日、1998 年 11 月 11 日、1998 年 12 月 1 日成立。这些门户网站成立之初便是作为大众传播机构出现的。正是新媒体作为组织机构的存在导致 2005 年 9 月 25 日发布的《互联网新闻信息服务管理规定》明确将互联网新闻信息服

① 中国互联网络信息中心. 第 47 次中国互联网络发展状况统计报告[R/OL]. 2021[2021-07-10]. http://www.cnnic.net.cn/hlwfzyj/hlwxzbg/hlwtjbg/202102/P020210203334633480104.pdf.

② 张志安，曾子瑾. 从“媒体平台”到“平台媒体”——海外互联网巨头的新闻创新及启示[J]. 新闻记者，2016(1)：16-25.

务单位（即网站），即作为组织机构的新媒体作为监管对象：

> 新闻单位设立的登载超出本单位已刊登播发的新闻信息、提供时政类电子公告服务、向公众发送时政类通讯（信）信息的互联网新闻信息服务单位;非新闻单位设立的转载新闻信息、提供时政类电子公告服务、向公众发送时政类通讯（信）信息的互联网新闻信息服务单位；新闻单位设立的登载本单位已刊登播发的新闻信息的互联网新闻信息服务单位。①

随着新媒体的发展，社交媒体与互联网新闻传播结合日益紧密，新媒体的存在形态不再局限于网站这种大众传播机构，而出现了“应用程序、论坛、博客、微博客、公众账号、即时通信工具、网络直播”之类的社交媒体形态与平台，导致 2017 年 5 月 2 日新版《互联网新闻信息服务管理规定》的发布，其中指出“通过互联网站、应用程序、论坛、博客、微博客、公众账号、即时通信工具、网络直播等形式向社会公众提供互联网新闻信息服务”的单位，包括“互联网新闻信息采编发布服务、转载服务、传播平台服务”等三种类型。这一规定显示，社交媒体平台也成了政府监管对象，而且表示作为介质、手段、平台而存在的新媒体都是依附在作为组织的新媒体之上。

从以上论述可知，新媒体首先是作为传播介质和载体，其次是作为传播形态或手段，然后是作为传播渠道和平台，最后是作为传播组织和机构而存在。这四者层层递进，合而为一。

三、新媒体可供性：生产、社交、移动、智能、融合

如上所述，新媒体是建立在计算机及与计算机相伴而生的数字技术和网络技术之上的，因此其最本质特征是数字化和网络化。

新媒体的数字化是由于自从互联网诞生之后所出现的新媒体都是建立在计算机作为载体的基础上，由于计算机又建立在数字技术之上，即需将图、文、声、像等转化为电子计算机能识别的二进制数字“0”和“1”

---

① 互联网新闻信息服务管理规定(国务院新闻办、信产部 2005 年 9 月 25 日发布)[EB/OL].(2016-11-02)[2021-07-11]. http://nic.scetc.edu.cn/2016/1102/c26a315/pagem.htm.

且能进行运算、加工、存储、传送、传播、还原的技术。

新媒体又是建立在互联网作为信息传播介质的基础之上。互联网是通过信息技术把数以亿计的电脑相互连接在一起而构成的信息网络，它的典型服务有万维网、e-mail、FTP 等，用户可以通过安装在计算机上的浏览器（browser）访问互联网。

总之，从互联网诞生之初的电子邮件、邮件群目录、BBS、新闻组，到后来的新闻网站、虚拟社区、搜索引擎，再到最近几年的社交媒体网站、微博、APP、脸书、推特、微信等，从 PC 端新媒体到以手机为代表的移动端新媒体，即便是手机终端作为新媒体，也是发生在从模拟式电子到数字式电子之后。因此，现阶段的新媒体无一不是建立在计算机的数字技术、互联网络技术（包括移动互联网络技术）和通信技术之上。

数字化和网络化的技术是如此强大，以至于把传统媒体逐渐收编在自己的队伍之中，即将传统媒体的模拟制式或者铅火制式统统转变为数字制式，从而出现报纸的电子版、电视的数字版，并最终出现智能电视这种新媒体。

随着数字技术、网络技术以及通信技术的进一步发展，人们充分利用计算机和互联网的技术逻辑与结构特征（详见第二章）创制新媒体，从而使其实现各个方面的可供性（即人在特定场所行动的可能性，存在于人与环境之间经由人的感知所形成的特定关系）。学者潘忠党将新媒体的可供性分为信息生产可供性（production affordances）、社交可供性（social affordances）和移动可供性（mobile affordances）。[①]除此之外，新媒体还体现了融合可供性和智能可供性。

生产可供性，即可供用户生产、编辑内容。不少学者只把用户生产内容归功于社交媒体的出现，“UGC 是 Web 1.0 过渡到 Web 2.0 时期的重要行为表现”[②]。但事实上，社交媒体诞生之前，在新闻组、BBS 中，受众就开始生产内容，只是由于局限于人际传播、小范围的群体传播，要进入大众传播领域，还需借助专业媒体，经过记者的改造，因此往往

① 潘忠党，刘于思. 以何为“新”？“新媒体”话语中的权力陷阱与研究者的理论自省——潘忠党教授访谈录[J]. 新闻与传播评论，2017(1)：2-19.

② 张卫斌. 移动互联网中的 UGC 业务研究[D]. 北京：北京邮电大学，2008：2.

被忽视。不过，毋庸置疑，大量的用户生产内容的确建立在 Web 2.0 阶段的社交媒体之上，社交媒体作为平台，其内容主要由用户主导生成，改变了早期出现的新闻网站作为平台，其内容主要由雇员主导生成的局面。

生产可供性还包括自由内容、自由编辑的维基百科之类。维基百科的词条是由全世界各地的民众用自己选择的语言纂写和编辑的百科全书。

社交可供性，即可供用户之间进行社交互动，因此又称互动可供性。在网站作为早期的新媒体，既未提供给用户与传者交往互动的机会，也未给用户提供对内容进行点评的入口，更未给用户之间提供交往的机会。虽然早期的新闻组、BBS、电子邮件等也为用户提供了有限的社交渠道和机会，但毕竟较为封闭，也不普及。现在的门户网站却为人们社交提供了极大的可能性，它们是：可评论、可分享（包括通过微博、微信、QQ 空间等进行分享）；针对网友的评论，可点赞，可发表情、可举报，可回复，等等。

后来兴起的社交媒体可供用户互动的途径则更多，如新浪微博 PC 端，可收藏、可转发（只能转发到微博好友圈和私信微博朋友）、可评论、可点赞、可投诉、可帮上头条，针对用户评论还可回复、点赞、投诉、屏蔽。新浪微博 APP 则比 PC 端的互动途径更多，其转发又分快转、转发和分享，分享的范围从微博私信和好友圈，到微信好友和朋友圈，再到支付宝好友，最后到短信和邮件分享，可以说是“无孔不入”。

移动可供性，既包括作为载体的终端的移动可供性，又包括作为技术软件、程序的移动可供性。前者指新媒体终端是可供移动的，从最早的数字 BP 机到现在的智能手机，从最早苹果播放器 iPod 到现在的 iPad，都是移动终端。随着手机的智能化，手机功能越来越强大，大有超越电脑功能的趋势。同时手机便于携带，人们已经把各种生活场景融合于手机，手机成为电话、电脑、摄影摄像机、通信录、钱包、GPS 等，俨然已成为人们生活、工作的必需品。再加上移动互联网技术的愈加成熟，网络实现时空的全覆盖，手机便成为各种新媒体首要选择的介质、载体、终端，以至于软件开发由以前的从 PC 端延伸至移动端到现在的从移动端延伸至 PC 端。具体而言，即程序应用以前首先开发 PC 端的网页版本，然后再在网页版基础上改动以适应手机媒体，现在则是首先开发手机版本，再在手机版本的基础上修改以推广到 PC 端，如微博是从 PC 端延伸到移动端，而微信则是由手机版再转战网页版。

融合可供性，包括三种内涵，一是传播介质的融合，二是传播形态、传播手段、传播渠道的融合，三是传播类型的融合。最早提出新媒体融合的普尔在其 1983 年的《自由的技术》（*Technology of Freedom*）中对之如此界定："一个称为形态融合的过程正在使各种媒介之间的界限变得模糊……一种单一的媒介，无论它是电话线、电缆还是无线电波，将承载过去需要多种媒介才能承载的服务。另一方面，任何一种过去只能通过单一媒介提供的服务，例如广播、报纸、电话，现在都可以由多种媒介来提供。由此，过去在媒介与它所提供的服务之间存在的一对一的关系正在被侵蚀。"①显然，普尔的新媒体融合主要指传播介质的融合。传播介质的融合又促成了传播形态、传播手段的融合，传播形态的融合是指综合运用文字、图像（包括图片、视频、图表、动画等）、声音（包括声效和音频）等多种形态进行立体的、全方位的报道。传播手段的融合是指综合运用铅、火、光、电等手段进行传播。传播渠道的融合是指一条线路（包括光纤、卫星、微波）等传播各种形态的内容，因为这些全部被编码为"0""1"。传播类型的融合是指大众传播、人际传播、群体传播和组织传播都融合在一起。到目前为止，最经典的媒体融合报道是《纽约时报》2012 年的《雪从天降：塔尼尔科瑞克的雪崩》（"Snow Fall：The Avalanche at Tunnel Creek"）（详见第六章）。

智能可供性，是指新媒体越来越智能化，这首先体现在智能机器人生产新闻（详见第三章）。人工智能利用大数据模板、算法、框架，甚至能像 AlphaGo 一样深度学习，借助写稿机器人，瞬间撰写出上百万篇报道。2017 年 8 月 8 日四川九寨沟地震时，机器人只用了 25 秒就写出了速报，通过国家地震台官方微信号全球首发。其次体现在各种传播载体的智能化，如电脑、手机、电视作为载体，愈来愈智能，尤其是人们愈发青睐的手机甚至有比电脑更智能的发展趋势。最后是新媒体作为一种技术，即程序应用，也愈发智能，从早期的搜索引擎到现在的算法新闻，便是新媒体的智能递进。算法新闻既能聚合并整合各种形态的新闻

---

① JENKINS H. Convergence culture[M]. New York: New York University Press, 2006: 10. 转引自彭兰."新媒体"概念界定的三条线索[J]. 新闻与传播研究，2016，23(3)：120-125.

形成融合报道，如上述的 Moments，又能对用户进行新闻的智能化精准推送。总之，数字技术、网络技术、通信技术已经和人工智能技术等紧密地结合在一起，使得新媒体越发智能，正如美国未来学家阿尔文·托夫勒（Alvin Toffler）在 1980 年指出："我们为无生命的环境输入的不是生命，而是智慧。"①

一般来说，上述五种可供性程度越高、叠加越多，新媒体也就越新。正是这些新媒体的可供性造就了新闻叙事的诸种变革，如生产可供性促成了用户新闻的诞生，社交可供性促成了新闻语体的亲密性和情感化，智能可供性促成了新闻的智能叙事。

四、新媒体概念：内涵与外延

如上所述，数字化、网络化是新媒体的本质特征，而其生产性、社交性（即互动性）、移动性、融合性和智能性则是在数字化和网络化的基础上派生的。

针对"新媒体"这一概念，许多学者都对之进行过界定，如上述熊澄宇等的界定，又如匡文波教授将"新媒体"定义为：借助计算机（或具有计算机本质特征的数字设备）传播信息的载体。②

新传媒产业联盟秘书长王斌认为：新媒体是以数字信息技术为基础，以互动传播为特点、具有创新形态的媒体。③

互联网实验室（chinalabs.com）对"新媒体"的定义为：新媒体是基于计算机技术、通信技术、数字广播等技术，通过互联网、无线通信网、数字广播电视网和卫星等渠道，以电脑、电视、手机、个人数字助理（PDA）、视频音乐播放器（MP4）等设备为终端的媒体，能够实现个性化、互动化、细分化的传播方式，部分新媒体在传播属性上能够实现精准投放、点对点的传播，如新媒体博客、电子杂志等。④

---

① 阿尔文·托夫勒. 第三次浪潮[M]. 朱志焱，潘琪，张焱，译. 北京：新华出版社，1996：185.

② 匡文波. 关于新媒体核心概念的厘清[J]. 新闻爱好者，2012(19)：32-34.

③ 转引自许振洲. 新媒体的勃兴与传统媒体的迷失[J]. 新闻爱好者，2011(6)：42-43.

④ 互联网实验室. 中国新媒体发展研究报告(2006—2007)[R/OL]. (2018-08-22)[2019-02-05]. https://max.book118.com/html/2018/0818/8133103065001120.shtm.

彭兰教授则认为，“新媒体”主要指基于数字技术、网络技术及其他现代信息技术或通信技术的，具有互动性、融合性的媒介形态和平台。现阶段，新媒体主要包括网络媒体、手机媒体及两者融合形成的移动互联网，以及其他具有互动性的数字媒体形式。同时，“新媒体”也常常指主要基于上述媒介从事新闻与其他信息服务的机构。①

新媒体建立在计算机技术和通信技术的基础上，具有数字化、网络化的内涵或特征，同样是国外学者的普遍共识，如新媒体是使用计算机技术来进行传播、分发的平台，包括互联网、网站、计算机多媒体、计算机游戏、CD-ROM 和 DVD、虚拟现实和计算机生成的特效。②不过，国外学者在界定新媒体时强调融合性，指出新媒体建立在几项重要的技术之上，它们分别是：20 世纪 40 年代末数字通信的发明；20 世纪 60 年代末传输控制/互联网协议（TCP/IP）的发明；20 世纪 60 年代末互联网前身阿帕网的出现；20 世纪 70 年代微型计算机的发明；20 世纪 80 年代末超文本传输协议（HTTP）的发明；20 世纪 90 年代初向公众开放因特网；20 世纪 90 年代初发明的 Mosaic 浏览器软件。③

互动、融合的特性同样被国外学者所强调，同时他们还强调它的自由和去中心化，如新媒体是流动的、个性化的连接，是一种互动的、去中心化、自由独立的媒介，并且认可新媒体不是其他媒体的数字化形式。④

上述国外学者对新媒体的界定，虽然用词不同，但意思类似，如自由和去中心化，与生产可供性表达对象一致，互动与社交含义相近。

在此，笔者根据上述新媒体的概念由来、新媒体的表现形态、新媒体的派生特征，试图给“新媒体”做如下界定：

> 建立在数字技术、网络技术、通信技术以及其他现代计算机技术之上，借助计算机或如智能手机等具有计算机本质特征

---

① 彭兰．“新媒体”概念界定的三条线索[J]．新闻与传播研究，2016，23(3)：120-125.

② MANOVICH L. New media from Borges to HTML[J]. The new media reader, 2003, 1(2): 13-25.

③ VIN Crosbie. What is new media [EB/OL].（2002-01-01）[2021-10-30]. https://www.rawnewmedia.net/catch/as4mm3a.pdf.

④ WENDY H K Ch & THOMAS K. New media, old media: A history and theory reader [M]. New York: Taylor & Francis Group, LLC. 2006: 1.

的数字设备作为载体（即终端），借助互联网络作为介质，并逐步具有生产、社交、移动、融合、智能等可供性的传播形态与手段、渠道与平台、组织与机构。

从外延来看，目前的新媒体从信息接收终端而言，可分为固定终端和移动终端，固定终端又包括 PC 端和电视端。移动终端包括手机媒体和平板端（即 iPad 之类）的移动媒体，每种媒体下还可细分（图 1-1）。

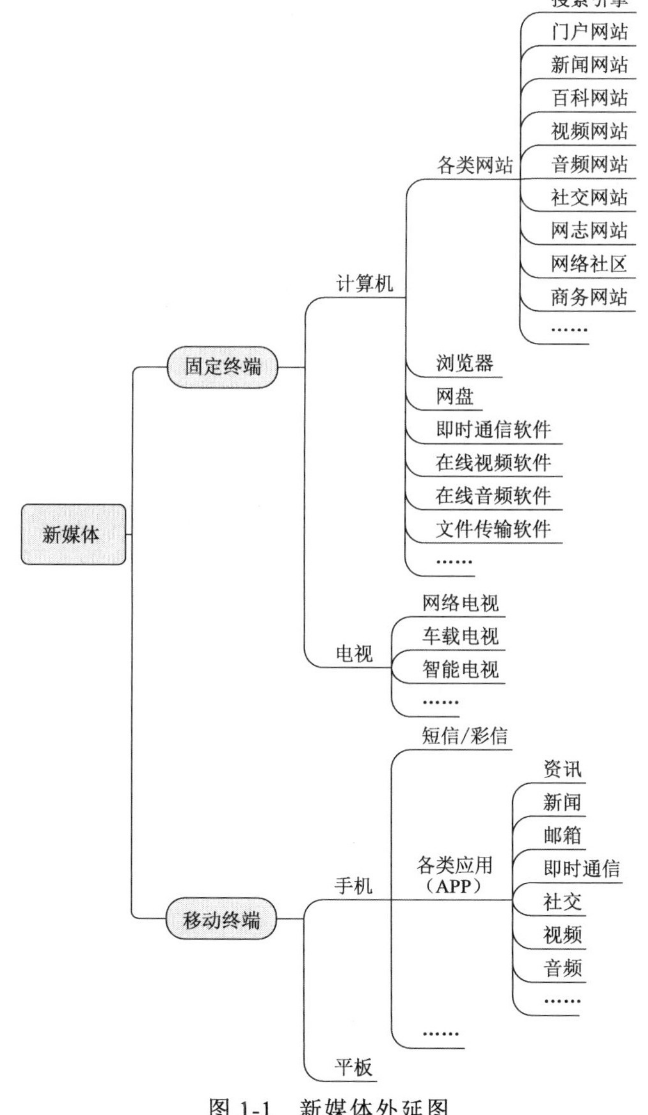

图 1-1　新媒体外延图

对于新媒体的外延，有不少学者认为，首先分为网络媒体和手机媒体。[①]笔者以为，手机作为媒体也是一种网络媒体，因为不借助互联网络，手机无法成为媒体。因此，所有的新媒体都是一种网络媒体，手机媒体与网络媒体不能并列。以前人们把网络媒体看作“第四媒体”，是因为网络媒体刚出现时只有电脑这一种终端，因此人们想当然地把电脑终端网络媒体等同于网络媒体。随着智能手机等移动终端的出现，网络媒体便包含了移动终端的网络媒体，其中最主要的是手机媒体，又由于手机媒体被称为“第五媒体”，因此第四媒体便只能指 PC 端网络媒体。

另外，也有学者认为网络报纸[②]、网络期刊、手机报纸、手机期刊以及手机图书、数字电视等都是新媒体。[③]但笔者以为，这些并非新媒体，因为它们只不过是传统媒体的网络版或手机版，或者说只是传统媒体的电子版而已，即只将纸质报刊或模拟制式的广播电视的内容原封不动搬上网络，准确地说，只将报纸、期刊或图书扫描成数字式的 PDF 版和转换成数字式的编码，并不提供其他的新闻和信息服务。这说明它们源于传统媒体，而非互联网。但是从传统媒体衍生出的网站如人民网等却是新媒体，因为它们出生于互联网，即它们是为互联网而生的。报刊的电子版和广播电视的数字版却是为传统媒体而生。

不可否认，笔者的新媒体外延分类也并非尽善尽美。首先它存在一定的模糊边界，如笔记本电脑，它虽是电脑，但可移动。如果非要把笔记本电脑归类的话，笔者倾向于把它作为固定终端，因为它是从台式电脑派生出来的，它的操作系统、结构组成基本与台式电脑无异。之所以把 iPad 之类的平板电脑归入了移动终端，是因为其比笔记本电脑移动性能更好，而且一般采用手机的操作系统而非 PC 操作程序。同时，此新媒体外延图（图 1-1），由于笔者见识局限，在列举具体新媒体形态时，无疑存在挂一漏万的现象，本图只列举了常见的新媒体形态。

---

① 匡文波. 关于新媒体核心概念的厘清[J]. 新闻爱好者，2012(19)：32-34.

② 笔者不认同把依托于《人民日报》的人民网看作网络报纸，而认为它是新闻网站。网络期刊、手机报纸、手机期刊和手机图书以及数字电视也是如此。

③ 匡文波. 关于新媒体核心概念的厘清[J]. 新闻爱好者，2012(19)：32-34.

另外，由于新媒体既是媒体，也是工具，因此人们既是受众也是用户。本书会根据语境需要使用“受众”或“用户”的说法，而不是一语概之。同样，新媒体、互联网络、自媒体、社交媒体，也会根据语境需要分别使用。

第二节　新闻叙事：并非所有新闻都是叙事

朱光潜曾说：“想明白一件事物的本质，最好先研究它的起源；犹如想了解一个人的性格，最好先知道他的祖先和环境。”[①]新闻叙事建立在叙事基础之上，因此，对新闻叙事进行界定需先对叙事进行厘清。

一、叙事：叙述方式+事件序列+因果关系

作为学术用语的叙事源于叙事学，其本意指文学叙事。随着叙事学向其他学科扩散，叙事内涵与外延都被扩大，如新闻叙事。于是学界对叙事的界定也众说纷纭。概括来说，国内外学界目前主要从“事件再现”“文本类型”“跨学科视角”等三个角度对叙事进行界定。[②]

“事件再现”说的典型代表是法国著名叙事学家热拉尔·热奈特（Gérard Genette）的定义：“叙事即用语言，尤其是书面语言表现一件或一系列真实或虚构的事件。”[③]美国学者杰拉德·普林斯（Gerald Prince）在《叙事学词典》（*A Dictionary of Narratology*）中也是采用“事件再现”说：“由一个或数个叙述人，对一个或数个叙述接受者，重述一个或数个真实或虚构的事件。”[④]美国学者阿瑟·阿萨·伯格（Arthur Asa Berger）指出，叙事就是在时间序列中所展现的故事，而故事则是包含

① 朱光潜. 诗论[M]. 北京：生活·读书·新知三联书店，1984：1.

② 尚必武. 什么是“叙事”？概念的流变、争论与重新界定[J]. 山东外语教学，2016，37(2)：65-73.

③ 杰拉尔·日奈特. 叙事的界限[C]//张寅德. 叙事学研究. 北京：中国社会科学出版社，1989：279. 注：因翻译版本不同，杰拉尔·日奈特还有热拉尔·热奈特的译法。

④ PRINCE G. A Dictionary of Narratology (Extended and Revised Version)[M]. Lincoln and London: University of Nebraska Press, 2003: 58.

时间序列中的一系列事件。[①]

持“文本类型”说的代表人物有美国著名叙事学者西摩·查特曼（Seymour Chatman）、赫尔曼。赫尔曼指出，由于叙事是关于事件序列的一切再现，因此“事件”和“序列”是用来界定故事或叙事的，并且是与议论、谏说和描写等其他话语体裁分界的关键概念。[②]有关文本类型，有人认为分两种：叙事和描写。[③]有人认为分三种：叙事、议论、描写。有人认为分四种：叙事、议论、描写和说明。有人认为分五种：叙事、描写、议论、说明和指导。[④]

从跨学科视角对叙事进行界定的经典有两个。一是詹姆斯·费伦（James Phelan）从修辞学角度所下的定义：叙事是“某人在某个场合为了某个目的向某人讲述某件事情的行为”[⑤]。二是赫尔曼从认知学角度所下的定义：叙事“作为一种认知结构或理解经验的方式”，是以生产故事为目的的行为。[⑥]

这三种定义互为补充：“事件再现”说界定了什么是叙事，即叙事是再现事件；“文本类型”说则从一定程度上指出了“什么不是叙事”，即描述、论证不是叙事；“跨学科视角”则指出了叙事目的，即叙事文本的主旨是再现事件，即讲述故事。

无论哪一种界定都认可：叙事即叙述故事，通俗地说，即讲述故事。[⑦]故事由一系列事件组成，事件则指人物、事物等“从某一状态向另一状态的转化”，或者说，事件就是行动。[⑧]它们构成了故事的起承转合。

---

① 伯格. 通俗文化、媒介和日常生活中的叙事[M]. 姚媛，译. 南京：南京大学出版社，2006：4.

② 戴维·赫尔曼，主编. 新叙事学[M]. 马海良，译，北京大学出版社，2002：14.

③ FAIGLEY L and MEYER P. Rhetorical theory and readers' classification of text types[J]. Text and talk, 1983, 3(4): 305-325.

④ VIRTANEN T. Issues of text typology: narrative—a “basic” type of text?[J]. Text and talk, 1992, 12(2): 293-310.

⑤ JAMES P. Living to Tell about it: The rhetoric and ethics of character narration[M]. Ithaca: Cornell University Press, 2005: 217.

⑥ HERMAN D. Basic elements of narrative[M]. Oxford: Wiley-Blackwell, 2009: 7.

⑦ 宁稼雨. 叙事·叙事文学·叙事文化——中国叙事文化学与叙事学的关联与特质[J]. 天中学刊，2014，29(3)：20-23.

⑧ 罗钢. 叙事学导论[M]. 昆明：云南人民出版社，1994：74.

因此，叙事乃叙述序列事件，也即叙述状态的变化。即便是叙述微型故事，其中也至少存在两个事件即两个行动，如“约翰遇到了玛丽，并爱上了她，然后两人结婚了”。

在日常生活和工作中，我们经常会碰到各种各样的事件，如车祸、邂逅、吵架、助人，等等。之后，我们或者在餐桌上把这些事件讲述给家人，或者在微博、微信上叙述给朋友们。因此，故事、叙事时时刻刻围绕着我们。不仅如此，搜索人类记忆可发现，人类在意识形成过程中最早接触的是各种各样的故事及其叙述，如人类在是婴儿甚至胎儿之时，父母亲就会给他讲述各种故事。故事既是我们认知世界的方式，又是我们建构世界的方式，还是我们存在于世的方式。因此心理学家乔治·S. 霍华德（George S. Howard）指出：“故事就是我们的居所（habitations），我们依故事而生，并且生活在故事所形成的世界中。在故事外我们无法了解别的世界。我们生活在文化中的伟大故事中，我们透过故事存在。”[①]

虽然故事和叙事随处可见，但并不意味着所有的话语（包括语言、图片、视频等各种形式）都是叙事，如“连环画是叙事，但单张卡通画却不是”，因为单张卡通画抓住了一个瞬间，却看不到任何事件发生的顺序。[②]又如“昨天有一场战斗”“这是一次完美的旅行”，这两个句子也不是叙事，因为它们不是把战斗或旅行讲述为一系列事件（或一系列行动），而是仅讲述为一个事件（或一个行动）。[③]但有些描述单个事件却是叙事，如“昨天凌晨两点，美国向英国宣战”，因为它叙述了状态的变化。

虽然叙事是将各种事件形成意义的基本方式，但它只是人类两个基本的、普遍的认知模式之一，另一个模式则是逻辑-科学模式。叙事模式中的解释蕴含在上下文之中，而逻辑-科学模式的解释则是自时间与空间事件之中推断而来。[④]两种模式都是形成意义的“理性”方式。这也从

---

① HOWARD G S. Culture tales-a narrative approach to thinking, cross-culture psychology, and psychotherapy[J]. American psychologist, 1991, 46(3): 187-197.

② 伯格. 通俗文化、媒介和日常生活中的叙事[M]. 姚媛，译. 南京：南京大学出版社，2002：2，6.

③ 杰拉德·普林斯. 叙事学：叙事的形式与功能[M]. 徐强，译. 北京：中国人民大学出版社，2013：2.

④ 伯格. 通俗文化、媒介和日常生活中的叙事[M]. 姚媛，译. 南京：南京大学出版社，2002：10.

另一个角度说明，并非所有话语都是叙事。如“凡人皆会死；苏格拉底是人；苏格拉底会死”“纽约是90华氏度，而费城是95华氏度”便是逻辑-科学模式的话语，而非叙事话语。①

虽然对叙事进行界定较为容易，但真正区分叙事和非叙事文本却具有一定难度，因此学者们从各自研究立场提出了叙事判断的标准，如1968年，电影符号学宗师克里斯蒂安·麦茨（Christian Matz）提出了识别叙事的五条标准：一个叙事有一个开头和一个结尾；叙事是一个双重的时间段落，被讲述事件的时间性和叙事行为本身的时间性；任何叙述都是一种话语，即由陈述句组成的一个系列，必然会反映出一个陈述主体（这并不意味着任何话语都是叙事，人们可以为了辩论、证明、教学而说话）；叙事的感知使被讲述的事件“非现实化”；一个叙事是一系列事件的整体（事件是基本单元）。②英国学者瑞恩则指出了叙事的9个必要条件。③

（1）叙事世界须是由个体存在者构成的；

（2）此世界须存在于历史之中，并经历状态变化；

（3）状态变化须由外在事件而非自然进化（如老化）所引发；

（4）事件部分参与者须是具有精神生活和对世界状态具有情感反应的人类或拟人化的代理；

（5）部分事件须是这些人类代理者有目的的行动，即这些代理者的行动须是由冲突所刺激且是为解决问题。

（6）事件序列须形成统一因果链，并形成结局。

（7）部分事件须是非习惯性；

（8）事件须客观发生在故事世界；

（9）故事需要有中心。

---

① 杰拉德·普林斯. 叙事学：叙事的形式与功能[M]. 徐强，译. 北京：中国人民大学出版社，2013：3.

② MATZ C. Essais sur la signification au cinema[M]. Paris: Klincksieck, 1968:25-35. 转引自黄鸣奋. 当代西方数码叙事学的发展. 文艺理论研究，2011(5)：22-27.

③ MARIE-LAURE R. Semantics, pragmatics, and narrativity: a response to david rudrum[J]. Narrative, 2006, 14(2): 188-196.

虽然瑞恩的判断标准有些多，难于把握，但的确有助于判断一个文本是否为叙事，如下面有关股市文本虽然有状态改变，但却不是“由个体存在物构成的世界”，因此不属于叙事。

> 周四，亚太股市普涨。继周三微涨 0.05%后，沪指震荡走高，午盘报2594.18，涨0.51%，午后维持窄幅震荡，收报2591.69，涨 0.41%。创业板指涨 1.1%。券商、信息技术等板块领涨。科创板有望于上半年推出。[①]

根据上述界定和标准，基本确定叙事具有两个最基本的条件：具有因果关系的事件序列，具有开端、发展、结尾的结构（即序列事件构成一个整体）。

当然，同样是叙事作品，各自所显露的叙事特征的程度也存在差异，即叙事作品都有程度不同的叙事性（narrativity）。普林斯指出事件描述程度（事件的时间持续）、结构完整性程度（即有头、中、尾）、叙述定向程度（即一种状态向另一种状态的转变）、叙事要点程度（话语具有主题）等四个维度深刻地影响着“叙事性”强弱的程度。[②]一般来说，虚构性作品如小说、电影叙事性程度高，而非虚构性作品如新闻的叙事程度相对较低。即便是新闻作品，通讯又比消息的叙事性程度高。

二、新闻叙事：叙述+因果关系+新事件

根据上述叙事的界定和本质特征可知，的确有很多新闻是在报道事件，即叙述具有时间序列和一定因果关系的事件，如“人民日报”微信公众号 2017 年 6 月 7 日的新闻早班车第一条要闻：

> 应哈萨克斯坦总统纳扎尔巴耶夫邀请，国家主席习近平将

---

① 李涛，刘恩妮. 沪指震荡上行 中央深改委通过科创板实施方案[EB/OL].（2019-01-24）[2019-01-27]. https://finance.sina.com.cn/stock/usstock/clues/zs/2019-01-24/doc-ihqfskcn9928656.shtml.

② 杰拉德·普林斯. 叙事学：叙事的形式与功能[M]. 徐强，译. 北京：中国人民大学出版社，2013：142-157.

于6月7日至10日对哈萨克斯坦进行国事访问，并出席上合组织成员国元首理事会第十七次会议和阿斯塔纳专项世博会开幕式。

这一简讯有四个系列事件：哈萨克斯坦总统邀请+中国国家主席访问+出席会议+出席开幕式。因此，这则新闻无疑是叙事。

对于新闻作为叙事，哈特认为有许多新闻讲述了非常典型的故事，包含了典型叙事作品如小说、戏剧之类的要素，如主角、反对者、挑战和戏剧张力，他根据新闻总结，好的新闻故事通常具有的特质有①：

（1）一位具有吸引力的主角；

（2）主角面临着挑战或纠葛等冲突；

（3）主角的情境有所改变，因为；

（4）有某件事发生于；

（5）某相关的情境。

因此，他认为叙事新闻，按其本质，应该从属于戏剧和冲突，需要把故事技巧添加于事实之上，因此叙事新闻记者不仅仅是报道事实。

新闻故事俯拾皆是，如2019年1月21日的“人民日报”微信公众号的文章《婴儿车自5米高电梯滚落，他做出惊人举动……惊险至极！》。

不可否认，大多数新闻报道的是事件，但新闻报道的对象并不都是事件。众所周知，新闻是对新近发生或正在发生的事实的报道，如范长江指出“新闻就是广大群众欲知、应知而未知的事实”②，陆定一认为“新闻是新近发生的事实的报道”③，王中也认为“新闻是新近变动的事实的传布”④。“事实”与“事件”是两个不同的概念，事件是事实的一种。除此之外，事实还包括事物、现象、规律等，而且事物的性质和事物之间的相互关系也都是事实。这说明，叙事之“事”并不完全等同

① HART J. Missed Opportunities[J]. Editor & Publisher, 1994, 127(15): 49. 转引自蔡琰，臧国仁. 新闻叙事结构：再现故事的理论分析[J]. 新闻学研究，1999(58)：1-28.

② 范长江. 记者工作随想[J]. 中国记者，1991，1.

③ 陆定一. 我们对于新闻学的基本观点[J]. 解放日报，1943，9.

④ 王中. 论新闻[J]. 新闻大学，1981，(1)：11-16.

于新闻之“事”，即叙事的对象和新闻的对象并不完全重合。因此，并非所有的新闻都在叙事。美国著名叙事新闻学者克拉默曾指出，故事报道和事实报道，是完全不同的。①新闻叙事的本质在于“将事实转变为吸引人的故事”（transforming facts into attractive stories）。②

但我国有不少学者囫囵吞枣地把叙事之“事”等同于新闻之“事”，从而出现在对新闻叙事进行界定时把“事件”这一概念偷换为“事实”，如“新闻叙事的表述对象是真实之事，即事实”③。新闻叙事是“重构新近发生的新闻事实的活动”④。概念偷换导致不少业界和学界的人不分青红皂白地把所有新闻都当作叙事，当作讲故事。

新闻既然是报道事实，而不是事件，这就意味着除了叙事，新闻还可采取其他的文本类型，如说明、论证、描写，如“好不容易买上火车票，却发现没带身份证？别慌，有招！”⑤便是采取说明方式报道事实，即告诉用户铁路部门春运期间的便民措施：“火车站内可购买异地出发车票”“扫描支付的补票功能”“可刷脸进站”“可补办临时身份证明”“可用 APP 查站、订餐”。又如“最新！广东初步查明‘基因编辑婴儿事件’”⑥“月租金 800 元的上海公租房：有食堂有网球场，智能洗衣房”⑦也是采取说明的方式进行报道。事实上，一种新事物被发明，如果报道人们克服重重挑战，废寝忘食地钻研，最后从失败中走向成功，这是叙事；如果报道新事物的各种功能与使用方法，这是说明。

同样，事实还可以采取论证的方式进行报道，如 2011 年 8 月 6 日英国伦敦发生了一系列社会骚乱事件。针对骚乱发生的原因，英国政界认为应归咎于脸书、推特等社交媒体，因为它们传播谣言，煽动骚乱。为

---

① KRAMER M. Narrative journalism comes of age[J]. Nieman reports, 2000, 54(3): 6-8.

② NEVEU E. Revisiting narrative journalism as one of the futures of journalism[J]. Journalism studies, 2014, 15(5): 533-542.

③ 何纯. 新闻叙事学[M]. 长沙：岳麓书社，2006：3.

④ 王佳航. 叙事变迁：技术驱动下的新闻表达重构[J]. 新闻与写作，2016(6)：9-12.

⑤ 【提醒】好不容易买上火车票，却发现没带身份证？别慌，有招！[EB/OL].（2019-01-21）[2019-02-11]. https://mp.weixin.qq.com/s/1Z4oTL-Ut-S1-DAK4ArOlQ.

⑥ 最新！广东初步查明“基因编辑婴儿事件”[EB/OL].（2019-01-20）[2019-02-13]. https://mp.weixin.qq.com/s/Gw0e5QQXpUBCiRoNZ9HHAA.

⑦ 戚颖璞，范佳来. 月租金 800 元的上海公租房：有食堂有网球场，智能洗衣房[EB/OL].（2017-11-26）[2018-03-11]. http://www.thepaper.cn/newsDetail_forward_1880572.

了解社交媒体是否真的传播谣言，《卫报》数据新闻团队梳理了 260 万条推文，从中找出 7 条传播最广的谣言的所有数据，然后跟踪这些谣言的传播路径，并采纳内容分析法对这些谣言进行分析，发现社交媒体具有澄清谣言的机制，从而驳斥了英国官方的说法。①事实上，许多的调查性报道也是采取论证方式报道事实，如“‘山东 14 岁少年被麻省理工录取’疑似假新闻”②。

还有少数事实是以描写的方式进行报道的，如穆青著名的通讯作品《金字塔夕照》。③

> 在金色的夕阳下，金色的田野，金色的沙漠，连尼罗河的河水也泛着金光；而那古老的金字塔啊，简直像是用纯金铸成的。远远望去，它像飘浮在沙海中的三座金山，似乎一切金色的光源，都是从它们那里放射出来的。你看，天上地下，黄澄澄，金灿灿，一片耀眼的色调，一幅多么开阔而又雄浑的画卷啊！

虽然《金字塔夕照》中有少部分叙事，但叙事的目的是展示金字塔的形象。事实上，无论是说明性新闻、描写性新闻，还是论证性新闻和叙事性新闻，文本中常会穿插一些其他的表达方式，但是其他的表达方式只是为了更好地说明、描写、论证或叙述，如下面的新闻评论《人民日报今日谈：群众眼里最可爱的人》④。

> 在重庆奉节文昌村，扶贫驻村干部唐可人趁着贫困户潘长翠进屋取酒壶的空当，狠踩一脚油门，“仓皇”逃离。听见汽车启动的声音，潘长翠急追出来，遗憾得直跺脚。在全国扶贫一线，由于成效显著，贫困户时常想以饭局表示答谢，而这样

---

① 曾庆香，陆佳怡，吴晓虹. 数据新闻：一种社会科学研究的新闻论证[J]. 新闻与传播研究，2017，24(12)：79-91.

② “山东 14 岁少年被麻省理工录取”疑似假新闻[EB/OL]. (2017-12-07)[2018-05-08]. http://edu.sina.com.cn/gaokao/2017-12-07/doc-ifyppemf5778560.shtml.

③ 穆青. 金字塔夕照[M]. 武汉：长江文艺出版社，2020：112-116

④ 姜赟. 人民日报今日谈：群众眼里最可爱的人[EB/OL]. (2017-05-23)[2018-04-18]. http://opinion.people.com.cn/n1/2017/0523/c1003-29292597.html.

"逃跑"的场景经常发生。

作风正、能力强、乐于付出，在贫困户眼里，扶贫干部是新时期最可爱的人。寒冬酷暑，他们离开家人，住进山窝窝，访百家门，问百家情；他们白天四处奔波，积极引领农民拓宽增收渠道，夜晚孤灯沉思，精准谋划每一家贫困户的脱贫大计。扶贫干部用智慧和汗水凝结成看得见、摸得着的扶贫成绩，给贫困户带去帮助和希望，赢得百姓发自内心的点赞与感激。

距离2020年还有不到3年，扶贫一线剩下的都是贫中之贫、困中之困。扶贫干部依然需要扬鞭奋蹄，用真抓实干为贫困户带去信心，以燃烧自己让他们感到暖心。

新闻评论的主要目的是对事件或现象进行评论，但为了评论有的放矢，其中往往存在对事件的叙述，如上述短评中的第一段是叙事，是第二、三段的立论之源、观点之据。但这整篇文章人们一般不会认为是叙事，因为这篇文章的主要目的不是叙述事件，而是对事件进行评论。

即便新闻报道对象是事件，但也不一定采取叙事方式，如《卫报》的数据新闻《伊拉克战争日志》（"The Iraq War Logs"），虽然报道了伊拉克战争中每例死亡事件，但却未采取叙事方式，因为这些事件只是简单的关键词罗列，并未结合成一个更大的事件，即未形成一个整体，因此它不是叙事。正如普林斯指出"他吃饭，然后他散步，然后他跑步"不是叙事一样。"叙事通常不是一个简单的事件串联，而是一个具有层次结构的事件串联。"[①]所以普林斯指出"不是所有的事件都是叙事，也不是每一个再现都是叙事"[②]。

因此，新闻作为叙事需满足叙事的两个最基本条件：一是新闻是事件。如下面这条新闻，根据其报道的对象不是事件就可判断它不是新闻叙事（或者说叙事新闻）。

---

① 杰拉德·普林斯. 叙事学：叙事的形式与功能[M]. 徐强，译. 北京：中国人民大学出版社，2013：147-148.

② 转引自谢龙新. 经典"叙事"概念：外延、内涵及其超越[J]. 湖北师范学院学报(哲学社会科学版)，2010，30(5)：24-29.

2018GDP 同比增长 6.6%中国经济总量首次突破 90 万亿[①]

国家统计局今日发布，初步核算，去年我国国内生产总值 90.0309 万亿元，中国经济总量首次突破 90 万亿。按可比价格计算，同比增长 6.6%，完成年度计划。分季度看，一季度同比增长 6.8%，二季度增长 6.7%，三季度增长 6.5%，四季度增长 6.4%。

新闻所报道的事件既可能是一个或一系列完整的事件，又可能是事件的一部分，既可能是昨日报道的事件的后续，还可能是对已发生事件的走向的预测。虽然如此，但是对整个事件的报道存在开头、发展和结尾这一结构。

二是叙事方式。即新闻文本类型为叙事，即采取叙事方式进行报道。叙事方式最基本特征并非系列事件具有时间关系，而是具有时间关系的系列事件具有因果关系，它们能够组合成一个整体。它最典型的做法是采取戏剧张力的方式进行诠释，如有一位具有英雄式事迹的主角，有戏谑、悲情、反讽、反转等手法的穿插。

判断一篇报道对象为事件的新闻是否为叙事新闻或新闻叙事，也可采用普林斯用来衡量叙事性的三个指标：是否以时间维度将分散的事件串联起来；是否为紧张性陈述；是否采用明显的过去（某一时间确实发生而非可能发生）叙事。[②]总之，新闻叙事是再现真实的、具有时间序列和因果关系的事件系列（事件必须有状态变化，这意味着一个事件可细分为小事件，即一个事件也为事件系列）。

不过，如果把“一切新闻都是叙事”当作一种隐喻，这无可厚非。就像说“女人都是老虎”一样，作为隐喻当然没有问题。但问题是，不少学者把“所有新闻都是叙事”当作了严谨的学术观点，并对不是叙事的新闻（如数据新闻）进行叙事功能、叙事视角、叙事语法、叙事时间、

---

① 2018 年 GDP 同比增长 6.6% 中国经济总量首次突破 90 万亿[EB/OL]. (2019-01-21) [2019-01-30]. http://m.people.cn/n4/2019/0121/c120-12222362.html.

② PRINCE G. Narrativehood, narrativeness, narrativity, narratability. In PIER J and García Landa J A (eds.), Theorizing narrativity[M]. Berlin: Walter de Gruyter, 2008: 22. 转引自蒋晓丽，贾瑞琪. 新闻游戏的非虚构叙事研究[J]. 现代传播，2018(7)：70-74.

叙述声音等方面进行叙事学分析，这显然是一种错误，正如从学术上对女人进行“女人具有老虎的皮毛、老虎的四肢、老虎的行动”等方面的分析一样荒唐可笑。

总之，虽然许多新闻是叙事，但并非所有的新闻都是叙事。新闻主要包括四大类：叙事新闻、论证新闻、说明新闻和描写新闻。国外较为知名的新闻叙事论文《作为讲故事的新闻，作为叙事的报道》（“Journalism as Storytelling, Coverage as Narrative”）也指出，报道事件有两种话语方式：论证话语（argumentative discourse）和模仿话语（mimetic discourse）。且模仿又包括两种方式：描写和叙事（descriptive and narrative）。[①]

特别指出，本专著作为新媒体语境下的新闻叙事研究，自然是围绕着叙事新闻进行论证。但新媒体语境下的新闻实践太五彩斑斓，本专著的论述如只停留在新闻叙事，总让笔者感到存在一点缺憾，因此当个别章节的观点或现象也包括非叙事新闻时，笔者的论述会从叙事新闻延伸至非叙事新闻，以求全面涵括大放异彩的新闻实践创新。

① ROEH I. Journalism as storytelling, coverage as narrative[J]. The American behavioral scientist, 1989, 33(2): 162-168.

第二章　新媒体特征：新闻叙事变革的动因

媒介即讯息。如今的新媒体对人们生活方式、工作方式、思维模式、社会结构、人际关系以及权力结构产生的影响是惊人的、前所未有的、颠覆性的，正如互联网思想家、《连线》杂志创始人凯文·凯利（Kevin Kelly）指出，“全球的各个领域都在沿着互联网逻辑演化，所有的层级结构都在向开放、分散的网络结构转型”①。互联网逻辑，即互联网技术特征和结构特征基本决定了人类所涉及的一切方面的范式变革，新闻实践、新闻叙事不仅未能幸免，而且是最早沿着互联网逻辑演化的领域之一。

第一节　新媒体发展历程：从浏览共享到生产共享

如前所述，如今意义上的新媒体始于互联网。互联网则肇始于1969年诞生的美国国防部高级研究计划署（Advanced Research Projects Agency，ARPA）的阿帕网。阿帕网成立的初衷是让高级研究计划署各站点的计算机实现互联、共享和交互。②

一、从互联 Web 1.0 到互动 Web 2.0

阿帕网的互联、共享与交互的理念与逻辑促使第一个国际分组交换网于1978年建立，第一个以太网式局域网于1978年诞生，首个对外开

---

① 喻国明，马慧. 互联网时代的新权力范式：“关系赋权”——“连接一切”场景下的社会关系的重组与权力格局的变迁[J]. 国际新闻界，2016，38(10)：6-27.

② 王旭. 互联网发展史[J]. 个人电脑，2007(3)：182-188.

放的万维网网页于 1991 年上线。①

沿着互联、共享与交互的逻辑，出现了一个又一个建立在互联网基础上的交流共享的新平台、新媒介。

1992 年，点播网（PointCast Network，PCN）公司成立，互联网的信息推送技术（或称“网播”技术）兴起；

1993 年，BBS 系统大范围使用出现，美国民众纷纷上线发帖交流；

1994 年，雅虎（Yahoo!）网站的成立标志着门户网站的崛起；

1995 年，网上大型免费分类广告网站克雷格列表（Craigslist）建立，逐步成为无数地区网民相互交易的重要窗口；

1996 年，Hotmail（微软电子邮件系统，后重定向为 Outlook）创办，一年后 Hotmail 收获了 850 万名用户，电子邮件迅即在全球流行开来；

1996 年，互联网档案馆（The Internet Archive）成立，与传统大型图书馆媲美的数字图书馆出现；

1996 年底，以色列 Mirabilis 公司推出 ICQ，是最早出现的主流即时通信软件；

1998 年，谷歌成立，搜索引擎业务逐步壮大；

1998 年，开放日志（Open Diary，OD）上线，博客开始流行；

1999 年，美国微软推出即时通信软件 MSN Messenger，迅速风靡全球；中国腾讯推出 QQ，很快捕获了数以千万计的用户；

2000 年，百度成立，一年后着眼中文、服务中国的搜索引擎出现；

2001 年，开源项目维基百科创立，希冀成为全球最大的线上百科全书；

2004 年，马克·扎克伯格（Mark Zuckerberg）创办校内社交网站脸书，迅速成为美国宠儿甚至全球宠儿；很快，中国出现与其类似的 QQ 空间、校内网（后改名为人人网）；

2004 年，搜狐推出搜狐视频，抢滩在线视频业务；

2005 年，视频网站 YouTube 在美国推出；不久后，土豆网、优酷网在中国相继创立；

---

① DT 财经. 万维网诞生 25 周年，人类已经走了多远？[EB/OL].（2016-08-29）[2019-01-18]. https://www.yicai.com/news/5076027.html.

2006 年，推特横空出世，迅即在全球流行开来；2007 年，饭否网创办；2009 年，新浪微博上线；

2006 年，谷歌推出在线办公套件 Google Docs 和 Google Sheets，是在线文档处理的鼻祖；

2006 年，音乐流媒体订阅服务 Spotify 推出；

2007 年，苹果公司推出 iPhone 一代手机，推动了移动互联网走向成熟；

2008 年，注重隐私保护的搜索引擎 DuckDuckGo（DDG）开始运营；

2008 年，问答型社区 Stack Overflow 上线；2009 年，Quora 问世；2011 年，知乎推出；

2009 年，新型手机即时聊天应用 WhatsApp 上线；2011 年，腾讯推出类似手机应用微信；

2010 年，手机图片社交应用照片墙（Instagram，IG 或 Insta）开始运营；

2010 年，在线视频网站爱奇艺成立，提供在线正版影视服务；

2010 年，微软推出在线办公套件 Office Online，将在线办公推向新的高峰；

2011 年，手机兴趣社交应用陌陌推出，手机即时通信应用 Snapchat 推出，以“阅后即焚”特性吸引大量年轻网民；

2011 年，腾讯推出腾讯视频，借助微信的影响力，快速成为新一代视频网站巨头；

2011 年，手机应用快手发布，手机短视频风靡中国；

2012 年，今日头条创办，依靠“智能匹配推送新闻”成为移动互联网新贵；

2013 年，以高安全性作为主要特性的即时聊天应用 Telegram 推出，迅速收获了大量用户；

2015 年，安全图像共享和视频共享应用 SecureTribe 推出；

2016 年，“得到”成立，“知识付费”成为新的增长点；

2016 年，今日头条推出抖音短视频，迅速成为中国最大的短视频应用并出征海外。

对于现阶段肇始于互联网基础上的新媒体的发展历程，有三种看法。

（1）两阶段说：Web 1.0、Web 2.0。Web 1.0 是互联，其典型媒体形态是门户网站；Web 2.0 是互动，其典型媒体形态是社交媒体。

（2）三阶段说：Web 1.0、Web 2.0、Web 3.0。Web 1.0 是基于“互联”；Web 2.0 是基于“社交”；Web 3.0 则是基于“物联网”和“人工智能”。①

（3）四阶段说：Web 1.0、Web 2.0、Web 3.0、Web 4.0。Web 1.0 表示信息的链接（a web of information connections）；Web 2.0 表示人的链接（a web of people connections）；Web 3.0 表示知识的链接（a web of knowledge connections）；Web 4.0 表示智能的链接（a web of intelligence connections）。②另一种四阶段分类则如下所示（表 2-1）。

表 2-1　中国新媒体发展的“四阶段说”表

阶段	时间	媒体发展特点	主要媒体形态	时代定义
Web 1.0	1994—2001 年	奠定网络媒体	门户网站	
Web 2.0	2001—2009 年	造就自媒体	博客、BBS	信息处理时代
Web 3.0	2009—2016 年	社会化媒体和媒体社会化	社交媒体	
Web 4.0	2016 至今	人机协同	人工智能媒体	智能物联时代

资料来源：张志安，姚尧．平台媒体的类型、演进逻辑和发展趋势．新闻与写作，2018（12）：74-80.

笔者更认同两阶段说。因为从技术上来说，Web 1.0 的典型特征是互联，Web 2.0 的典型特征是互动（社交即互动），这基本已成共识。但持 Web 3.0 阶段说的学者，对 Web 3.0 的本质特征几乎各抒己见。这说明尚未出现一个显著特征，使学者能够达成共识，并使 Web 3.0 能区别于 Web 2.0。同时，即便认为 Web 3.0 的典型特征是物联网和人工智能，但目前还未全面进入物联网和人工智能时代，因此很难认为新媒体已变成人工智能媒体，进入 Web 3.0 阶段。至于上述张志安、姚尧的四个阶段说，是将博客和社交媒体进行了区分，但绝大多数学者都将博客和其他自媒体当作社交媒体（即社会化媒体）。

① 彭兰．“连接”的演进——互联网进化的基本逻辑[J]．国际新闻界，2013，35(12)：6-19.

② AGHAEI S, NEMATBAKHSH M A and FARSANI K. Evolution of the World Wide Web: From Web 1.0 to Web 4.0[J]. International journal of web & semantic technology, 2012，3(1)：1-10.

同时硅谷著名IT博主、《圣何塞水星报》（*San Jose Mercury News*）专栏作家吉尔默虽然认为新闻媒体经历了三个阶段，但是他将传统媒体即旧媒体（Old Media）当作Web 1.0，而将跨媒体，即互联网当作Web 2.0，将以博客为趋势的个人媒体[又称自媒体（we media）]当作Web 3.0。也就是说，排除传统媒体，新媒体自身也只是经历了两个阶段。

有鉴于此，本书参考格雷厄姆·科莫德（Graham Cormode）和巴拉钱德·克里希纳穆尔蒂（Balachander Krishnamurthy）的论文《Web 1.0和Web 2.0之间的关键区别》（"Key Differences Between Web 1.0 and Web 2.0"），将新媒体的发展历程以2004年脸书的创建为标志，而分为Web 1.0和Web 2.0两个阶段。

由于互联网是因为万维网诞生之后才真正进入大众的视野，并被普及开来，因此本书综合全球有关新媒体的公开报道，针对新媒体的不同形态所出现的时间节点，绘制了详细的万维网演化史图（图2-1）。

二、从单向性浏览共享到双向性生产共享

回顾和分析互联网第一阶段Web 1.0，可发现它主要实现了以下功能。

第一，互联，互联有两种方式，一是站点相连，因此可由一个网站跳到另一个网站，二是超文本链接。温顿·瑟夫（Vint Cerf）和罗伯特·卡恩（Robert Khan）发明TCP/IP协议的目的是使任何人只要做好互联网协议和软件，并找一个允许接入的点就能进入互联网。

第二，聚合，即将人类的海量信息聚合在网络上，以实现共享。这种信息聚合以门户网站为代表。门户网站的性质与功能类似于"超级市场"或"专卖店"，即采取各种办法采集已经链接上网的各种信息，并对其进行选择、编辑和集中展示。由于门户网站提供的内容只能由网站编辑进行选择、编辑和分类，网民只能被动浏览，因此Web 1.0被万维网创始人伯纳斯·李称为"只读模式的网络"，门户网站被雅虎创始人杨致远称为"互联网黄页"。

第三，存储，存储信息是实现聚合、互联与搜索的重要环节，正如超市和专卖店的仓库的功能。

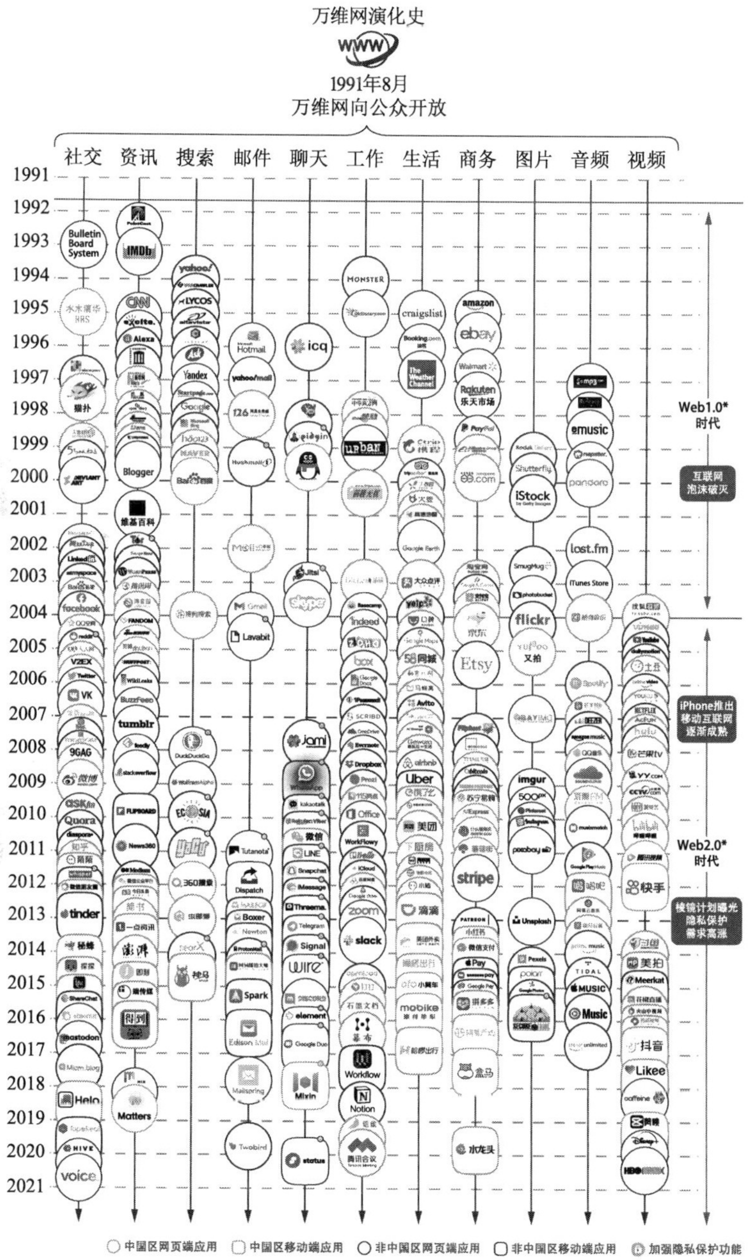

万维网演化史

* CORMODE G, KRISHNAMURTHY B. Key differences between Web 1.0 and Web 2.0[J/OL]. First Monday, 2008, 13(6)[2020-12-01]. https://firstmonday.org/ojs/index.php/fm/article/view/2125/1972. DOI: 10.5210/fm.v13i6.2125.

资料来源：公开报道整理

图 2-1 万维网演化史

第四，搜索，由于网络信息海量，因此出现了各种搜索程序，以便网民快速查询信息。

由上可知，Web 1.0 的本质是互联互通，以实现浏览式共享，而聚合、存储和搜索则是为了更好地实现互联共享。这一互联共享作为梦想在 1980 年被超级链接发明者伯纳斯·李非常清楚地表达过："设想一下，如果所有电脑上存储的信息都连成一体，那么，CERN（欧洲原子核研究委员会）以及全球所有电脑上的最好的信息就能为人类共享。"[①]

虽然 Web 1.0 实现了互联互通，但是真正被互联互通的对象却较为有限，早期是科研机构、教育机构，接着是企业，然后是政府部门，这从我国标志进入互联网时代的四大骨干网：CHINANET（中国公用计算机互联网）、CERNET（中国教育和科研网）、CSTNET（中国科技网）、CHINAGBN（中国金桥信息网，国家公用经济信息通信网）的用途便可知晓。[②]从信息传播的角度来说，这与传统媒体时代的单向性大众传播类似，只是传播信息的机构多了一些，既包括传统媒体，又包括组织机构；同时信息量大为增加，被称为海量信息。因此，Web 1.0 时代的网络又被称为"内容网络"[③]。Web 1.0 的信息生产与传播可图示为图 2-2。

不过，Web 1.0 为小范围的普通民众的互联搭建了平台，如聊天室、BBS 等，但是这种互联未达到共享，因为大多数聊天室的聊天内容不会被保存，也很难被其他人搜索到，具有一定的封闭性，很难被传播开去。这说明，除了聊天室、BBS 这类封闭性虚拟空间，普通大众没有其他路径能在互联网上进行互联互通并实现共享。因此，类似于传统媒体时代的受众，互联网 Web 1.0 时代的用户也是一个模糊群体。显然这与 TCP/IP 协议主要发明人瑟夫的"互联网是为了每一个人"[④]这一理想不是完全相符。

---

① 艾伯特-拉斯洛·巴拉巴西. 链接网络新科学[M]. 徐彬，译. 长沙：湖南科学技术出版社，2007：35.

② 彭兰. 中国网络媒体的变革轨迹[J]. 新闻学论集，2008(2)：79-93.

③ 丁道师. 深度解析：中国网络媒体的出路在哪里？[EB/OL]. (2013-11-25)[2019-02-11]. http://www.sootoo.com/content/464529.shtml.

④ 胡启恒. 什么是真正的互联网精神. (2016-04-12) [2019-01-03]. http://http://www.71.cn/2016/0412/883864.shtml.

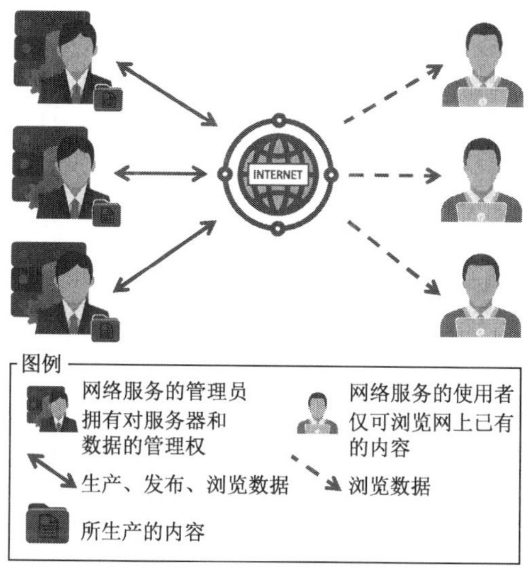

图 2-2 Web 1.0 阶段的单向性浏览共享

于是，互联共享由组织机构向下辐射，催生了互联网的 Web 2.0 阶段。针对 Web 2.0 的界定，布罗格·唐（Blogger Don）在他的《Web 2.0 概念诠释》中指出，Web 2.0 是以“Blog、TAG、SNS、RSS、Wiki 等社会软件的应用为核心，依据六度分隔、xml、ajax 等新理论和技术实现的互联网新一代模式”①。这说明互联网信息与内容的作者已由程序员等专业人士转变为所有普通用户，他们以上传、互动、创建、分享、更新等行为方式来参与内容生产，实现交互共享。

目前，UGC 包括各种形式，如文字、图片、音频、视频等，其内容所涉及的领域非常广阔，在社会上产生了非常广泛的影响，如 1998 年德拉吉所报道的克林顿与莱温斯基的绯闻产生了全球性影响，又如 2011 年 7 月 23 日 20 点 30 分温州动车追尾脱轨事故，首发的现场网友博文比传统媒体早发一小时，产生了全国性影响。

正是全民参与共享，导致普通网民个人只要在社交媒体上发布一条有极大新闻价值的信息，便会迅速扩散开来，即刻引来无数评论，产生巨大的乘数、指数效应，在极短的时间内汇聚成强大的舆论浪潮。

Web 2.0 的参与共享随着移动互联网的成熟而得到进一步的壮大与

① 转引自喻国明. 关注 Web 2.0：新传播时代的实践图景[J]. 新闻与写作，2007(1)：15-16.

加强。用户生成内容的数量庞大到无法想象，2020年10月19日，新浪微博高级副总裁曹增辉宣布，新浪微博目前月活跃用户有5.23亿，日活跃用户2.29亿。[①]在微博上，用户每天视频和直播的日均发布量为150万+，图片日均发布量1.2亿+，长文日均发布量48万+，文字日均发布量1.3亿。[②]由于有自己发布的信息作背书、作注解，此时的互联网用户不再是一个模糊的群体，而变成了一个个面目清晰、实实在在的具体个人。

总之，Web 2.0为人人参与提供了平台和机会，致使人人成为记者，出现大量的用户新闻。这一人人记者和用户新闻改变了新闻叙述者的格局和新闻叙事的样态（详见第三章和第四章）。Web 2.0的信息生产与传播可图示为图2-3。

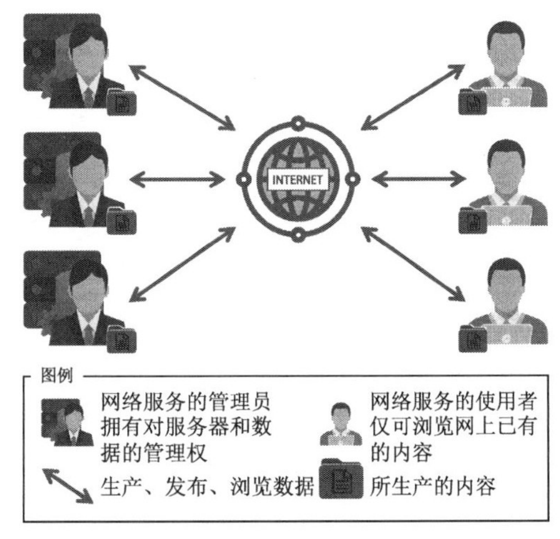

图2-3 Web 2.0阶段的双向性参与共享

互联网从Web 1.0到Web 2.0阶段，实质上是从由少数资源控制者集中控制信息生产的自上而下的互联网体系，转变为由广大用户集体

---

① 数据源自新浪微博2020V影响力峰会官方账号@超级红人节2020年10月19日的推文：https://weibo.com/5903942716/JpUjX3QTA?from=page_1006065903942716_profile&wvr=6&mod=weibotime&type=comment#_rnd1610376826764.

② 微博活跃用户达4.3亿，16到25岁人群占比61%[EB/OL].（2019-01-30）[2021-07-11]. https://finance.ifeng.com/c/7jsvdpxAuSg.

和资源控制者共同主导信息生产的自下而上和自上而下并存的互联网体系。

全民参与生产共享信息（UGC）导致信息传播的去中心化（见本章第二节），在社交媒体兴起之时，在人们的认知中引起了强烈的震撼，导致 2007 年 1 月美国《时代》周刊公布的其 2006 年“年度人物”（Person of the Year）不是某一个具体的个人，而是全球数以亿计的互联网使用者：“是你，就是你！你把握着信息时代，欢迎进入你自己的世界。”（Yes，you！You control the Information Age. Welcome to your world.）针对这一评选结果，《时代》周刊“颁奖辞”的解释是：“Web 2.0 是一个大型的社会实验。与所有值得尝试的实验一样，它可能会失败。这个有 60 亿人参加的实验没有路线图，但 2006 年使我们有了一些想法。这是一个建立新的国际理解的机遇，不是政治家对政治家，伟人对伟人，而是公民对公民，个人对个人。”①

第二节　互联网结构特征：去中心化与扁平化

互联网在人类各个领域所引发的巨大变革有目共睹，归根结底，这些变革都可归因于互联网的分布式的结构特征。新媒体不同于传统媒体的特征也源于此。

一、互联网技术逻辑：分布式链接与去中心化

互联网由节点组成。在互联网络中，节点就是一个连接点（a connection point）、一个再分发点（a redistribution point），或一个通信端点（a communication endpoint）。节点的定义依赖于所提及的网络和协议层。一个网络节点是一个连接到网络的有源电子设备（an active electronic device），能够通过通信通道生产、接收或传输信息。②在 Web 1.0 时代，节点因为是能生产信息，所以节点一般指服务器。到了 Web 2.0

① 刘畅．“网人合一：从 Web 1.0 到 Web 3.0 之路”[J]．河南社会科学，2008(2)：137-140.

② Hassan, Qusay F. Internet of things A to Z: Technologies and applications[M]. Hoboken: John Wiley & Sons, 2018.

时代，由于普通网民也能生产信息，节点也包括网络终端。

针对互联网的节点如何连接，美国兰德公司（RAND Corporation）的工程师保罗·巴兰（Paul Baran）1964 年在《分布式通信网络》（"On Distributed Communications Networks"）中最早分析了三种不同网络系统：中心化网络（centralized network）、去中心化网络（decentralized network）、分布式网络（distributed network）（图 2-4）。

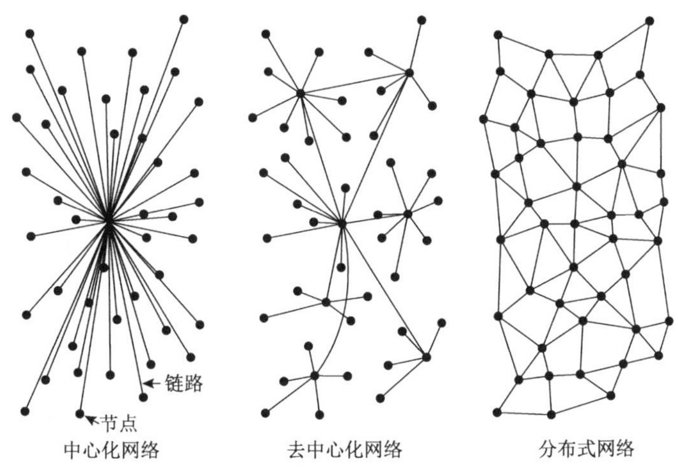

图 2-4 中心化网络、去中心化网络、分布式网络示意

资料来源：BARAN P. On distributed communications networks[J]. IEEE transactions on communications systems, 2003, 12(1): 1-9.

图 2-4 显示，中心化网络有一个明确的中心节点，只要中心节点被破坏，其他节点都无法连接。分布式网络则没有任何中心节点，且任何一个节点被破坏，都不会影响其他节点的互相连接。在实践中，通信网络会采取中心化和分布式两者的混合，即去中心化网络。①

具体来说，去中心化网络包含 N 个网络节点，这些节点组成 M 个小型集中式网络，这 M 个小集中式网络的 M 个小中心节点再相互连接，形成一个更大的层级结构。所有节点构成一个环形网络。这种网络之所以有时被称为去中心化网络，是因为这个网络并非总是需要完全依赖单个节点（because complete reliance upon a single point is not always required）。也就是说，一个节点被破坏，并不会使网络完全瘫痪。这便

① BARAN P. On distributed communications networks[J]. IEEE transactions on communications systems, 2003, 12(1): 1-9.

是具有“小中心点”却被命名为去中心化的原因。

但由于去中心化网络仍然存在由少数节点失效导致整个通信失效的风险，且一定会导致有些节点无法与外界连接，因此巴兰提出有必要构造一个分布式网络。[①]因为相比去中心化结构网络，分布式结构网络的去中心化程度更高。

时任 ARPA 信息处理技术处主管的罗伯特·威廉姆·泰勒（Robert William Taylor）采纳了巴兰的分布式网络设想，并于 1967 年聘请了拉里·G. 罗伯茨（Larry G. Roberts）着手筹建分布式网络工程。[②]

1969 年 10 月，最初的阿帕网建立起来，由美国西海岸的 4 个节点组成，它们分别是加利福尼亚大学洛杉矶分校，使用 SIGMA 7 计算机；斯坦福研究院增智研究中心，使用 SDS-940 计算机；加利福尼亚大学圣巴巴拉分校，使用 IBM 360 计算机；犹他大学，使用 PDP-10 计算机。其结构图见图 2-5。

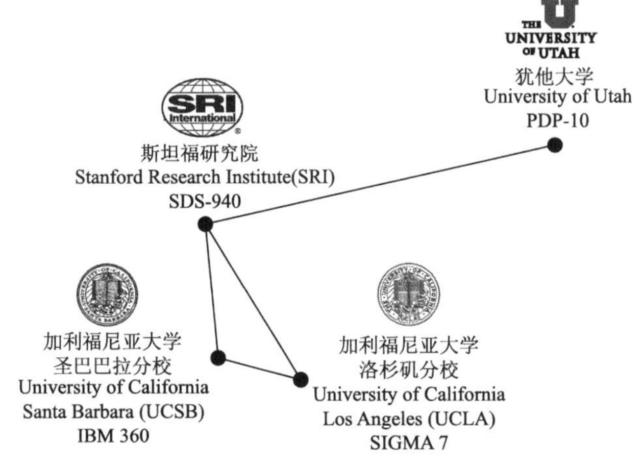

图 2-5　1969 年阿帕网节点结构

资料来源：WALDEN D. ARPANET[M]//WARF B. The SAGE Encyclopedia of the Internet. London: SAGE Publications, 2018: 29.

到 1970 年 12 月增长到 13 个节点，其结构图见图 2-6。

① BARAN P. On distributed communications networks[J]. IEEE transactions on communications systems, 2003，12(1): 1-9.

② Paul Baran and the Origins of the Internet[EB/OL]. [2021-07-11]. https://www.rand.org/about/history/baran.list.html.

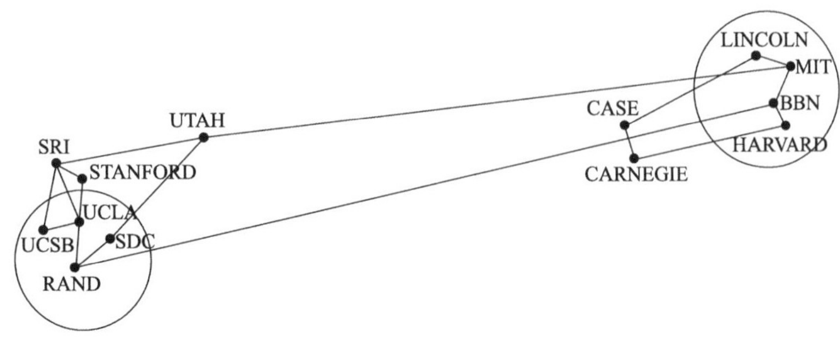

图 2-6 1970 年阿帕网节点结构

资料来源：WALDROP M. DARPA and the internet revolution[M]//United States Government. Defense advanced research projects agency. DARPA: 50 years of bridging the gap. Tampa, FL: Faircount LLC, 2008: 80.

到 1977 年 5 月，阿帕网的节点已经超过了 50 个，其结构图见图 2-7。

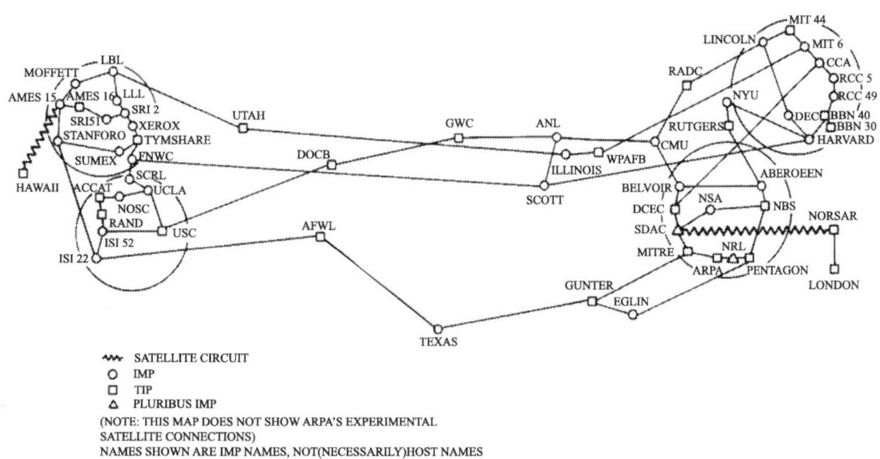

图 2-7 1977 年阿帕网节点结构

资料来源：KENYON H. The network of our times: A DARPA perspective on the development of the internet[M]//United States Government. Defense advanced research projects agency. DARPA: Defense advanced research projects agency 1958-2018. Tampa, FL: Faircount LLC, 2018: 105.

如图 2-6、图 2-7 显示，阿帕网基本是按照分布式结构构造而成的网络。后来的互联网基本按照阿帕网的框架建构而成。但由于各个国家、地区的经济发展状况、人口分布、地理状况等种种因素的不同，条件好的地区网络建设会密集一些，从而成为网络枢纽点。这些网络枢纽点绘制成拓扑图，与网络中心点非常相似，因此也常被称为中心点。但事实上，因网络密集而形成的枢纽点并不等同于控制信息传播的网络中心点。因为连接网络枢纽点的其他节点一般都有两条线路连接，如互联港湾全国 SDN 网络架构拓扑图（图 2-8），北京、上海、广州、香港的入网点或数据中心是网络枢纽点，它们中的任何一个节点被破坏之后，其他节点之间仍然能够连接。如北京的节点遭遇破坏之后，广州和上海都可通过香港与北京的其他支点进行连接。又如中国电信 IP 骨干网络拓扑图（图 2-9）显示，几乎每个节点都有两条路径连接。

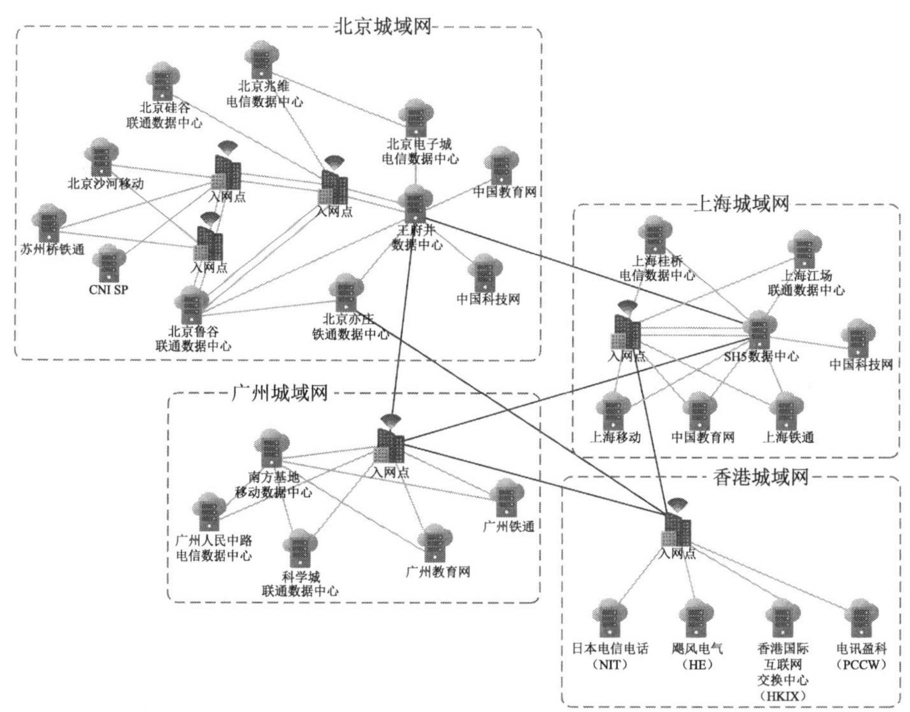

图 2-8　互联港湾全国 SDN 网络架构拓扑图

资料来源：任志远. 当云计算遇上混合云[EB/OL]. (2017-01-13)[2021-10-30]. https://mp.weixin.qq.com/s/aDHPpBBE--MTvXDy6Y3leQ.
李伟，陈宁玉，石泽蕤. 华星创业：收购公众信息，向互联网基础设施运营商转型[R/OL]. (2016-05-23)[2021-10-30]. http://pdf.dfcfw.com/pdf/H3_AP201605240014972480_1.pdf.

同时，巴兰要进行分布式连接的都是服务器，而并非私人电脑。未存储要分享内容的私人电脑，自然不需要进行分布式连接，只需在分布式网络的基础上，选择一个节点进行中心化连接，这使得网络的某些部分由分布式结构转变为去中心化结构。如在普通家庭中，无论多少台电脑，只要与路由器连接即可，无须在电脑之间进行连接。这个路由器就成了整个网络结构中的一个小小“中心点”。当然，服务器所存储的内容也有重要与否的区别，这也会决定其连接路径的多少。

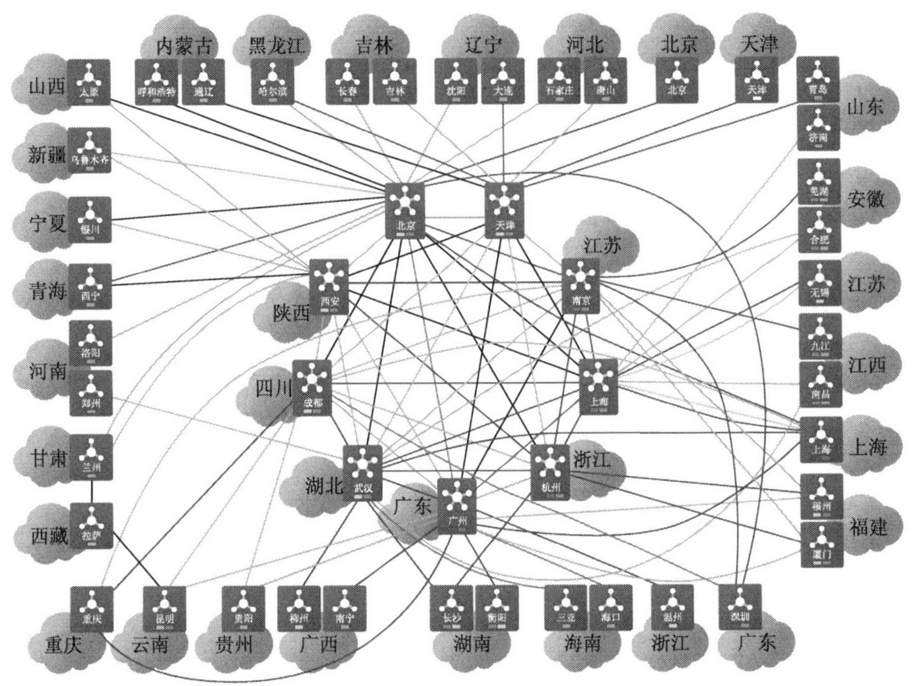

图 2-9　中国电信 IP 骨干网络拓扑图

资料来源：陈剑，李伟，王浩冰. 数据大爆炸，数据中心大发展：“互联网+”基础设施之二[R]. 北京：中信证券研究部，2015：18.

基于巴兰的分布式结构，互联网具有天生的去中心化特征。2011 年 1 月 2 日的互联网拓扑图（图 2-10）充分展示了互联网是一种分布式结构，因为图上的任一节点都有两条或两条以上的路径与外界连接。

从互联网拓扑图中可以看出，互联网由多个自治系统组成，每个自治系统都是一个由单一组织操作的网络，并与一些相邻的自治系统通过路由连接。这幅图描绘了一个由 19 869 个自治系统节点组成的网络，这些节点由 44 344 条路由线路连接。自治系统的大小和布局是以其特征向量中心为基础的，这是衡量各自治系统对网络来说的中心程度（即密集

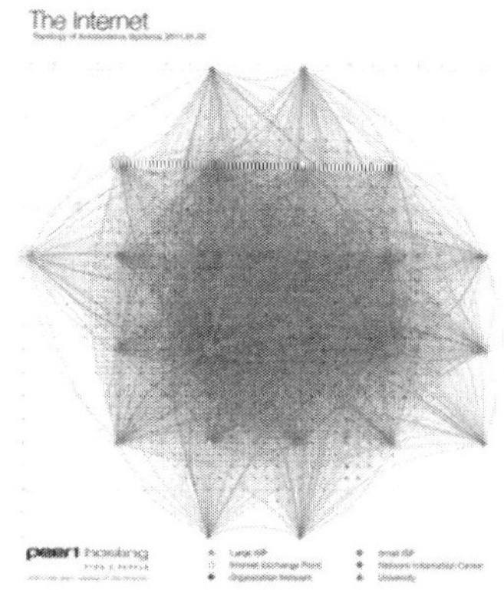

图 2-10　互联网拓扑图

资料来源：PEER 1 Hosting. The internet: topology of autonomous systems [EB/OL].（2011-01-02）[2020-12-01]. https://web.archive.org/web/20110226100504/http://www.peer1.com/map-of-the-internet.

程度）的一种手段。如果一个自治系统连接到一些其他自治系统，那么它就是一个中心（即上述枢纽点）。中心自治系统之间会互相连接（这说明互联网是分布式结构）。①

由于网络枢纽点的形成和个人电脑的存在，互联网结构图最终呈现的是一种去中心化网络，而非分布式网络。

总之，互联网的物理结构和技术逻辑显示，去中心化有两个重要含义：一是去中心化并非无中心，而是中心多元；二是其中任何一个中心都做不到“翻手为云，覆手为雨”，难以控制全局。

基于此，去中心化可界定为：在一个分布有众多节点的系统中，每个节点都具有高度自治的特征。节点之间彼此可以自由连接，形成新的连接单元。任何一个节点都可能成为阶段性的中心，但不具备强制性的中心控制功能。节点与节点之间的影响，会通过网络而形成非线性因果关系。这种开放式、扁平化、平等性的系统现象或结构，我们称之为去中心化。②

二、新媒体的信息传播：中心多元化与扁平化

互联网技术逻辑的去中心化特征给新媒体信息生产与传播的中心多元化实践提供了强大的技术支撑和价值理念。

---

① The internet: Topology of automous systems[EB/OL].（2011-01-02）[2019-02-08]. https://visual.ly/community/infographic/technology/internet-topology-autonomous-systems.

② 科技热词[J]. 科学家，2017，5(3)：前插 28-前插 29.

传统媒体时代的信息传播体系是典型的中心化结构。首先，大众媒体对信息传播拥有绝对的话语主导权，主导了整个社会信息的传播，普罗大众少有平台与渠道向社会、公众发布信息；其次，大众媒体“一对多”的传播模式与中心化的网络模式几乎一模一样。因此，大众媒体的中心地位不仅体现为是信息传播的权威者，更体现为是信息生产与传播的把关者。

从整个社会系统来说，大众媒体作为信息传播的控制者，处于中心位置。仔细分析可发现，整个媒介体系之外，整个媒介体系之中，单个媒介机构之内，也都展现出明显的金字塔架构。也就是说，大众媒体作为整个社会的信息传播把关者，其外部又有控制者；作为体系，控制权限大小也不一；作为单位组织，也存在最后的新闻签发者（通常是总编辑、副总编辑），从而构成了一个由上至下的层级结构鲜明的威权体系。

随着互联网中论坛、BBS，尤其是建立在 Web 2.0 基础上的博客、微博、共享协作平台等社交媒体的兴起，每位网民都能以低成本、快捷的方式参与信息生产与发布，从而使互联网的去中心化物理结构得以真正落地与实现，从而形成“人人都有麦克风、人人都是记者”的局面，如在推特、脸书等社交媒体上，网民只要简单的“注册”“发布”两步，就可以向社会报道“新鲜事”“重要事”。这些分散、独立的信息发布者构成了一个多元扁平的信息互联网络。社交媒体的“4A 属性”，即任何人物、任何地方、任何时间、任何事情（“anyone、anywhere、anytime、anything”），以及互动、分享弥补了单一的信息传播自上而下的中心化威权体系，形成了自下而上的信息传播路径，真正实现了分布式的信息生产。

不仅如此，建立在社交媒体基础上的全面参与新闻生产还催生了自下而上的信息传播惯例，众多事件的披露如今往往首先在社交媒体中披露，然后大众媒体跟进，从而出现用户新闻为大众媒体新闻报道订定范式的新现象，而不只是大众媒体为受众设置议程。这种民众全面参与信息生产、自下而上的信息传播路径，往往能够促使政府相关部门进行真相调查或真相陈述，并公开信息，不少基层社会事件的解决就是在这种自下而上的信息传播中完成的。

不可否认，在 Web 2.0 时代，有些网络看似是信息生产与传播的中心点——如学者李彪于2011年在对40个网络热点事件的社会网络进行分析后指出，天涯论坛的中心性最强，其次是新浪微博、新浪新闻和猫扑社区，但事实上，天涯论坛之类并非类似于大众媒体的中心节点：因为它既不能控制信息生产，原因在于它自身并不生产信息，也不能控制信息传播。正如李彪指出的："如果一个议题足够引爆整个网络的话，无论其在何信息结点传出都会最终影响整个网络，传播路径不是其决定因素，议题本身的火爆度是其决定因素。"[①]因此，这些被认为是信息传播中心点的主流论坛、主流微博不过是一个由普通网民组成的人群密集的平台而已，正如王世华、冷春燕指出，主流网络媒体是信息传播而不是信息生产中的"中心节点"[②]。其实，这些网络平台并非真正意义上的信息传播"中心节点"，因为它们并不是信息的必经之路。如果这些平台被关闭，信息会通过别的平台发布与传播。

由于在这些平台上，生产信息的人是普通网民，转发信息的也是普通网民，这说明信息传播正在实现中心多元化。如果说新媒体有中心点，只能说每个网民与主流媒体都可能是中心点。当一位网民在新媒体上发布一个引爆舆论的新闻时，他就是这个新闻的中心点。就像"江歌案"，江歌母亲就是"中心点"。因为在Web 2.0时代，不仅每个人都可随时随地在社交媒体平台上发布信息，而且任何一条吸引受众的信息都可通过社交媒体的病毒式传播在整个网络环境中迅速地扩散开去。

大众传播的中心化和新媒体中心多元化的传播体系，可从各自时代的流行语可感知，如20世纪50年代的流行语有：鼓足干劲、力争上游、放卫星、合作社、大锅饭、自力更生、艰苦奋斗、超英赶美、纸老虎、糖衣炮弹等。60～70年代流行的是：打倒、横扫、炮轰、火烧、牛鬼蛇神等。80～90年代有：大哥大、老板、抢滩、登陆、炒作、的士、巴士、人气等。21世纪互联网普及之后则有"躲猫猫""俯卧撑""欺实马"等。显然，在互联网普及之前，流行语反映的是大众传媒所传播的内容，

① 李彪. 网络事件传播空间结构及其特征研究——以近年来40个网络热点事件为例[J]. 新闻与传播研究，2011，18(3)：90-99.

② 王世华，冷春燕. 互联网再认识：去中心化是一个伪命题？——兼与李彪先生商榷中心化问题[J]. 新闻界，2013(20)：46-49.

是官方话语的民间流传。互联网普及之后，流行语则往往是从民间流向官方和大众媒体。①

以互联网及在其基础上形成的新媒体中心多元化信息传播还可从“人们每天谈论的新闻主要来源于社交媒体而非大众媒体”这一变化中得到体会。也正是这种中心多元化导致目前网红层出不穷，人们对信息的注意力只能保有三分钟的热度。然而在传统媒体时代，新闻主播作为红人往往能够伴其一生。

总之，建立在 Web 2.0 基础上的社交媒体降低了内容生产与传播的门槛，简便性提升了网民参与共享的积极性，从而使每个网民享有了一定程度的大众传媒生产内容的权力，即 UGC，成为独立的内容出版商，使互联网更加扁平，内容生产更加多元化。新媒体的中心多元化与扁平化促使新闻报道消除了以往的严肃面孔和权威的告知特质，并且采纳了引人阅听的召唤结构（详见第五章）。

社交媒体的中心多元化还典型地表现在其各种热搜及其排版上，即在用户终端上，无论微信还是微博，新闻专业机构和权力组织结构所发布的内容和普通民众所发布的信息依据时序并列呈现，基本无等级次序。

第三节 新媒体社交基石：六度分隔与病毒式传播

如前所述，建立在 Web 2.0 基础上的社交媒体实现了 TCP/IP 协议主要发明人瑟夫“互联网是为了每一个人”的理想。就此，美国加州研究机构“未来研究所”（Institute for the Future）的保罗·萨福（Paul Saffo）说：“我们曾经历过媒体革命，并且在过去的半个世纪里，我们一直生活在麦克卢汉的大众媒体时代，可现在有了另一种形式的媒体革命。我们只拥有一种媒体的时候，我们将其称为‘大众媒体’，但我们正在创建‘个人媒体’的新世界。②”“我们正处在一个从大众媒体向个人媒

① 甘莅豪. 流行语分析：从逻各斯中心主义到后现代去中心化[J]. 海南大学学报（人文社会科学版），2012，30(6)：41-47.

② MOGGRIDGE B. Designing media[M]. Cambridge: MIT Press, 2010: 14

体的巨大转变中：只要你愿意，你可以提供反馈并且自己创作内容。”①

Web 2.0 是以个人为中心，强调用户个人参与性的网络。可是单独个人是如何借助建立在 Web 2.0 之上的微博、推特之类的互联网应用与平台来实现深度传播、广度扩散信息的媒体功能的呢？当然是要把人连接起来，形成网络。

一、六度分隔：全球是个小世界

人际传播需要借助社会网络。每个人最初的社会网络的形成，即与谁相遇，与谁成为朋友，是具有一定缘分的。匈牙利数学家埃尔德什・帕尔和雷尼 •奥尔弗雷德于 1959 年用图论的方式研究了人与人间的关系状况：把人抽象成点，人与人之间的关系抽象成边，那么一个集体中的所有人就组成了一张图。他们继而提出了“随机图”模型，在这一模型中，人与人之间的连接就好像掷骰子一样完全是随机的，由此会形成一个非常均衡的世界，即世界上绝大多数人所认识的人数量相当，只有极少数人脱离常态：或者特别擅长交际，或者极端封闭（图 2-11）。②

图 2-11　埃尔德什–雷尼随机图（Erdős–Rényi random graph），$p = 0.02$

随机图中的大多数节点都有数量相近的连接，也不存在连接特别多或特别少的节点，整体的连接数量遵循二项分布（binomial distribution）（图 2-12）。

---

① 转引自田智辉. Google 与 21 世纪媒体[J]. 现代传播，2006(1)：117-119.

② BARABÁSI A. Linked: The new science of networks[M]. Cambridge: Perseus Publishing, 2002: 22.

人类社会的连接情况真的与随机图模型一致吗？后续的相关研究表明：现实并非如此。

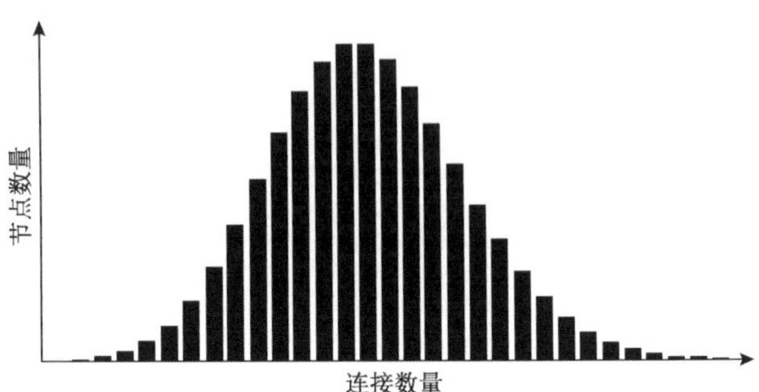

图 2-12 二项分布，$n = 1000$，$p = 0.02$

1929 年，匈牙利作家考林蒂·弗里杰什（Karinthy Frigyes Ernő）在短篇小说《链条》（*Láncszemek*）中提出了一个洞察：要与世界上 15 亿人中任何一人联系上，中间仅需 5 个人牵线即可。[①]这是世界上对“六度分隔”（Six degrees of separation）概念的最早公开表述。1967 年，美国哈佛大学的心理学教授斯坦利·米尔格拉姆（Stanley Milgram）通过连锁信件实验揭示了“小世界”现象：一个人通过 2 到 10 次（均值约为 6 次）的信件转发就可以联系上一个陌生人。[②]米尔格拉姆并没有用“六度分隔”来描述这种现象，事实上，直到 1990 年 6 月，剧作家约翰·瓜尔（John Guare）将“六度分隔”作为了一出戏剧的标题，戏剧演出后获得了巨大成功，又被改编成了同名电影后，“六度分隔”这个说法才开始被大众知悉。

1973 年 5 月，马克·格兰诺维特（Mark Granovetter）在论文《弱关系的优势》（“The Strength of Weak Ties”）中展示出了一个不同于随机图模型的社会图景：每个人有属于自己的小圈子，小圈子里的人相互间比较了解，不同的小圈子由少量不甚熟识的社会关系连接起来。小圈子内部的关系为“强关系”，小圈子之间的关系为“弱关系”。在找工

① BARABÁSI A. Linked: The new science of networks[M]. Cambridge: Perseus Publishing, 2002: 26.

② MILGRAM S. The small world problem[J/OL]. Psychology today, 1967, 1(1): 61-67. [2020-12-01]. http://snap.stanford.edu/class/cs224w-readings/milgram67smallworld.pdf.

作、获取消息等方面，弱关系会起到重要的作用。[①] 格兰诺维特的社会网络模型可用图 2-13 来表示。

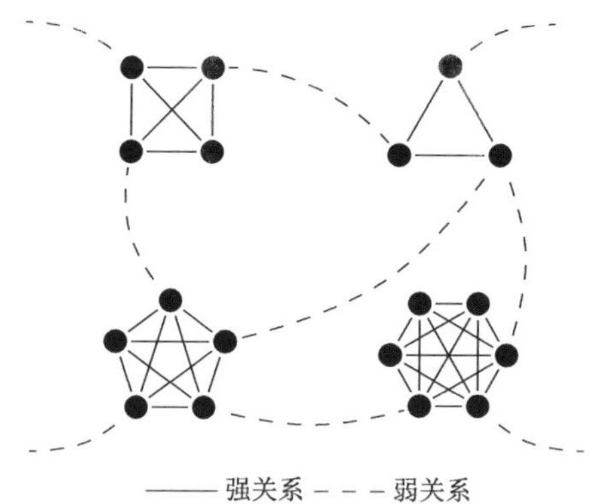

图 2-13 强关系和弱关系

资料来源：BARABÁSI A. Linked: The new science of networks[M]. Cambridge: Perseus Publishing, 2002: 43.

格兰诺维特的模型指出，社会网络中存在着“聚团”的现象——一个人的两个朋友往往相互间也是朋友。这种现象也在后续的研究中被观察到了。1998 年，为了解释聚团现象，康奈尔大学的博士生邓肯·瓦茨（Duncan Watts）和他的导师史蒂文·斯托加茨（Steven Strogatz）提出了“小世界（small-world）”模型，这一模型第一次将聚团现象和随机图的完全随机特性结合在了一起。

瓦茨和斯托加茨首先给出了聚团的度量方式：某个节点所连接的节点之间实际的连接数与可能的最多连接数之比，定义为该节点的聚集系数，所有节点的聚集系数的均值，定义为网络的聚集系数。

如图 2-14，在左侧的“规则网络”（regular networks）中，共有 20 个节点，任选一个节点，它有 4 个相连的节点，这 4 个节点之间有 3 个连接，而 4 个节点间最多可以建立 6 个连接，故这个节点的聚集系数为 3/6，即 0.5，网络中其他的节点与此相同，故整个网络的聚集系数也为 0.5。相比来说，如果是在右侧的“随机网络”（random networks）中，同样有 20 个节点，聚集系数则为 0.3。如果按同样的规则扩大这个网络，

---

① GRANOVETTER M S. The strength of weak ties[J/OL]. American journal of sociology, 1973, 78(6): 1360-1380 [2020-12-01]. https://sss.ulab.edu.bd/msj/wp-content/uploads/sites/29/2020/10/Optional-The-strength-of-weak-ties.pdf.

将节点数上升到 10 亿个，规则网络的聚集系数仍然为 0.5，随机网络的聚集系数则会下降到 0.000000004，规则网络聚集系数是随机网络聚集系数的 1.25 亿倍。

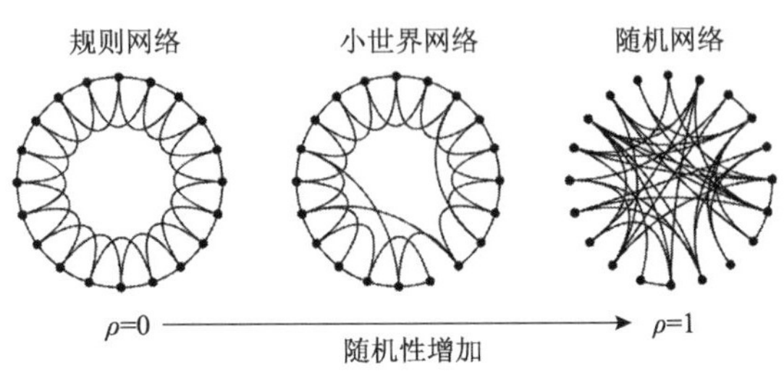

图 2-14　规则网络→小世界网络→随机网络

资料来源：WATTS D J, STROGATZ S H. Collective dynamics of “small-world” networks[J]. Nature, 1998, 393: 440–442.

但在聚集系数很高的规则网络中，随着节点数目的增加，一个节点想要连接到最远节点间的最短路径会随之增加。很简单就能看出，在图 2-14 的 20 个节点的规则网络中，从顶部节点到底部节点至少要经过 5 个连接，如果节点数上升到 10 亿个，那么从顶部节点到底部节点至少要经过 2.5 亿个连接。由此可见，规则网络虽然聚集系数更高，但并不符合“小世界”的情况。

瓦茨和斯托加茨找到了一个折中点：介于规则网络和随机网络之间的“小世界网络”。小世界网络可由规则网络演化而来，给规则网络中的节点提供连接上较远节点的概率，就可将规则网络变为小世界网络。随着概率的少量提升，网络中任意两个节点产生连接需要的路径长度出现大幅的下降。同时也显示出了“六度分隔”的状态。①

瓦茨和斯托加茨的模型挽救了随机世界观，让埃尔德什和雷尼的模型与聚团现象、六度分隔现象得以共存，可是对互联网的研究又推翻了小世界模型。

按照随机世界观，互联网上的各个网页所拥有的导入链接应该大致相同，然而 1999 年艾伯特–拉斯洛・巴拉巴西（Albert-László Barabási）的研究发现，情况并非如此。巴拉巴西的团队研究了圣母大学网站的

① WATTS D J, STROGATZ S H. Collective dynamics of “small-world” networks[J]. Nature, 1998, 393: 440-442.

325 000 个网页，发现其中约 270 000 个的网页（占总数的 83%）仅有 3 个导入链接，与此同时，有约 42 个网页拥有超过 1000 个导入链接。对另外一个拥有 2.03 亿个网页的样本进行的观察呈现了更严重的不均衡情况：90%网页的导入链接数不到 10 个，有 3 个网页被其他近 100 万个网页引用了。对网页样本的分析表明，网页链接数量的分布遵循幂律分布（power law distributions）（图 2-15）。[①]

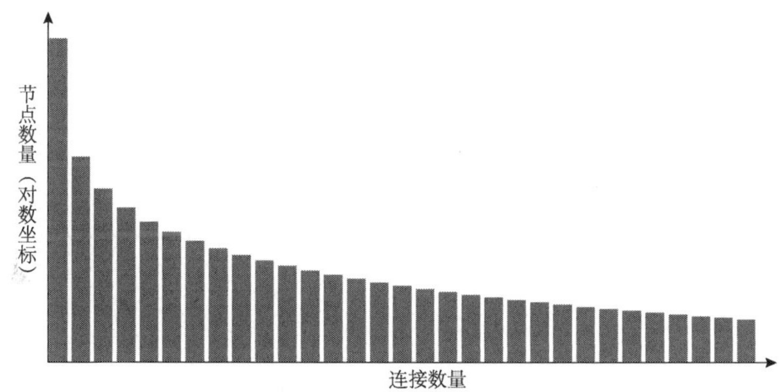

图 2-15　幂律分布，$\gamma = 2.1$

与大多数节点拥有相近连接数的二项分布不同，幂律分布中，大多数节点只拥有少量连接，而少数枢纽节点拥有大量连接。为了解释这一现象，巴拉巴西和雷卡·艾伯特（Réka Albert）在 1999 年 10 月发表于《科学》（*Science*）杂志上的《随机网络中尺度的出现》（*Emergence of Scaling in Random Networks*）一文中提出了包括“生长机制”（growth）和“偏好连接”（preferential attachment）两个规则的网络模型。[②]

生长机制规则限定每次迭代仅向网络中添加一个新节点；偏好连接规则限定新节点和已存在的节点间形成两个连接，选择某一节点的概率正比于该节点现拥有的连接数。

通过反复迭代，可以依赖这两个规则生成一个持续增长的网络（图 2-16）。计算机模拟结果表明，这一模型能够产生一个符合幂律分

① BARABÁSI A. Linked: The new science of networks[M]. Cambridge: Perseus Publishing, 2002: 57-58, 67.

② BARABÁSI A L, ALBERT R. Emergence of scaling in random networks[J/OL]. Science, 1999, 286(5439): 509-512. [2020-12-01]. https://barabasi.com/f/67.pdf.

布的网络，它是第一个对真实网络中观测到的相关现象的解释，也很快就以“无尺度模型”的名字广为传播。

在“无尺度模型”的基础上进行的后续研究表明，无论是互联网还是社会网络，总会有一小部分节点携带着整个网络绝大部分的连接，即都遵循帕累托定律和幂律分布。这些少数节点成了中心节点，大大缩短了各个其他节点之间的距离。在网页内容主导的 Web 1.0 时代的互联网上处处呈现着这种现象，在人际关系主导的 Web 2.0 时代，这种现象更是愈加显著。基于此，Web 2.0 时代的网络也被称为“关系网络”①。

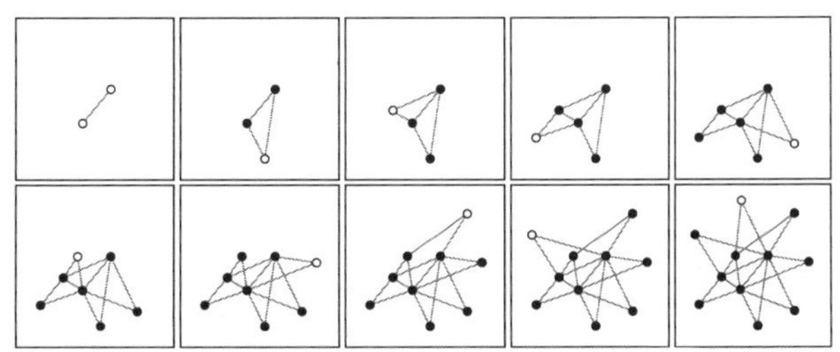

图 2-16　无尺度网络的生成

资料来源：BARABÁSI A. Linked: The new science of networks[M]. Cambridge: Perseus Publishing, 2002: 87.

二、病毒式传播：六度的深度与 150 人的宽度

建立在 Web 2.0 基础上的推特、脸书、微博等互联网应用要想成为媒体，仅具有人际传播的功能远远不够，还需迅速地把信息传播给大众。如果说六度分隔和幂律分布让世界变小了，但促成的只是“点对点”的人际传播，其大众传播的功能又如何实现？

1993 年，英国牛津大学人类学家罗宾·邓巴（Robin Dunbar）利用从非人灵长类动物观察得到的相关性来预测人类的社会群体规模。他通过 38 种灵长类动物的数据构造了回归方程，进而预测人类的“平均群体规模”为 148（四舍五入后为 150）。②这一 150 的群体规模被欧洲的一个自给自足的农民自发组织“赫特兄弟会”（Hutterian Brethren）的人

① 彭兰. “连接”的演进——互联网进化的基本逻辑[J]. 国际新闻界，2013，35(12)：6-19.

② DUNBAR R I M. Neocortex size as a constraint on group size in primates[J]. Journal of Human Evolution, 1992, 22(6): 469-493.

群控制策略印证：“每当聚居人数超过 150 人的规模，他们就把它变成两个，再各自发展”。由此，他根据人类的大脑容量和与群体规模的关系得出“150 定律”（Rule of 150）。[①]“150 定律”在现实生活中应用广泛，如微软推出的聊天工具 MSN 最初设计了 150 个好友的上限，中国移动的“动感地带”SIM 卡的联系人存储量最大也曾为 150 人。

据此，可以认为人们的社交网络的深度为六度空间，每一个深度空间的宽度是 150 人。建立在“六度分隔”理论基础上的社交网站基本是通过“熟人的熟人”“朋友的朋友”的方式拓展社交网络的。基于此，可从理论上算出一个人的社交网络所涵括的人数的极值（图 2-17），即深度×宽度，也就是 $150^6 = 150\times150\times150\times150\times150\times150 = 11\ 390\ 625\ 000\ 000$，显然这远远超过全球近 80 亿人口。

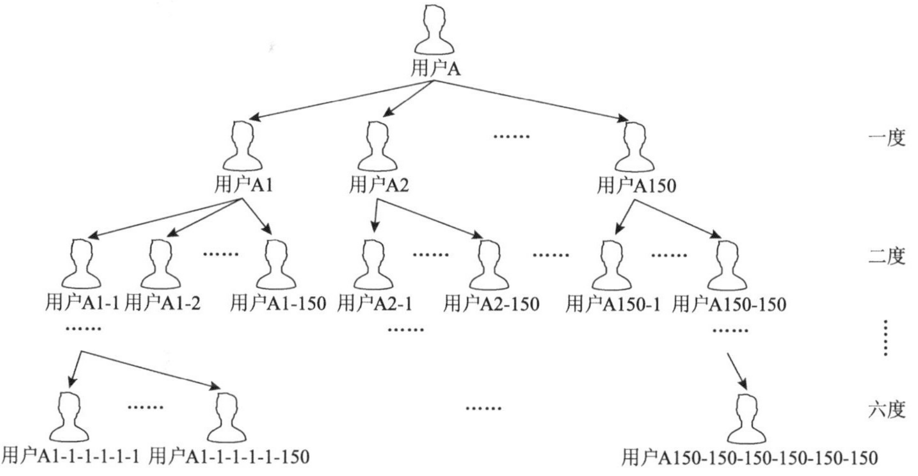

图 2-17 “六度分隔”和“150 定律”结构图

资料来源：DUNBAR R. Grooming, gossip, and the evolution of language[M]. London: Faber and Faber Limited, 1996: 73.

社交网络的这种通过“熟人的熟人”从一度关系空间扩散到二度空间再蔓延到三度、四度、五度甚至六度空间的传播路径类似于病毒的传播路径，因此又被称为病毒式传播（viral communication）。通常认为新

① 潘玲琳. 基于关联规则的六度分隔系统设计与实现[D]. 上海：华东师范大学，2007：4；朱丽，杨杜. 社会网络“大连结”的魅力——六度分隔和三度影响力[J]. 现代管理科学，2015(2)：30-32.

媒体的病毒式传播始于 1997 年 Hotmail 的营销行为：邮件中自动设置注册链接，每位收到邮件的人都可点此链接轻松注册。因此每发出一封邮件，都在为 Hotmail 做免费宣传。因此 Hotmail 在短短的时间里就成功吸引了 1200 万注册用户。Hotmail 的创始者史蒂夫 • 尤尔韦特松（Steve Jurvetson）将之称为病毒式营销（viral arketing）。[①]网络观察家诺瓦 •斯坦伯格（Nova Stainberg）评论此事时也将注册链接调侃为“病毒”[②]。卡尔 • B. 威尔克（Carl B. Welker）则将病毒式营销扩展到病毒式传播。[③]

如果说“六度分隔”和“150 定律”从理论上保证了社交媒体具有进行大众传播的潜质，那么“发布”“评论”“搜索”“关注”“分享”“转发”“推荐”“微群”“标签”（tag）“话题”（#）“广场”等功能则从技术上实现了社交媒体的“点对多”的传播（图 2-18）。

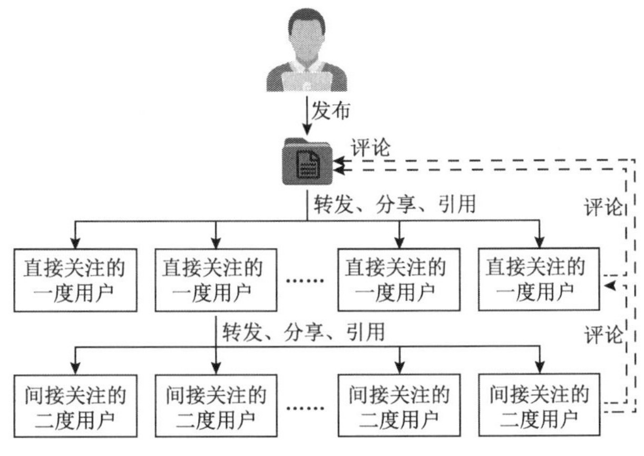

图 2-18　社交媒体的“点对多”传播

虽然社交媒体的“点对多”传播一般通过多级来完成，但由于“转发”“分享”在操作上的简单易行，信息能在分秒之间便迅速传播开去。

当然，并非所有的社交媒体用户的每度关系空间都具有 150 个好友，也并非所有用户的好友数量都如随机网络所指出的那样大致相当，互联

① 董向阳. 微博的病毒式传播研究[D]. 深圳：深圳大学，2012：13.

② 徐舟. 新媒体环境下“病毒”式传播的概念及机理[J]. 西部广播电视，2014(20)：38.

③ WELKER C B. The paradigm of viral communication[J]. Information service & use, 2002, 22(1): 3-8.

网上的社交网络遵循 20/80 法则，即有些节点已远远超过 150 个好友，如在新浪微博中，头部用户的粉丝数高达千万乃至上亿。

且不说这些头部用户发布消息本身已具有大众传播的效果，而且即便粉丝很少的用户，只要他是头部用户的好友，无论是属于一度关系空间，还是属于二度或三度关系空间，他便能借势而对千百万的受众进行信息传播。

第四节　新媒体使用场景：移动化与私密性

在电视普及时代，几乎每家每户客厅的中心位置都被电视机所霸占。它，就像被供奉的物品。人们不仅非常喜欢它，令它几乎占据了所有的空闲时间，而且非常珍惜它。平日它既得到人们的拂拭，闲置时还得到人们的保护。然而在新媒体时代的今天，电视在许多家庭已是可有可无的物件，或被长期闲置，或被替代：先是台式电脑、笔记本电脑，继而是平板电脑等。随着媒介的更迭，人们使用媒介的场景也发生了相应改变，进而影响着新闻叙事的风格。

一、移动化与伴随性：新媒体的 4A 属性

2008 年 5 月，国际电信联盟正式公布第三代（3G）移动通信标准。之后通信技术飞速发展，移动网络和宽带迈入了 3G、4G、5G 时代，智能终端也随之得到迅速、全面普及，全球正式进入移动互联网时代。从技术上看，移动互联网是互联网的移动接入形态。移动互联网是移动无线通信和互联网融合的产物。因此移动互联网包括三大领域的配合：一是移动通信运营商，提供网络移动接入方式，通常包括两种，无线局域网（wireless local area network，WLAN）接入和通过蜂窝移动电话系统接入；二是移动终端生产厂商，提供智能硬件终端，包括手机、笔记本电脑、平板电脑、电子书阅读器等，操作系统软件和应用软件支持移动互联网；此外，互联网企业或平台，提供各种业务，主要包括内容、社交、服务等三大领域，如门户网站、社交平台、电商平台等，具体内容包括新闻、社交、股票、游戏、电子商务等。

移动互联网一诞生便具有巨大的市场前景，工业和信息化部发布的统计数据显示，截至2008年6月底，全国手机用户数达5.65亿户。而截至2008年7月，CNNIC发布的第22次《中国互联网络发展状况统计报告》显示，我国网民数只有2.53亿。[①]互联网企业为抢占移动互联网市场，在PC端业务的基础上开发移动客户端，以适应移动用户的使用。也就是说，这时的互联网业务以PC端为主，移动端为辅。

随着移动互联网用户数量急剧增大，互联网业务开始全面转向移动化，移动终端成为各大互联网企业争夺的战略高地，以至于发展为以移动端为主，以PC端为辅，如腾讯移动互联网业务总经理李致峰2013年5月29日在“2013移动互联网发展论坛”中指出：“以前我们做完一个PC上的软件，然后往手机上移植。现在做法都跟微信一样，先做手机版本，再往PC上推。”“公司去年调整了架构以适应移动互联网化，把‘移动互联网事业群’定为公司六大事业群之一。这次调整之后，整个公司不是把移动互联网作为一个战术，而是作为一个明确的战略。”[②]

正是移动互联网应用与服务的完善，导致现在移动网民几乎与网民数量等同，CNNIC发布的第47次《中国互联网络发展状况统计报告》显示，截至2020年12月，我国网民规模达9.89亿，手机网民规模达9.86亿，网民通过手机接入互联网的比例高达99.7%。[③]据笔者对农村的观察，我国网民的数量巨大，其中一个重要原因是能够通过手机上网，因为拥有手机的人数太庞大，如农村很多人家里没有电脑，但是他们却是网民的原因是他们基本是通过手机而连上互联网。与此同时，PC端的键盘输入相比手机端的触屏输入、语音输入，在操作上要求更高，而且电脑不像手机是必需品，又占用较大的空间。据企鹅智库的《智媒来临与人机边界：中国新媒体趋势报告2016》可知，在2016年，媒体消费者就已经大部分完成了移动化，日均使用移动终端时间超过1小时的用户达到81.5%，每天使用移动终端时间在3小时及以上的用户比例为

---

① 中国互联网络信息中心. 第22次中国互联网络发展状况统计报告[R/OL]. 2008[2020-01-20]. http://www.cac.gov.cn/2014-05/26/c_126548659.htm.

② 转引自金亮. 互联网就是移动互联网？[N]. 人民日报，2013-06-06(19).

③ 中国互联网络信息中心. 第47次中国互联网络发展状况统计报告[R/OL]. 2021[2021-07-10]. http://www.cnnic.net.cn/hlwfzyj/hlwxzbg/hlwtjbg/202102/P020210203334633480104.pdf.

46.6%。[①]资讯类APP在2016年是56.7%的手机用户看新闻的第一入口，至2018年，这一数据上升至76.4%。[②]不仅如此，在移动终端上，出现了低幼和白发需求崛起现象[③]，如会抢红包和看视频的白发老人，会玩iPad和智能手机的3岁孩童。

因此，传统互联网用户所习惯的访问内容、使用服务的交互方式，正在被智能移动设备所改变。对此不少业界人员和学界人员指出，移动互联网促使页面在视觉和交互等方面发生了很大的革新，因此移动互联网不等于无线移动加上互联网。华南理工大学教授许洪波指出，“移动互联网带来的革命，远远超出通信技术和信息技术的融合，它真正的革命是改变整个服务业的业态”[④]。

如果说Web 2.0技术为个人成为新媒体的内容生产者提供了路径，那么移动互联网和智能移动终端则为“人人成为记者”提供了便利，因为移动互联网才能确保人们通过手机拍摄与发布一气呵成，从而促成手机实现媒体功能。作为个人随身携带的必需品的智能手机，有处理器、存储器、输入/输出设备（键盘或触屏、显示屏、USB接口、耳机接口、摄像头等）及输入/输出通道。手机通过空中接口协议（例如GSM、CDMA、PHS等）和基站通信，既可以传输语音，也可以传输数据，因此被看作袖珍计算机。易于使用的手机具备了任何人（anyone）在任何时间（anytime）任何地点（anywhere）报道任何事情（anything）的一切要素：高像素的摄像头可拍摄事件发生现场的图片与视频，清晰的麦克风可进行语音报道，它的录音设备可进行现场录音报道，它的移动数据网络接入系统方便人们随时连接互联网以进行新闻发布。

移动互联网和以社交媒体为主的新媒体具有天然的适配性，它们相辅相成。一方面，在快节奏而且人人忙碌的时代，人们的空闲时间越来

---

① 智媒来临：2016中国新媒体趋势报告 [R/OL].（2016-11-16）[2019-02-11]. http://www.sohu.com/a/119127783_488231.

② 2018中国新媒体趋势报告[R/OL].（2018-12-06）[2019-02-11]. http://www.sohu.com/a/280024480_403902.

③ 腾讯新闻，企鹅智库. 中国新媒体趋势报告 2017：通向媒体新星球的未来地图[R/OL].（2017-11-20）[2021-07-12]. https://tech.qq.com/a/20171120/025254.htm#p=1.

④ 转引自金亮. 互联网就是移动互联网？[N]. 人民日报，2013-06-06（19）.

越少，社交必须充分利用通勤、休息、排队、上厕所甚至走路等碎片时间，这同时使新媒体的使用具有显著的伴随性，即人们使用移动终端时往往伴随着工作、学习、吃饭、乘坐交通工具等活动，从而造就了如今的“低头族”。另外，普通公民作为记者进行新闻报道的缘由一般是恰巧在事发现场，只能利用手机等随身携带的移动终端进行即兴报道。因此无论社交还是新闻发布都必须借助无远弗届的移动互联网才能实现。

另一方面，移动互联网如果不借助人们通过移动终端登陆新媒体进行社交及信息接收或传递，它们的存在几近于一种虚无，根本无法被人们所感知。总之，以社交媒体为主的新媒体需要借助移动互联网来更好地完成其内容、社交和服务等功用，而移动互联网需要通过新媒体来证明自己的存在。在“社交成为媒体的核心要素，社交成为内容生产的动力，人们的关系网络成为信息的传播渠道”，甚至“无社交不新闻”①“社交网络已成为获取信息、展现自我、营销推广的重要渠道”②的时代，互联网移动化便成为最重要、最必不可少的要素。

总之，移动互联网同时具备了移动通信随时、随地、随身和互联网开放、共享、互动的特点。

二、小屏化与私密性：信息与场景的适配

移动互联网的到来，将智能手机、平板电脑、智能手表等移动终端带入我们的生活，甚至大有取代 PC 端的趋势。由于便携，这些移动设备不可能匹配大屏幕，往往配备小屏幕（相较于传统的电视、台式电脑而言），小屏化已成为最常使用的移动终端的主要特性之一。以人们最常使用的智能手机为例，其屏幕尺寸范围是 3.7 英寸～7 英寸，主流的一般是 5 英寸～5.5 英寸。

小屏手机之类的媒体自然不能像大屏电视机那样，能够一起共同观看，而只能捧着各自的手机独自浏览，如果想要分享，也只能通过新媒体的转发或分享按钮来实现。与此同时，手机既是媒体移动终端，也是个人的私

① 彭兰. 场景：移动时代媒体的新要素[J]. 新闻记者，2015(3)：20-27.

② 社交网络已成为获取信息、展现自我、营销推广的重要渠道 社交平台竞相抢占新赛道[EB/OL].(2020-03-05) [2021-01-22]. http://www.cac.gov.cn/2020-03/04/c_1584872636069982.htm.

人物件，里面有隐私内容。而且互联网上的内容、服务、社交如此众多，人们所浏览的内容、所发布的信息、所参与的社交，所定制的服务未必都愿意让身边的亲朋好友知晓，因此手机这种小屏移动终端便具有了私密性。为配合新媒体的私密性，移动终端和现在的 PC 端一般都需设置密码。

新媒体的私密性还体现在其使用空间的私密性之上。人类新闻传播的主要媒介的发展历程经历了以下六个阶段：一是口语传播时代的在大庭广众下传播新闻的信使、喊叫者和游吟诗人（他们被称为“人体无线电报”）；二是手抄新闻时代的张贴在公共场合的每日公报和新闻纸；三是印刷新闻时代的在咖啡馆、家庭等室内互相传阅的新闻书、报纸；四是模拟式电子传播时代的被放置在客厅等家庭公共空间的收音机和电视机；五是数字式电子传播时代的 Web 1.0 阶段的被放置在书房等个人半私密空间的台式电脑、笔记本电脑；六是数字式电子传播时代的 Web 2.0 阶段的被揣在口袋或手提袋等个人私密空间的手机、平板电脑。在家庭中，在以台式电脑或笔记本电脑为上网终端的时代，人们使用互联网的固定场景主要局限于书房和客厅这样的公共空间，而移动时代，固定场景在向卧室、卫生间这样的私密空间延伸。[①]由此可以认为，媒介被使用的场所经历了从公众场合到家庭公共空间再到半私密空间再到私密空间的发展历程（图 2-19）。

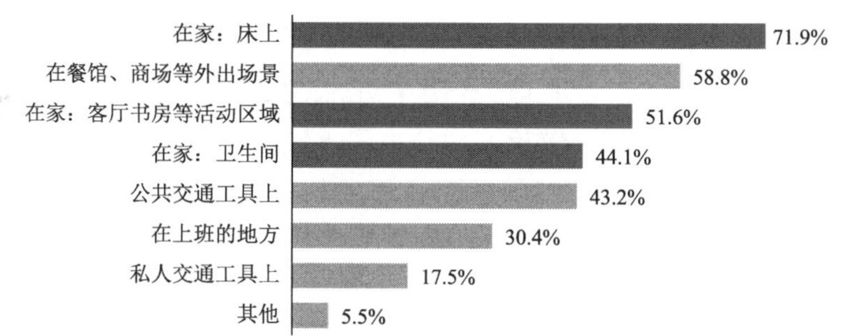

图 2-19　2018 年手机用户看新闻资讯的场所情况

资料来源：2018 中国新媒体趋势报告[R/OL].(2018-12-06)[2019-02-11]. http://www.sohu.com/a/280024480_403902.

移动终端必然要求其内容、服务、社交页面适应于其移动化、小屏化和私密性等特点。为适应移动终端，改善移动用户体验，自 2011 年起，

① 彭兰. 场景：移动时代媒体的新要素[J]. 新闻记者，2015(3):20-27.

中国各大网站专门逐步开发针对移动终端服务的 APP 软件和 H5 技术，推出手机新闻界面，正如学者彭兰指出：“每一个 APP 只提供一种专业内容或服务，界面也是针对每个特定应用的功能诉求和移动终端的屏幕特性而特别开发的，可以更好地为内容服务。”①BreakingNews.com 的客户端推出了 Proximity Alerts 新功能，即通过 GPS 找到你所在位置，将你所在地的头条消息抓取推送给你，包括一些可能发生的自然灾害或者社会运动，如水灾、封路或者罢工、暴乱，等等。显然这是一种“让新闻追着用户跑”的思路，适应了终端移动化的特点。②新华社的“我在现场”是一款基于定位的事实分享客户端，包括“我来报料”“我在现场”“我来解读”和“我的观点”，实现了视频即拍即传、语音发稿、LBS③定位等功能。这款客户端既适应了新媒体的移动化特征，又适应了新媒体的人人参与生产的功能。信息的定制显然是私密性的体现。

不仅新媒体内容要与新媒体特征适配，而且内容所采取的形式也需适应小屏化、移动化和私密性等特征，如许多的移动新闻采取“一分钟读懂”“两分钟了解”“十张图让你知道”等短小精悍的图说样态（详见第四章第一节），显然这种形式符合小屏化的浅表阅读。《人民日报》作为中国共产党党报，一直以来秉持着严肃的面孔，扮演着“阳春白雪”的形象，但其微信公众号却表现出完全不同的“下里巴人”的调侃或质疑的风格，如《婚礼现场新郎接了个电话就跑了，还带走了一堆人！新娘却说习惯了……》《美国说要制裁中国人民解放军？呵呵……》，显然这种内容比较符合私密性空间和社交化目的（详见第五章）。

---

① 金亮. 互联网就是移动互联网？[N]. 人民日报，2013-06-06(19).

② 崔绮雯. 你想要步入“被新闻追着跑”的未来吗？[EB/OL]. (2014-06-20)[2019-02-12]. https://www.ifanr.com/427503.

③ LBS 是 location based services(基于位置的服务)的简称。

表层新闻景观篇

正如早期的景观是商品完全成功地殖民化社会生活的时刻[①]，现在的景观是新媒体完全成功地殖民化社会生活的时刻。

在新媒体所造就的种种景观之中，新闻景观，即新媒体成功“奴役”新闻，绝对是最璀璨的一幕。它由可见的全民记者、千汇万状的新闻样态、活色生香的新闻话语汇聚而成，且它们完全依循着新媒体特征而展开，新闻业由固态转化为液态。[②]

看看人们的朋友圈，全部生活展现为庞大的琐细新闻堆聚。直接存在的一切在无所不在又方便触达的新媒体装置下全都转化为新闻表征。在新闻景观中，不仅真实世界沦为新闻，人们的思维方式也被新闻化。

新媒体将生活殖民为新闻，使人们晾晒、静观得越多，他们生活得就越少，新媒体成就了以新闻为中介的人与人之间的社会交往关系。

如果说文字使新闻具有了一定程度的超脱，电视为新闻涂抹了各种颜色，那么新媒体则让新闻具有了浓重的人间烟火气。

① 居伊·德波．景观社会[M]．王昭凤，译．南京：南京大学出版社，2007：15．

② 陆晔，周睿鸣．“液态”的新闻业：新传播形态与新闻专业主义再思考——以澎湃新闻“东方之星”长江沉船事故报道为个案[J]．新闻与传播研究，2016(7)：24-46．

第三章 新媒体语境下的新闻叙述者：主体类型与主体间性

最早的氏族部落与外界基本隔绝，无论人口数量，还是地理畛域，都在口语传播的范围之内。彼时新闻传播的情形为：部落的人们在完成一天的采集与狩猎之后聚集在一起分别讲述与分享自己所经历的事情，同时做出一些共同决定。在内容上，最早讲述的新闻既包括现在的用户新闻，也包括现在的公务新闻。在这种新闻叙述中，新闻人物和新闻受众处于同一时空未被隔离，新闻人物与新闻叙述者也未被割裂，整个新闻传播过程基本没有中间环节与中介存在，因此，每个人物既是事件的行为主体，也是事件的讲述主体。人们叙述新闻的同时也是在进行交往。

当进入初民社会，部落人口与畛域扩展到口语传播的范围之外，当部落与外面的世界进行交往之时，新闻人物所讲述的信息难以直接抵达新闻受众，于是出现了被称为“人体无线电报”的信使、喊叫者和游吟诗人等传播新闻信息的专职人员。[①]他们最初始的主要功能是为地位高的人尤其是最高统治者传播重大新闻，譬如国家遭受威胁，其中也包括一些公务新闻，如即将颁布和实施的重要法令。这些专职人员就是最初始的新闻中介。随着文字、印刷与模拟式电子媒介的相继诞生，传播与交往的人口与疆域进一步扩张，“人体无线电报”被新型的新闻中介所取代，他们分别是文字时期的新闻抄写员，其工作为收集、抄写、汇编并出售新闻；印刷早期的新闻出版商，其工作为收集、汇编、印刷并出售新闻；印刷晚期的新闻记者，其工作为采访、写作、编辑、

① 米切尔·斯蒂芬斯. 新闻的历史[M]. 陈继静，译. 北京：大学出版社，2014：14-23.

出售新闻。[①]

总之，新闻人物与新闻受众被辽阔的疆域与众多的人口隔离开来，新闻中介即新闻记者及其机构即新闻媒体应运而生。新闻中介的产生意味着新闻事件的行为主体与新闻的叙述主体的身份割裂，即叙述主体从行为主体的身份中剥离，这样行为主体由叙述主体转变为叙述客体的一部分。

当然，新闻中介生产新闻[②]，并未完全消除新闻人物与新闻受众之间最原始、最本真的新闻叙事方式——直接讲述，只是新闻讲述与倾听的公共场所转移到广场、集市、咖啡馆等地方，而非公共场所则转变为家庭餐桌、客厅。这说明不通过新闻中介的直接新闻讲述在场所上或者具有局限性，或者具有一定的隐秘性。因此此时虽然直接讲述仍然存在，但已无能力直接对整个社会进行讲述。因此，在传统媒体时代，除了个别案例和特殊场景，个人讲述的新闻由于难以传播开去，因此不被受众感知。这使得新闻中介的作用愈发突出，俨然成为所有新闻的叙述主体。

当今新媒体语境下，在新闻生产方式仍然保留传统媒体时代的个人讲述新闻、机构发布新闻、媒体复制新闻、记者改写新闻、记者代理新闻、记者创作新闻之外，新媒体还促成了一些新的新闻生产方式：记者策展新闻、智能生成新闻等。概言之，新媒体语境下的新闻叙事及其主体包括三种类型：社会化叙事，其叙述者，即叙事主体包括所有个人和组织机构；职业化叙事[③]，其叙述者，即叙事主体也就是新闻媒体等专业记者或专业组织机构；智能化叙事，其叙述者，即叙事主体为机器人。

---

① 米切尔·斯蒂芬斯. 新闻的历史[M]. 陈继静，译. 北京：北京大学出版社，2014：41，50.

② 此处之所以使用“生产新闻”而非“叙述新闻”，是因为当新闻中介由人工“小作坊”转变为机器化大机构后，新闻叙事就由纯个人的叙述转变为媒体机构集体合作的叙述。由于新闻的产生过程涉及语境的渗透、团队的合作、流水的作业、机器的参与，同时除了叙述新闻事件之外，还有编辑新闻、发布新闻等，类似于其他产品的生产，所以这一完整过程被表述为新闻生产比新闻叙事更为合适。虽然如此，在叙事新闻产生过程中，记者/编辑或作为个人或作为团队对事件的叙述仍然是其整个生产过程中最关键、最重要的阶段，他们也是叙事新闻生产中最核心、最主要的人物。因此本书会根据语境交替使用新闻叙述、新闻生产两种说法。

③ 张志安. 新闻生产的变革：从组织化向社会化——以微博如何影响调查性报道为视角的研究[J]. 新闻记者，2011(3)：42-47.

第一节　社会化叙述者：业余新闻

如上所述，人类最初始的新闻是社会化叙述。新闻的社会化叙述是指社会的所有主体都有机会、平台和渠道叙述能够被受众直接接收到的新闻，而且他们实际生产的新闻所占比例高到能被受众较容易地感知到的程度。

如第一、二章所述，基于数字技术、网络技术、通信技术，以互联网为肇始、方兴未艾的一系列新媒体，一方面大大突破了传统媒体时代信息传播平台与渠道的垄断局限，另一方面使被千山万水阻隔的人们可以无障碍地进行隔空对话，使社会的行为主体（即个人和组织机构）能够弥补其作为新闻叙述的主体缺失，从而回归到原初社会的行为主体和新闻叙述主体合一的状态。于是个人所讲述的新闻（即用户新闻）和组织机构所生产的新闻（即公务新闻）出现井喷现象，实现新闻的社会化生产。

一、个人讲述：公民即兴发布新闻

如上所述，作为最古老的新闻产生方式，个人讲述新闻的充分必要条件是事件的亲历者或目击者直接对新闻受众进行叙述。在口语时代，新闻发布者与听众处于口语能及的同一时空。在新媒体语境里，人口数量的庞大和地理畛域的广阔被无形的互联网消融，任何个人借助社交媒体网络六度的深度和 150 人的宽度都拥有众多显在与潜在的受众，能够随时随地直接为他们讲述自己所亲历或所目击的新闻事件，并与他们进行穿越时空的对话。于是个人新闻讲述由餐桌、客厅和集市、咖啡馆等有形的空间被延伸、转移到包括微博、微信和论坛、专门网站等社交媒体所建立的无形的虚拟空间，由面向家人、熟人转为面向社会，个人的新闻讲述本能与爱好得到了充分的开掘与满足。新闻生产与传播在一定程度和某些方面又回归到初民社会的狭小部落，普通个人向全社会发布新闻的中介又消失了。

从初始的“口语部落社会”到目前的“电子部落社会”，各个时代的个人新闻讲述除了都没有中介，还具有以下共同特点：一是用词与风格较为随意，没有固定的模式，通常带有即兴口头表达的特点。只是在新媒体时代，个人新闻讲述口语文字化或讲述视频化，如微博主“认真的赵先森”的秒拍视频新闻“久等了！请看什么是教科书式的要赖！#唐山黄淑芬#”。因为如此，在蒂科皮亚人的语言中，“新闻”与“说话”是同一个词，即 Taranga。[①]于是此部分用“讲述”而非“报道”来表达，在英语中用 say 而不是用 report 来表示。二是事件一般是个人讲述者所亲历或所目击。三是讲述新闻并不是他们的个人专职工作。借用烹饪的比喻来说，这种场景类似于家庭来了不速之客，饭店已经打烊，只能在家宴客，将就着用家里的食材烹饪家常食物，也类似于世界各地涌现出来的向顾客兜售的各种小吃。

不过，突破场所的局限性或隐秘性而具有社会性的个人新闻讲述虽然存在于各个时代的社会之中，但却只普遍存在于口语时代的初始部落社会和自媒体盛行的“电子部落社会”。

二、机构叙述：官方发布公务新闻

组织机构尤其是政府部门作为官方直接向公众发布公务新闻，与新闻人物直接对人们讲述新闻一样，是最古老的新闻生产方式。在原始部落时代，法律、规定和命令通常是借助各种节日人们聚集在一起时进行宣布。当部落的疆域发展到突破口语传播的时空，官方才借助新闻中介即“喊叫者”“信使”“吟游诗人”等进行传递。之后，公务新闻虽然一直是新闻中介热衷传播的信息，但官方直接向公众发布公务新闻一直存在，如古罗马的《元老院纪闻》（acta senatus）和《罗马平民每日纪闻》（acta diurna populi Romani 或 acta urbana 或 acta）每天都会在公共场所公布。[②]中国古代的新闻传播方式——露布，也是官方直接向公众发布最新信息。

随着职业记者的兴起，官方许多信息就成了他们挖掘与报道的对象。这也是为什么政府部门、机构组织一直是记者的固定采访线路（详见第

① 米切尔·斯蒂芬斯. 新闻的历史[M]. 陈继静，译. 北京：北京大学出版社，2014：8.

② 米切尔·斯蒂芬斯. 新闻的历史[M]. 陈继静，译. 北京：北京大学出版社，2014：41.

九章第一节）。随着大众媒体的兴起，虽然不少政府、组织有自己的专业媒体（许多专业媒体也是大众媒体），但官方仍会主动通过大众媒体将信息广而告之。但无论是专业媒体还是大众媒体，官方的公务信息都会转变为复制新闻或代理新闻（见下述）。即便如此，在传播渠道有限的传统大众媒体时代，许多公务新闻只能局限于内部而无法直接向公众发布。

在自媒体遍地开花的时代，各个政府部门、组织机构都有自己的官网、官博、官微等平台与渠道，实时发布各种公务信息，如图 3-1、图 3-2 所示。Web 2.0 的网络技术使受众能够极其方便地直接跳转到他们感兴趣的政府部门、组织机构及其领导个人（或新闻发言人）的新媒体平台，及时（甚至比大众媒体更早）获取政府、机构、组织、公务人员发布的第一手公务新闻，从而不再依赖大众媒体的复制与代理，如美国前任总统特朗普曾经常通过其个人推特账号发布各种公务信息。

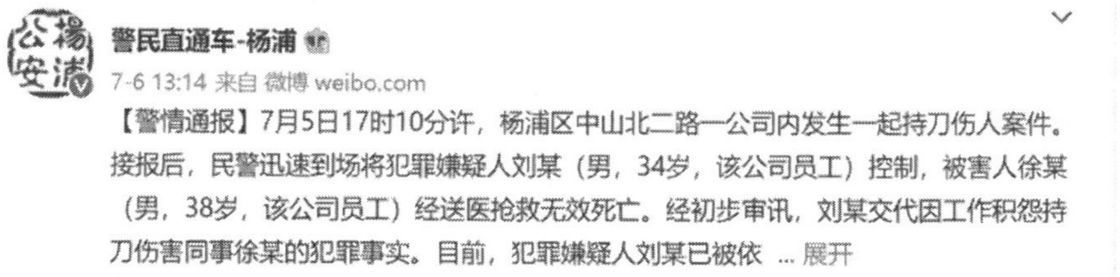

警民直通车-杨浦

7-6 13:14 来自 微博 weibo.com

【警情通报】7月5日17时10分许，杨浦区中山北二路一公司内发生一起持刀伤人案件。接报后，民警迅速到场将犯罪嫌疑人刘某（男，34岁，该公司员工）控制，被害人徐某（男，38岁，该公司员工）经送医抢救无效死亡。经初步审讯，刘某交代因工作积怨持刀伤害同事徐某的犯罪事实。目前，犯罪嫌疑人刘某已被依 ... 展开

图 3-1　上海市公安局杨浦分局官方微博 2021 年 7 月 6 日发布的微博

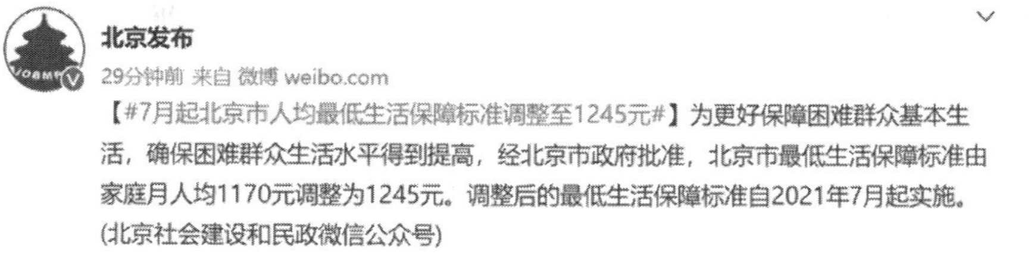

北京发布

29分钟前 来自 微博 weibo.com

【#7月起北京市人均最低生活保障标准调整至1245元#】为更好保障困难群众基本生活，确保困难群众生活水平得到提高，经北京市政府批准，北京市最低生活保障标准由家庭月人均1170元调整为1245元。调整后的最低生活保障标准自2021年7月起实施。(北京社会建设和民政微信公众号)

图 3-2　北京市政府新闻办公室官方微博 2021 年 7 月 14 日发布的微博

普通公民作为用户成为新闻的社会化叙事主体，由于未接受新闻专业训练以及生产时间与动机等，用户新闻难以具有专业新闻的诸多要素和特点。组织机构作为新闻的社会化叙事主体，叙述的是含有公众关心的新事实的公务信息，从而成了新闻，因此也不具有专业新闻的特色。

第二节　职业化叙述者：专业新闻

事件经历者或见证者作为新闻报道者和受众在经过漫长的隔离与割裂之后，作为中介的新闻记者与媒体组织生产新闻的方式逐渐发展为四种：媒体复制新闻、记者改写新闻、记者代理新闻与记者创作新闻。新媒体语境则又促使新闻记者发展了一种新型的新闻生产方式：策展新闻。

一、媒体复制：最原始省力的新闻叙事

在有文字记载以来，新闻专职人员所做的新闻传播工作首先就是新闻复制，如古罗马时期向公众发布的手抄新闻抄录于当时政府发行的内部公告《元老院纪闻》和《罗马平民每日纪闻》。[①]那时的新闻复制除了官方文件与命令之外，还包括复述民间集市上的流言与传言。

在数字式电子媒介产生之前的大众传播时代，新闻专职人员已经转变为职业记者，他们新闻复制的内容主要包括官方文件、官员讲话、其他权威消息来源的陈述，最典型的莫过于每年的政府工作报告，我国许多媒体基本都是一字不落地将其登载出来。

在新媒体语境里，记者复制的新闻除了上述内容，还包括大量的用户新闻和公务新闻，而且采取的是与新媒体相适应的、省时省力的新形式：转发与推送。如人民网 2017 年 5 月 7 日的新闻《两个月后，总理政府工作报告的又一目标落实，跟每个人都有关！》便是复制“中国政府网”发布的文题一致的新闻信息。“人民日报”公众号 2019 年 2 月 16 日的新闻《国家烟草专卖局副局长赵洪顺被查！》也是复制中央纪委国家监委网站（由中共中央纪律检查委员会、中华人民共和国国家监察委员会主办的综合性党务政务门户网站）的同标题新闻。

作为一种新闻生产方式，媒体复制新闻除了原封不动地复制之外，还会采取一些简单的变通，譬如加上一个导语，再加上一些“××说”“××指出”“××表示”等，如 2017 年 5 月 8 日新华社的《习近平向法国新

① 米切尔·斯蒂芬斯. 新闻的历史[M]. 陈继静，译. 北京：北京大学出版社，2014：40-42.

当选总统马克龙致贺电》，就是一篇典型复制习近平贺电的新闻，其中有“习近平在贺电中指出”的变通。又如《新京报》记者李丹丹 2017 年 4 月 8 日的报道《跳楼、上吊、撞火车，官员为何这么极端》，基本是复制了中国科学院心理研究所国家公务员心理健康应用研究中心祝卓宏的叙事。

媒体复制新闻包括两种途径：一种是复制事件本身，如新闻直播、新闻录播；另一种是复制新闻人物、目击者或相关人物对事件的叙述。

二、记者改写：利用已有报道重述新闻

对于媒体组织来说，一方面，定期出版的版面、定期播报的时间以及 24 小时滚动的网页就像一只只“敞开大口，嗷嗷待哺”的“野兽”，需要提供源源不断的“食物”；另一方面，有限的人力、物力和财力难以实现每篇稿件都让记者亲力亲为地采访写作。为解决这一矛盾，通讯社便得以产生。同时，一方面，不同媒体对不同事件的报道可资利用，另一方面，每家媒体又追求着不同于其他媒体的报道。因此，各种形式的新闻改写便应运而生。

根据改写方法的不同，新闻改写可分为以下几种。

第一，综合式，即把几条不同的对同一事件或相似事件的新闻报道综合改写成一条新闻，如澎湃新闻《哈里王子宣布订婚，但求婚时女友居然在烤鹅？！》，便是澎湃新闻记者根据美联社、BBC 和环球网的新闻改写的一条综合报道。

第二，编译式，即把一种语言的新闻改写成另一种语言的新闻，如中评社的新闻《默克尔若卸任将是整个欧洲的悲剧》[①]，其电头专门注明是记者李雅洁编译。一般来说，编译新闻都会指出原新闻的出处，如环球网的《日本亲王迎来 52 岁生日 就天皇退位和长女婚事谈感想》[②]在新闻开头指出是根据日本共同社 2017 年 11 月 30 日报道编译而成的。

---

① 李雅洁. 中评专译：默克尔若卸任将是整个欧洲的悲剧[EB/OL].（2017-11-30）[2017-11-30]. http://hk.crntt.com/doc/1048/9/5/7/104895721.html?coluid=0&kindid=0&docid=104895721.

② 屈腾飞. 日本亲王迎来 52 岁生日 就天皇退位和长女婚事谈感想[EB/OL].（2017-11-30）[2017-12-1]. http://world.huanqiu.com/exclusive/2017-11/11413131.html.

第三，改编式，即把一种符号形式的新闻改写成另一种符号形式的新闻，如把视频新闻改写成文字新闻，不少新闻是记者根据网友在微博发布的视频所进行的报道，如各大媒体的报道《初中生当街暴打残障母亲》基本都是根据朋友圈传出的视频写成的。

第四，摘要式，即把一条新闻改写成一条摘要式的新闻，如中央人民广播电台的新闻播报节目《新闻和报纸摘要》便是以摘要的形式播送国内外要闻和中央报纸的言论。图 3-3 就是一条摘要式新闻，是“看看新闻KNEWS”对@认真的赵先森的微博新闻《久等了，请看什么是教科书式的要赖！》的摘要报道。

图 3-3　摘要式新闻

第五，侧重式，即根据一条内容较为完备的新闻改写成一条只报道其中一个侧面的新闻，不同媒体在接收到相同的通讯社的报道后会根据自身媒体的定位侧重报道其中的一个或几个方面的内容。

第六，背书式（详见第四章第一节），因用户新闻的真实性与可信度存疑，或者因公务新闻的含糊性，记者借助采访权对相关人物或部门对用户新闻的真实性进行认证，如新闻《红网张家界站记者证实 网传“外地人到慈利县偷孩子”是谣言！》[①]便是对微信发布的新闻的证否；或者对公务新闻的含糊之处进行明确报道，如“看看新闻 KNEWS”微博 2016 年 9 月 16 日发布的简短新闻：“经看看新闻 Knews 记者证实，死者系乔任梁”，便是针对同日@警民直通车-上海微博发布的一乔姓男子死亡通报中的死者姓名不详的背书（图 3-4）。

① 张红. 红网张家界站记者证实 网传“外地人到慈利县偷孩子”是谣言！[EB/OL]. (2016-03-24)[2017-11-30]. http://www.zjjzx.cn/news/szyw/823319.html.

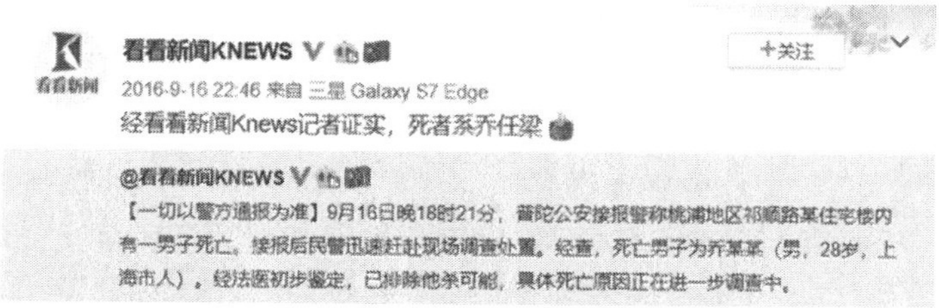

图 3-4　背书式新闻

三、记者代理：代替人物叙述新闻

记者代理指新闻人物或目击者因种种原因不能进行新闻报道，而事件本身又值得告知公众，于是新闻记者陪同或假扮新闻人物经历或从新闻人物或者目击者处了解某一新闻事件之后代替新闻人物报道事件，如新华网 2017 年 4 月 8 日的报道《彭丽媛参观巴克艺术中学》①，彭丽媛在参观美国巴克艺术中学之时与之后，不可能再专门抽出时间向受众讲述其参观过程。因此官方许多活动都会派遣记者随行，目的便是代替官员或官方向大众报道新闻事件。

记者主要采取如下三种方式来完成代理工作。

第一，扮作新闻人物体验事件。在新闻代理当中，新闻记者的角色就像被全权委托的律师一样，其撰写新闻即代理新闻的功能也如同律师为当事人出庭辩护的功能。为了弄清案件的来龙去脉，为了找到案件的蛛丝马迹，律师往往要到现场进行调查取证，甚至要体验一下与案件有关的委托人的生活与工作。记者也是如此，为了深入了解所代理的事件，并使事件报道更真实、充分、生动，常常采取“体验式采访”，如 1997 年上海《新民晚报》综合新闻版“体验式采访札记”一栏推出的《人生旅途的最后一站——龙殡一号殡葬工手记》一文，通过记者到殡仪馆当殡仪工，把人们闻所未闻的殡葬工的工作工序及其甘苦代替殡葬工告知大众。又如 2001 年，中央电视台某栏目记者在西安假扮文物贩子到当地有名的盗墓村进行了历时七天七夜的暗访，偷拍并报道了盗墓者团伙分工合作、包干到人、责任明确的盗墓全过程。

① 彭丽媛参观巴克艺术中学[EB/OL].（2017-04-08）[2017-12-01]. http://news.xinhuanet.com/world/2017-04/08/c_129527778.htm.

第二，作为旁观者观察事件。为了观察事件与人物的真实面貌，获取事件真实的第一手资料，记者往往会跟随事件当事人前往现场并目击整个事件，如《彭丽媛参观巴克艺术中学》；或者采取隐性采访，尤其是曝光性质的事件，如《都市晨报》2015 年 3 月 3 日的报道《重病乞讨者起身能走 中午专人送米线鸡蛋》[①]的主体部分，便是记者 2015 年 2 月 27 日从上午 10 点到晚上 9 点多在近处的肯德基店内偷偷观察两名结伴行乞人员后的客观记录。

第三，作为采访者倾听事件。许多事件在发生当时，记者没办法亲历或观察事件，只能在事件发生之后，在采访中通过倾听新闻人物或相关人物的事件叙述，然后梳理、整合并报道事件的发生、发展过程，如《楚天都市报》2017 年 12 月 1 日的《约情人杀夫，找闺蜜“寻夫”，她比潘金莲更戏精，未料亡夫漂回老家》，便是记者倾听了办案民警的讲解之后生产的新闻，又如《都市快报》2017 年 11 月 29 日的新闻《杭州一男子喝醉后在业主群一千一千地发红包，邻居看不下去，把他踢出群》。

记者代理新闻，有的是记者主动代理，如《人生旅途的最后一站——龙殡一号殡葬工手记》；有的是记者受托代理，如《重病乞讨者起身能走 中午专人送米线鸡蛋》，便是接到市民刘先生的热线电话后所进行的暗访报道。

我国规定，有关重大政治事件，只能转载新华社的新闻报道。这意味着，重大政治事件，新华社被指定为官方的事件报道的代理者，如 2017 年 5 月 14 日新华社发表的《习近平出席“一带一路”国际合作高峰论坛开幕式并发表主旨演讲》，便是记者李忠发、王慧慧、李舒代替主办方发布的新闻，是一篇典型的代理新闻。

记者代理，在各个领域的新闻报道都普遍存在，许多媒体每天所接收到的众多的公民或组织机构的爆料或报道邀请便是明证。但在人们的认知中，人们往往只把有偿新闻看作是记者代理。事实上，有偿新闻是记者代理这种新闻生产方式的不正常形式。

记者代理所生产的新闻脚本基本由新闻人物或新闻事件发生的机构

---

① 沈扬. 重病乞讨者起身能走 中午专人送米线鸡蛋[N]. 都市晨报，2015-03-03(A04).

所设定与提供，记者只是根据事件本身的顺序进行叙述，不需进行大力采访，即便是作为旁观者观察事件，也只是把自己所观察到的事件进行如实叙述。记者代理如同记者作为观众看完了一场演出，再向其他没有机会观看的人们用文字或自己拍摄的图片或视频片段汇报故事情节。

四、记者创作：自主研制的新闻叙事

记者创作新闻是指新闻记者自己寻找选题，自己设计采访调查计划与报道思路，最后写成/制成新闻成品，这是真正考验记者功力的新闻生产方式，如《柴静雾霾调查：穹顶之下》《崔永元赴美考察转基因纪录片》等。

记者创作的新闻有两种：一种为事件还原型新闻创作，这种事件通常过程复杂，不是由人们策划而产生，无人目睹事件全过程，或者真相扑朔迷离，记者需要花费不少的时间与精力进行采访以还原事件，如《纽约时报》的著名融媒体新闻《雪从天降：塔尼尔科瑞克的雪崩》；另一种为问题/现象调研型新闻创作，即记者根据现实社会存在的某现象或问题进行调研撰写而成的新闻，如上述《柴静雾霾调查：穹顶之下》《崔永元赴美考察转基因纪录片》等，数据新闻通常也是这种类型的新闻创作的典型代表。当然，记者创作中的第一种“事件还原型新闻”算作新闻叙事（即叙事新闻），第二种通常是新闻论证（即论证新闻）。

媒体复制新闻、代理新闻和创作新闻的区别可用戏剧表演的情形进行类比。新闻复制如同记者把录制好的戏剧表演在不同的地方播放，即记者只是播放者；新闻代理则是记者根据已编好的剧本进行表演，即记者通常只是表演者，偶尔会有微调整；而创作新闻，记者需要根据事件、问题或现象写剧本，然后进行表演，即进行自写、自导、自演，记者承担了剧本写作者、导演和表演者三种角色。

五、记者策展：为导航整合叙述新闻

人类传播经历六个阶段，五次信息革命，每次信息革命都导致信息的极大丰富。但直至 Web 2.0 时代，社交媒体让人人都能随时随地生产信息，信息才真正急剧膨胀、爆炸，如截至 2020 年 6 月，中国网民规模超过 9.4 亿[①]；微博月活跃用户已超过 5.23 亿[②]，微信/WeChat 合并月活跃账户数达 12.06 亿。[③]截至 2020 年 9 月，抖音日活跃用户破 6 亿。[④]这一庞大人群自然产生庞大的信息。2020 年 YouTube 用户每分钟会上传 35 个小时的新视频[⑤]，脸书每分钟新增约 32 个状态。[⑥]针对互联网上一天所产生的信息量，中国工程院院士邬贺铨早在 2012 年表示约有 800EB，如果装在 DVD 光盘中要装 1.68 亿张，装在硬盘中要装 80 万个[⑦]；据 IDC 发布《数据时代 2025》的报告显示，2018 年全球每年产生的数据有 33ZB，2025 年将增长到 175ZB，如果把 175ZB 全部存在 DVD 光盘中，那么 DVD 叠加起来的高度将是地球和月球距离的 23 倍，或者绕地球 222 圈；个人以目前美国的平均网速（25Mb/秒）下载完这 175ZB 的数据需要 18 亿年。[⑧]因此，人们常用“信息爆炸”“信息超载”形容互联网上这种浩如烟海的信息。

如前所述，由于新闻生产主体增多，一个事件爆发之后，用户的业余新闻、媒体的专业报道、官方的各种回应，信息层出不穷，铺天盖地，让人应接不暇，无从着手；而且这些新闻都是实时的、碎片化的，像滔滔不绝的江水，让人疲惫不堪，焦虑紧张。与此同时，这些碎片化的信

① 中国互联网络信息中心. 第 46 次《中国互联网络发展状况统计报告》[R/OL].（2020-09-29）[2020-12-01]. http://www.cac.gov.cn/2020-09/29/c_1602939918747816.htm.

② 数据源自新浪微博 2020V 影响力峰会官方账号@超级红人节 2020 年 10 月 19 日的推文：https://weibo.com/5903942716/JpUjX3QTA?from=page_1006065903942716_profile&wvr=6&mod=weibotime&type=comment#_rnd1610376826764.

③ 微信及 WeChat 合并月活跃账户数达 12.06 亿 环比增长 0.3%[EB/OL].（2020-08-12）[2020-01-22]. https://www.chinaz.com/2020/0812/1170497.shtml.

④ 巨量引擎发布视频社会生产力报告：超两千万人在抖音上获得 417 亿元. [EB/OL].（2020-12-23）[2021-01-21]. https://www.seoxiehui.cn/article-271074-1.html.

⑤ YouTube 还将上传视频的时间上限从 10 分钟增加到 15 分钟. [EB/OL].（2020-04-07）[2021-01-21] http://www.ineng.org/jinrong/202004/22309.html.

⑥ 小稣童. Facebook 的 2020 大数据统计，人口统计和趣闻[EB/OL].（2020-02-26）[2021-01-21]. https://www.snswhy.com/archives/1819.html.

⑦ 蒋均牧. 邬贺铨：互联网一天信息量等于 1.68 亿张 DVD[EB/OL].（2012-11-11）[2017-12-02]. https://www.21ic.com/news/rf/201211/419701.htm.

⑧ 不可思议的数字：互联网每天到底能产生多少数据？[EB/OL].（2019-04-15）[2021-01-21]. https://www.sohu.com/a/307947648_99950936.

息良莠不齐，真假难辨，而且很快便淹没于水喷泉涌般的互联网新闻流与信息流之中。为缓解受众紧张疲惫的情绪，满足受众了解事件来龙去脉的需求，职业记者采纳博物馆策展的方式来叙述新闻。

“策展”（curation）意为策划、筛选并展示，源自应用于西方艺术展览领域的术语。专业的策展人（curator）从众多艺术作品中筛选出质量上乘的作品，通过策划、布展等流程最终将作品公开展示出来。

记者策展新闻主要包括两项工作：专业化筛选与结构化呈现。记者筛选新闻包括两方面：一是从被报道的不计其数的事件流中打捞出具有新闻价值的事件，就像艺术策展人从众多艺术品中挑选出高品质的相关作品一样；二是从有关被打捞出的事件的碎片化的、鱼龙混杂的新闻流（包括用户的业余新闻、官方的各种回应、媒体的专业报道、受众的各种评论等）中筛选出最真实、最有价值的新闻信息。

记者呈现新闻是一个结构化组合与观念提炼的过程，也包括两个方面的工作：一是缝合碎片化信息，即把筛选出的有关事件的碎片化新闻进行梳理、结构化组合和穿针引线式的缝合，以呈现事件发展脉络，还原事件真相，因此这一过程又被形象地称为建构“故事包”；二是提炼主题，即对事件语境进行解读，对事件发展进行点评，对事件趋势进行预测，对事件本身进行评论，等等，以深化报道，提炼主题。如图 3-5 是一位高考生错过入场时间的“故事包”示意图。

上面的这则典型的策展新闻显示：策展的内容既包括传统媒体的报道，也包括新媒体用户的报道，并且还给予原报道的截图或链接。因此，策展的内容是真实、透明、可信的，就像艺术策展的作品是真品（偶尔会有真品的复制品）。显然，策展新闻是对已有的新闻叙事进行整合，以把碎片化新闻形成一篇完整报道。其实，这种整合报道在新媒体产生之前早已存在，只是传统媒体时代的整合报道，其内容是仅包括同行媒体报道和采访所得，而新媒体语境下整合报道的信息不仅来源于同行媒体报道，还来源于用户新闻和公务新闻；之前采取隐藏的方式，既不给予受众原有新闻链接，也不在形式上进行标示，是改编过的单篇新闻。而目前采取透明的方式，用户既能通过链接阅听原新闻，也能通过形式

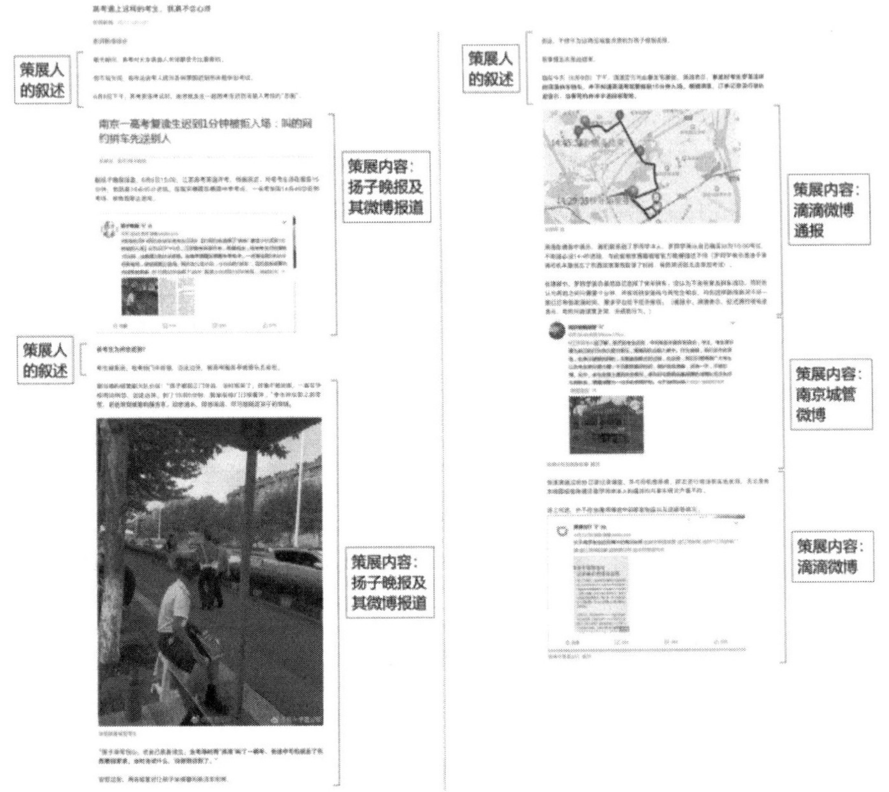

图 3-5 记者策展新闻

辨识新闻信息的来源，如同行媒体的 logo、公民微博的截图，都是组合过的新闻包裹，策展主体的叙述话语与被策展的内容区隔明显；之前的改写整合通常采取一种叙事元素，要么视频，要么音频，要么文字，现在则是采取多种叙事元素，图像、音频、视频和文字兼顾。

新闻机构作为策展人其实是起到了“导游”的作用，帮助用户在海量的信息中寻找应该了解的事件和值得注意的报道，就像导游带领游客游览，如在北京旅游时，导游选择故宫、颐和园、长城，然后再把各个地方的主要景点的主要内容进行讲解。他们所介绍的各景点内容基本都是重复的或官方或历史的叙述。

新闻策展，无论是新闻筛选阶段还是呈现阶段，都会受到记者个人的新闻敏感性、新闻价值观、政治预先立场、认知刻板印象等诸多主观因素的影响。

策展新闻最初的主体是记者与新闻媒体，后来出现了一批便利于网民和新闻记者对网络信息进行整合的网站，如 storify.com 和 scoopit.com，于是公民个人也能进行新闻策展。①虽然如此，策展新闻仍主要出自专业记者之手。

任何领域，业余产品总是需要专业人士来把关、打磨和提升。虽然新媒体促成了大范围的新闻生产社会化，但专业的新闻媒体的作用仍然非常凸显：一是把事件的碎片化报道整合为事件的完整报道，让受众了解事件全貌；二是用户新闻的真实性和事件细节需要他们的专业背书与求证；三是公务新闻需要他们解读或去粗取精，即去除其中不含新闻价值的公务信息，提取其中的新闻事实；四是许多新闻事件需要他们代理，不然将难以进入公众视野；五是潜藏在事件、现象表面下的深层事实需要记者们的深入调研、挖掘与报道。

第三节　智能化叙述者：算法新闻

人工智能技术的开发与突飞猛进，使得人类社会出现了一种新型的新闻叙事主体：机器人。不可否认，机器人是一套由人所开发的程序。但正如技术自主论所指出的，技术追求自身的目标，并用自身的逻辑来发展。技术的自主性导致人类的自主性和控制权的丧失。②谷歌旗下的 DeepMind 公司所发布的最强版“阿尔法狗零”（AlphaGo Zero）是智能机器人作为主体的自主性和创造性典型的体现：其仅用了单一的神经网络，在没有使用任何人类围棋数据的情况下，通过深度学习自学成才，下出了真正属于“人工智能”的围棋。同时，它还独立发现了游戏规则，并走出了新策略，为围棋这项古老游戏带来了新的见解。③著名物理学家斯蒂芬·威廉·霍金（Stephen William Hawking）认为，人工智能完

① 邓建国. 筛选与呈现：信息疲劳背景下的移动内容传播新趋势——以雅虎新闻摘要与 NYT Now 为例的分析[J]. 新闻记者，2015(6)：16-24.

② 刘桂英，任玉凤. 温纳的技术自主性思想[J]. 科学技术与辩证法，2004(3)：85-88.

③ 王心馨，虞涵棋. 阿尔法狗再进化：自学 3 天就 100：0 碾压李世石版旧狗[EB/OL]. (2017-10-19)[2017-11-13]. http://tech.sina.com.cn/it/2017-10-19/doc-ifymyyxw3582580.shtml.

全有可能超越人类的智慧水平，摆脱人类的控制，它的全面发展将导致人类的终结。①由于机器人是由人类创造出来的，而非自己繁衍，因此被称为“人工主体”②。

智能机器人作为主体在新闻生产领域的展现便是智能生成新闻（之所以用“生成新闻”这一表述，在于机器人生产新闻既快速、自然，从表面看又非常简单，就像人说话一样自然）。智能生成新闻（又叫机器生产新闻、机器人写作新闻、计算机新闻写作等），是人工智能技术在新闻生产领域的应用，指基于人工智能、数据挖掘、自然语言处理等技术的机器装置，根据特定的程序与算法，将主动获取与被动输入的数据与信息自动生成为新闻成品。③因此智能新闻又常被称为算法新闻。④

虽然基于模板的文本生成研究始于20世纪90年代，但第一篇真正的智能新闻直到2009年才生成，是一篇关于大学棒球比赛的报道。⑤2010年美国的自动化洞察（Automated Insights）公司和叙事科学（Narrative Science）公司分别将其研发的自然语言生成平台Wordsmith和Quill投放市场。这时的机器新闻已不再局限于新闻写作模板，而是类似于人脑的深度学习，即根据算法设计抓取数据中的事实“颗粒”，再根据数据分析技术理解每一个数据和每一个数据所对应的模板，然后自动组合生成，如腾讯新闻写作机器人Dreamwriter项目成员刘康指出：“体育新闻报道要求欣赏到其中的细节，因此Dreamwriter要把每一个点都打得很‘碎’，最后‘组合’起来。比如说报道奥运会的跳水比赛，这是Dreamwriter表达最生动的一个范例。比赛中，每一个运动员都有一套专业得分，包含了走板、空中姿态、入水水花效果等。在Dreamwriter学

---

① 人类会如何灭亡？霍金的这三种警告引人深思[EB/OL].（2016-05-11）[2017-11-28]. http://www.sohu.com/a/74788783_155403.

② 童天湘. “脑的设计”·“机器思维”·“人工主体”——人工智能提出的哲学问题[J]. 编辑之友，1981(4)：26-32.

③ 曹三省. 新闻机器：智能传媒之路又一程[J]. 青年记者，2016(6)：26. 金兼斌. 机器新闻写作：一场正在发生的革命[J]. 新闻与写作，2014(9)：30-35.

④ 冯月季. 反叙述：算法新闻的符号哲学反思[J]. 编辑之友，2020(1)：74-78.

⑤ STEVEN L. Can an algorithm write a better news story than a human reporter? [EB/OL]. (2012-04-24) [2017-11-28]. http://www.wired.com/2012/04/can-an-algorithm-write-a-better-news-story-than-a-human-reporter/all/1.

习过程中，它把每一步的得分都打散了，在数据库里随意组合抓取，同时综合赛事本身的规则，最终把这些分数还原成一套表述……因此在写作时形成了一套自己的章法，几乎相当于人工写作。”[①]机器人不仅能写作，还能采访。2017 年两会期间，新华社 i 思机器人记者将声控识别、人脸识别、情绪识别等技术集于一体，达到模拟人类记者实际采访的程度。

虽然机器人写作与采访借助了人工程序、写作模板或采访模板，但是记者从自然人到社会人的社会化过程和所受到的专业训练，难道不是给人类大脑装配人工程序、写作模板和采访模板吗？因此美国学者约翰·塞尔（John Searle）指出：“人脑不过是一台数字计算机，人心不过是一种计算机程序。”[②]另外，德国社会学家加布里埃尔·塔尔德（Gabriel Tarde）在其经典著作《模仿律》（*Les Lois de L'Imitation*）中指出：模仿是最基本的社会关系，社会就是由互相模仿的个人组成的群体。因此，笔者以为，不能因为机器人是根据程序和模板来模仿人类的写作与采访，就否定它在一定程度上所具有的主体地位。基于此，机器人写作的新闻往往会被注明由机器人所写，而非由机器人的开发团队所写。也许一段时间之后，就像阿尔法狗（AlphaGo）由模仿人类棋谱到下自己的棋谱一样，新闻机器人也会脱离人类的写作模板，运用类似人脑的神经网络系统，写出自己的新闻报道。

智能生成新闻最早运用于进行数据处理的财经、体育等领域的新闻，然后在地质、气象、健康等领域得到了极大的拓展，如 2014 年美国时间 3 月 17 日早上 6 时 25 分，加州发生 4.4 级地震，《洛杉矶时报》*(Los Angeles Times)* 自主研发的地震新闻自动生成系统 Quakebot，仅用 3 分钟就生成了新闻，使得该报成为首发此新闻的媒体。

我国首条智能生成的新闻是 2015 年 9 月 10 日由腾讯公司开发的自动化新闻写作机器人 Dreamwriter 发布的财经报道：《8 月 CPI 同比上涨 2%创 12 个月新高》。随后，2015 年 11 月 7 日，新华社推出“快笔小

---

①腾讯 Dreamwriter：自动化新闻发展之路 媒体调研报告之六[EB/OL]. (2017-02-16) [2017-11-28]. http://dy.163.com/v2/article/detail/CDE87HS605259I38.html.

② 约翰·塞尔. 心、脑与科学[M]. 杨音莱，译. 上海：上海译文出版社，1991：20.

新”机器人，供职于体育部、经济信息部和《中国证券报》。

目前智能新闻的生成过程如下：第一，获取数据。根据不同报道领域，智能生成新闻平台会与相关领域的数据库直接相连，如上述的《洛杉矶时报》的地震新闻系统 Quakebot 便直接与美国地质勘探局的动态数据监测相连。第二，分析数据。这些软件不仅分析通过各种途径获取的各种形式或格式的新数据，还将它们与相关的旧数据进行横向与纵向的对比分析，以找出新闻点。第三，提炼观点。根据所搜集的数据和所分析的结果，寻找数据之中的相关关系和其中的新闻价值，揭示数据的意义与趋势。第四，合理叙述。利用自然语言生成技术将数据与观点进行结构化，并根据需要进行合理化甚至个性化叙述，以生成各种形式的文本，如腾讯财经发布的智能新闻有“常规版”“研判版”“民生版”三个版本。第五，推送文本。将得到合理化叙述的文本实时地推送给指定的平台。①

虽然智能新闻和数据新闻（详见第八章）都建立在数据的获取与分析之上，但二者具有显著的不同。智能新闻通常是从微观层面对事实进行碎片报道，如每天的股价、比赛分数，因此只要不多甚至很少的一点新数据便能写成一篇报道，所以财经、体育、地震等成为智能新闻的重镇。不过，机器人为了报道新闻需要消化大量数据，但这种数据消化只不过是一种知识学习，这些数据并不会呈现在智能新闻中，就像一个人要成为专业记者，从小学到大学要读很多书籍一样。数据新闻则通常是从宏观层面对事实、现象或问题进行全面或深度报道，因此，只有分析并呈现众多甚至是海量的数据才能支撑一篇报道。总之，许多的智能新闻是点上的新闻叙事，而数据新闻则通常是面上的新闻论证。②

新闻的智能生成在未来所开拓的领域将会越来越广，所占的比重也会越来越大，美国 Narrative Science 公司的首席技术官克里斯蒂安·哈蒙德（Kristian Hammond）预测，电脑撰写的新闻将会达到 90%

---

① 蒋枝宏. 传媒颠覆者：机器新闻写作[J]. 新闻研究导刊，2016，7(3)：46，75. 金兼斌. 机器新闻写作：一场正在发生的革命. 新闻与写作，2014(9)：30-35.

② 曾庆香，陆佳怡，吴晓虹. 两极与互补：新媒体语境下的新闻样态与图景[J]. 新闻记者，2017(8)：43-51.

以上。[①]智能新闻的广阔前景还体现在其开创者们雄心勃勃要摘得普利策新闻奖。[②]随着强人工智能和超人工智能的诞生，机器人的主体地位将会被越来越多的人所认可。

作为一种新闻生产中介，机器人产生的主要原因有：一是程式化的新闻报道，许多种类的新闻报道，譬如财经新闻、体育新闻等程式化严重，只需把相关新信息代替旧数据即可，不需要太多的创造性；二是工作效率，在信息化的时代，人们追求分秒传播，即便是简单的程式化写作，对于记者来说，需要的时间也比机器的时间要长，新华社的“快笔小新”3 秒钟就能生成一篇财报分析；三是工作时间，作为人类中介，记者总要休息，但夜间发生的新闻需要及时报道。简言之，程式化的新闻写作为目前弱人工智能进行新闻生产提供了可能性，而工作效率的追求和工作时间的不停歇则为智能生产新闻提供了必要性。虽然智能生成新闻的初衷是使记者从简单繁重的写稿任务中解放出来，但在某种程度上，它也是人类适应互联网技术的一种策略，是技术自主性的一种体现。

第四节　新闻叙述者：主体性与主体间性

主体和主体性是哲学的认识论阶段的最基本范畴，相对于客体而言，主体指对客体进行认识活动和实践活动的承担者。主体性是在“主体-客体”关系中的主体属性，即作为认识活动与实践活动的主体所具有的本质属性，主要体现为自主性。而主体间和主体间性则是哲学的语言学阶段的重要概念，主体间指两个或两个以上主体的关系。主体间性则指“主体-主体”之间的关系的内在特征，主要体现为交往，即对话、互动、理解、共识。

一般情况，主体是作为一个总体概念来使用的，但在现实中，主体

---

① STEVEN L. Can an Algorithm Write a Better News Story Than a Human Reporter? [EB/OL]. (2012-04-24)[2017-11-28]. http://www.wired.com/2012/04/can-an-algorithm-write-a-better-news-story-than-a-human-reporter/all/1.

② 刘霞. 美用机器人记者报道体育赛事[EB/OL]. (2011-09-22)[2017-11-30]. http://scitech.people.com.cn/GB/15724957.html.

通常是一个具体概念，即从事某项具体实践活动的人，譬如在新闻事件中，既涉及事件行为主体，即行为者；又涉及事件讲述主体，即新闻生产者。

新媒体语境下的新闻社会化、职业化和智能化叙事，使全体社会的行为主体，包括自然人和法人即组织机构，甚至一定程度上智能机器人，都变成了新闻的叙述主体。因此，在新媒体语境中，新闻叙述主体在整个人类社会中无所不在、无时不在，像一张巨大无比的网络。这张主体网络是所有人面向所有人的新闻生产。这些新闻叙述主体，既包括新闻自理生产者，即用户新闻和公务新闻的生产者，他们是行为主体与新闻生产主体的合一；也包括新闻代理生产者，即专业记者和智能机器人，他们是行为主体因种种原因而把自己的新闻叙述主体功能让渡给中介。

从主体角度来说，新闻自理叙事，是个人或组织机构作为社会主体最完满的体现。因此，从主体地位来说，社会化新闻叙事，即用户新闻和公务新闻是最理想的新闻生产方式。在职业化新闻叙事中，中介虽是新闻生产主体，但其主体性却受到了行为主体程度不一的牵制。例如，媒体复制这种生产方式，记者自主空间较小，只有记者创作，其主体性才能得到充分展现。

在新闻传播中，新闻叙事主体，不仅要言说客体，即新闻事实，而且要进行交往，即在其他主体之中进行传播，让别的主体理解。因此，新闻叙事既能体现主体性，又能体现主体间性。在传统媒体时代，这种交往近似于无，因为它只是一种告知，其他主体只是作为一个“他”存在，一个无法直接沟通，也无法附和与回应，更无法进行争论与更正的想象主体。因为无法与叙事主体交流，受众的主体地位没有机会展现，主体间性亦未得到体现。因此是一种“我-他”传播。但在 Web 2.0 的时代，这种交往已经变成真正的沟通，能被叙事主体感受，它包括两种：一种是“我-你”传播，即仍然以新闻叙事主体为主，受众只是进行包括浏览、评论、转发等简单回应，即“你”只是事件旁观者，是旁观主体，其主体地位有一定程度但未充分显示；另一种是“我-我”传播，即新闻事件发生之后，事件涉及的多方主体都将进行信息生产，在此基础上他们进行对话、协商，以求达到一种共识，如“江歌事件”中，江歌妈妈、刘鑫、陈世峰、日本检察官、日本法官等都对事件的发生过程进行判断、描述。不仅如此，众多受众也会根据自己的背景、知识等进行深入思考、推断。有时，甚至这些受众作为主体所进行的信息生产也会被大范围传播。因此，在“我-我”传播中，多方传播者的主体地位都得到了充分展示。因此，在具有跨越时空交流特征的新媒体语境中，无论是新闻自理叙事主体还是代理叙事主体，在新闻告知的基础上，叙事主体与其他主体，包括受众作为主体之间已经实现对话、互动、理解，甚至达成共识。

总之，新媒体语境中的新闻叙事图景，不仅实现了每个社会主体在新闻叙述上的自主性，即新闻叙事的主体性，而且使新闻叙述不仅是告知，而且是互动与交流，甚至是理解与认同，从而使整个新闻叙事主体网络实现了主体间性。反之，在主体间性的实现过程中，新闻叙事者的主体性进一步得到了完善、丰富和强化。

第四章 新媒体语境下的新闻叙事样态：两极叙事与功能互补

人类社会的组成单位是个人。但在现实社会，人口数量庞大到近 80 亿，世界面积达 5.1 亿平方千米，个人只能被整合到各种群体与组织之中。如第二章所述，在以节点为结构的扁平化互联网世界，每个人都是一个平等的节点，意味着个人从群体与组织中被解救出来，人类社会的信息表达在一定程度上真切地回归到个人。同时，建立在 Web 2.0 技术上的社交媒体，使个人节点从静态、被动的“僵尸”化存在因话语表达而转变为动态、主动的活色生香化存在。社交媒体和节点结构的完美结合确保了每个人向世界说话和世界能听到每个人的话语的机会。美国著名学者迈克尔·舒德森（Michael Schudson）在研究了美国 300 多年的新闻发展史后指出，新闻工作者以一种“适合”读者和作者的社会方式来报道，这个社会或时代的惯例不是另一个社会或时代的惯例。[①]因此在漫长的数字化生存中，专业记者和业余记者（此文的业余记者指临时承担了报道新近或正在发生的事实的职责但未取得记者证不从属于任何媒体机构的人员，国外通常称为公民记者）开发了新媒体时代所独有的新闻叙事模式，颠覆了传统媒体长久以来形成的新闻生产机制与新闻呈现样态，形成了一幅新的互相补充的新闻叙事图景。

新闻叙事样态与第六章的新闻叙事模式不同。如果说叙事模式是一种抽象的叙事逻辑、叙述顺序的话，那么新闻叙事样态则是在叙事模式规制下所呈现的具体的新闻叙事的外在表现形态。

① 迈克尔·舒德森. 新闻的力量[M]. 刘艺娉，译. 北京：华夏出版社，2011：51.

新媒体给新闻叙事带来了比传统媒体更多的可能性，导致新闻对事件的报道除了叙事的方式外，还有图谱方式。虽然图谱新闻不一定是新闻叙事，但一是为了将对事件的报道全部涵括进来，二是为了呼应后面的数据新闻，仍将并非叙事的图谱新闻作为例子进行了论述。同时，本书在为清单式新闻和图说式新闻举例时，也举了部分非叙事新闻，以便于对它们进行全面认知。

第一节　“人人参与”与新闻呈现样态

互联网、社交媒体和手机移动端的结合使每个人、每个组织都有机会参与新闻叙事。人们的参与包括提供内容和选择内容，提供内容是以生产者的身份进行，选择内容是以使用者的身份实施，这虽然冲击了专业媒体作为新闻事件第一报道者的地位，但也促使它们开掘出其他新闻叙事形态。下面结合不同新闻生产者、新闻生产状态及其导致的具有特色的新闻叙事的外在形式等三方面对新媒体语境下的新闻叙事新样态进行分类分析。

一、即兴新闻与套娃式新闻

任何时代，或出于好奇等天性，或出于安全等实用，任何个人都既有倾听新闻的渴望，也有讲述新闻的冲动。[①]社交媒体，尤其手机移动终端与社交媒体的完美结合，如脸书、推特、微博、微信，激发了人们随时随地即兴讲述与发布新闻的冲动，于是人人都成了“记者”“发报机”“通讯社”，即通过视频、图片、文字等形式在微博、微信等平台便捷地发布自己所经历或所见证的新闻事件。于是普通公民的用户新闻铺天盖地，充斥于整个网络。

虽然用户新闻一般是个人报道所经历或所目击之事，但从本质上来说，绝大多数普通公民的用户新闻都是一种即兴的社会新闻报道，因为绝大多数普通公民作为新闻叙事者既没受到新闻专业训练，生产新闻的过程又匆促且毫无准备，很少有调查、证实等环节。这种即兴报道导致

① 米切尔·斯蒂芬斯．新闻的历史[M]．陈继静，译．北京：北京大学出版社，2014：7-13．

新闻难免存在虚假、片面、主观等现象，随着不同个人的参与报道，用户新闻时常出现舆论反转现象，如《“路怒”激起众怒 成都男子暴打女司机数万网友谴责》①。因此，先“出版”再“过滤”的用户即兴新闻便需要具有公信力或权威性的专门机构如新闻媒体或相关部门来证实或证伪，于是就出现了背书式新闻。

背书，来自英文的 endorse。本意是指持有票据的人转让票据时，在票据背面批注并签名盖章。经过背书的票据，付款人不能付款时，背书人负付款责任。此外，背书还表示对某人或某事表达正式的支持或同意。

因用户新闻的真实性与可信度存疑，需要具有采访权的新闻媒体与处置事件的相关部门对用户新闻进行认证，于是催生了大量的背书式新闻。如 2017 年 3 月 14 日 21 时 20 分许，成都市武侯区发生一起车辆冲撞交警检查卡点事件。目击者率先把拍摄的视频上传网络，紧接着“新京报”APP 对此事进行了如下报道（图 4-1）。

又如 2017 年 1 月，郑渊洁的父亲郑洪升在自己的微信公众号上讲述了一段往事：20 世纪八九十年代，郑渊洁每天收到大量读者来信。当来信越来越多时，郑渊洁一口气买了 10 套房子让读者来信“住进去”。因为流传时间太久远，本是可靠的消息让许多读者认为是段子。“华西都市报”的记者向郑渊洁求证后②，在微博发布了如下背书式新闻（图 4-2）。

新京报网手机版

成都一轿车撞倒交警和路人 司机被执法交警击打后死亡

2017-03-16 14:05:39 来源：新京报新媒体

新京报快讯(记者潘佳锟)今日(3月16日)有网友爆料，14日晚，成都市武侯区一轿车司机撞倒正在执勤的交警和路人，随后，三名交警在执法过程中将肇事司机打死。新京报记者从成都市公安局武侯分局、成都市交管局第一分局等处证实，交警在执法过程中拿棍形物打人，随后，肇事司机经抢救无效死亡。目前对交通事故及肇事司机死亡原因，警方都在调查中。

图 4-1 “新京报”报道截图

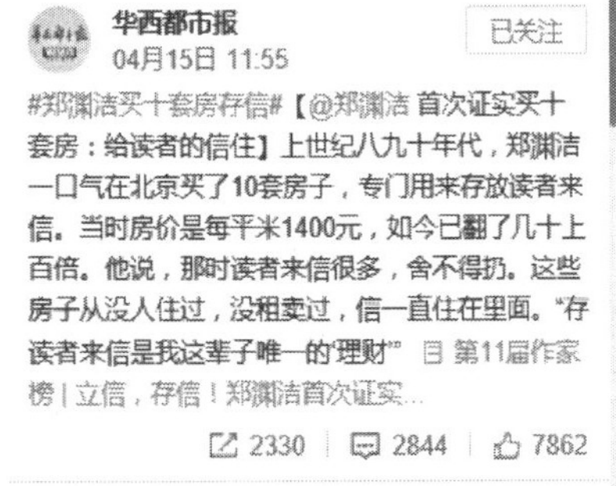
华西都市报

04月15日 11:55

已关注

#郑渊洁买十套房存信#【@郑渊洁 首次证实买十套房：给读者的信住】上世纪八九十年代，郑渊洁一口气在北京买了10套房子，专门用来存放读者来信。当时房价是每平米1400元，如今已翻了几十上百倍。他说，那时读者来信很多，舍不得扔。这些房子从没人住过，没租卖过，信一直住在里面。“存读者来信是我这辈子唯一的‘理财’” 第11届作家榜丨立信，存信！郑渊洁首次证实...

2330 2844 7862

图 4-2 “华西都市报”的微博

① 杨雪，李天宇. “路怒”激起众怒 成都男子暴打女司机数万网友谴责[N]. 华西都市报，2015-05-04(a06).

② 闫雯雯. 郑渊洁首次证实买了十套房 存读者来信是这辈子唯一的“理财”[N/OL]. (2017-04-15)[2017-05-20]. http://e.thecover.cn/shtml/hxdsb/20170415/37821.shtml.

显然，“新京报”和“华西都市报”的报道一是转述了爆料网友的陈述，二是从权威部门或相关人物证实了事件的真实性。这显然是新闻媒体机构利用自己的公信力、影响力与采访权在向公众证实网友等所记录事件的真实性，是新闻媒体在为用户新闻进行背书。

当然，为用户新闻进行背书的不仅有新闻媒体，具有相关权威的部门或人士，如政府部门或事件的当事人，也会进入为普通公民的用户新闻进行背书的行列，如 2017 年 2 月 24 日，一段昆明“骑警队员踢人”的视频在微信朋友圈转发。昆明市公安局交警支队官方微博 2 月 24 日晚发布通报证实事件的真实性。

背书式新闻的叙事呈现出叙述者的叠套结构，即“俄罗斯套娃”现象，即公民个人的叙述被套进记者或机构的叙述之中，因此又可被称为“套娃式新闻”（图 4-3）。

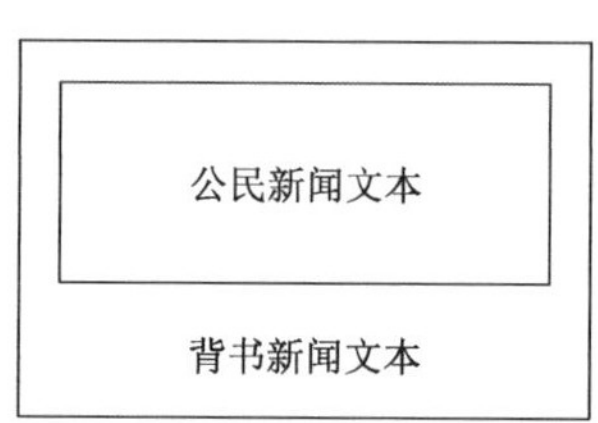

图 4-3　背书式新闻的叠套结构

不过，经过背书的新闻未必就一定真实，如上述“新京报”的新闻，虽然事件真实，但是肇事司机的死亡原因后经证实是一种错误的推断。

背书式新闻还包括专业媒体与权威机构对公民即兴新闻内容的锚定，因为众多的即兴新闻是以视频的方式发布的，这种视频很多只是对事件的实录，没有对事件的解读，从而使得事件具有不同含义甚至截然相反的解释框架。专业媒体与权威机构利用自己的公信力与权威性锚定一种框架，这是从另一角度对事件真相的背书。

二、公务新闻与清单式新闻、图说式新闻

社交媒体的全面普及，不仅使得公民个人随时随地发布即兴新闻，而且促使各机构组织主动公布公务信息。如果说即兴新闻一般是简短的、有

关人类生活的社会新闻，那么公务新闻则一般是涉及工作的较为冗长的、具有较强专业特色的新闻，因为各机构组织一般不具有生产新闻的专业基础，同时发布的信息常带有自身强烈的专业术语。这往往导致公务新闻枯燥抽象，普通读者难以理解。这种解码困扰在小屏、移动、碎片时间阅听新闻的语境中更为加剧。于是帮助受众理解、把握新闻中的重要信息并对其进行通俗化解读或专业普及的解说新闻在新媒体语境中大为盛行。

为满足受众清晰、快速、简洁地理解新闻，以清单与图说的方式对新闻进行解说的形式便应运而生。所谓清单式新闻指根据时间、要点等诸多标准把新闻中的重要信息进行提纲挈领或摘要式的分门别类。它的形式通常是以数字标注或者分行罗列，类似于人们现实生活中的购物清单，且常把关键内容加黑，如“人民日报”的微信新闻《从 1 到 7，读懂习近平“一带一路”演讲为何收获 27 次掌声》《重磅！习近平宣布，建设“一带一路”中国要干这些大事》。人民日报“中央厨房”创制的爆款 H5 新闻《你有一份来自总理的神秘快递》也是一篇典型的清单式新闻。清单式新闻还可根据时间列举清单，如《南都》2014 年 3 月 9 日第 5 版的《MH370 失联后的 21 小时》报道。

0：41：马航 MH370 次航班从吉隆坡出发。

2：40：马航确认 MH370 航班失联，但并未对外公开。

6：30：MH370 未按预订时间到达北京。

7：30：马航公布失联。

…… ……

9：00：失联班机航油耗尽。

…… ……

23：30：“幸运”的意大利人。

截至昨日 23 时 30 分，MH370 航班已确定失联 21 小时。

所谓图说式新闻指用示意性图画和简单文字、数据把新闻事件中的重要信息以一定的逻辑关系，包括人物关系、因果关系、时间关系、空间关系、组合关系等进行具象化的直观简洁的呈现，以便受众对事件一目了然。[①]图说式新闻已被大多数的新媒体报道所采纳，如央视新闻微信公众号的“一图”新闻，人民网的“图解新闻”、凤凰网的“图说新闻”等，大型复杂事件尤其喜用图说新闻，如 MH370 失联事件。[②]

无论是清单式新闻还是图说式新闻，一方面是为满足受众解读最原初的新闻或事件的需求，另一方面是适应用户花费少量时间消费信息爆炸导致的层出不穷的新闻的需要，同时也是适应移动、小屏、伴随性的阅读界面导致用户越来越倾向于浅表层面的轻阅读习惯。

不仅如此，清单式新闻与图说式新闻还常常结合成清单式图说新闻或图说式清单新闻，如央视新闻微信公众号 2017 年 5 月 17 日的新闻：《“一带一路”论坛取得 270 多项成果，跟你我的生活有什么关系？》、人民网 2017 年 5 月 16 日的新闻：《图解：“一带一路”国际合作高峰论坛成果清单一览》。

三、弥漫新闻与对话式新闻

社交媒体的“4A 属性”以及互动、分享改变了新闻的生态。加拿大学者阿尔弗雷德·赫米达（Alfred Hermida）将这一新的生态命名为弥漫新闻，即指一种“广泛的、异步的、轻便的和永远在线”的新闻生产与传播体系，这一体系“围绕新闻在人们之间创造了多种新型的互动”，并且能够使得公民“保持让新闻和事件始终围绕他们的心智状态”[③]。总之，弥漫新闻，指的是新媒体语境下新闻具有无处不在的特性，“新闻是弥漫的，就像我们呼吸的空气”[④]。弥漫新闻既包括新闻生产弥漫，因为人人是记者，人人在日常生活与工作中随时随地叙述碎片化的新闻；又包括新闻消费弥漫，因为新闻无远弗届，充斥于人人的日常生活与工作之中。总之，弥漫新闻是新闻生产者、新闻生产及其时间与地点、新闻消费等各方面弥漫的结果。

---

① 陈功，周鹏. 图解新闻的传播特征、适用范围与发展趋势[J]. 当代传播，2015(4)：100-102.

② 苏洁，徐方清，杨迪，等. 全力寻找 MH370[J]. 中国新闻周刊，2014(9)：34-41.

③ HERMIDA A. Twittering the news: The emergence of ambient journalism[J]. Journalism practice, 2010, 4(3): 297-308.

④ HERMIDA A. From TV to Twitter: How ambient news became ambient journalism [J/OL]. Media/culture journal, 2010, 13(2). [2017-03-06]. https://ssrn.com/abstract=1732603.

一方面，弥漫新闻使新闻生产与人们的日常生活互相渗透，使得新闻像日常话语一样，即既随时随地为我们所倾听又随时随地被我们所生成，丧失了传统新闻传播所具有的仪式感（详见第五章第二节）。弥漫新闻的这种“去魅”效果，使得日常话语最朴实、最频繁的形式——对话随之渗透进新闻的叙事与消费之中。

另一方面，如上所述，社交媒体不仅催生了个人媒体，如个人博客、个人微博，也催生了各种政务微博与公众号。这种建立在以光速传递信息的互联网之上的社交媒体，使得传者与受者只要互相@一下，瞬间越过芸芸众生，穿过万水千山，轻而易举地进行对话，如同面对面的交流。基于此，美国学者罗伯特·斯考伯（Robert Scoble）和谢尔·以色列（Shel Israel）宣称，人类已经从“广播时代（broadcast era）”进入“交流时代（conversational era）”[①]。

于是新闻发布不需要再借助新闻记者与新闻媒体进行转述，新闻传播的中间环节消失了，无论在意义上还是形式上，真正的对话式新闻出现了，典型见图 4-4。

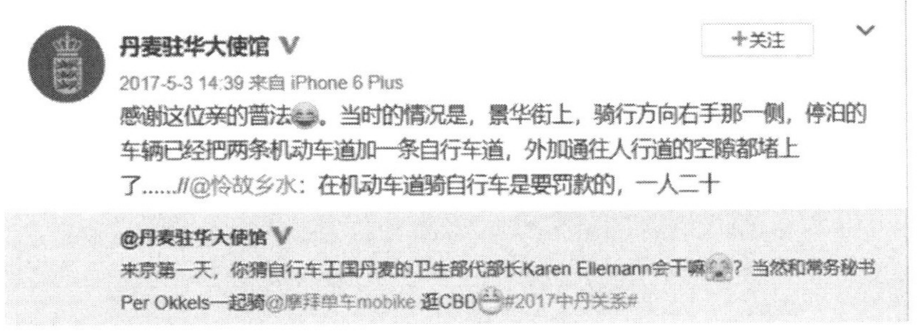

图 4-4 丹麦驻华大使馆微博

显然，对话式新闻多了日常对话的随意与诙谐，缺少了以往职业记者新闻写作的正式与庄重。

对话式新闻这一理念从呼吁到实践包括四种含义：①通过展示记者与报道对象之间的对话而进行的报道；②从哲学理论的角度，对话应该

① ISRAEL S. Twitterville: How businesses can thrive in the new global neighborhoods[M]. New York: Penguin Group, 2009: 8. 又见谢尔·以色列. 微博力[M]. 任文科，译. 北京：中国人民大学出版社，2010：7.

成为一种新闻传播理念，烘托的是新闻在宏观层面上应该具有对话立场，而非意识形态上的霸权；③指新闻报道要引发受众参与社会公共问题的对话，尤其是记者要为弱势群体代言；④新闻文本是一个具有多重意义、蕴含多种阐释的话语建构。[①]

对话式新闻的要义是传者与受者的对话，上述第一种形式的对话式新闻显然是记者代替受众与新闻人物（即采访对象）进行对话，记者的问题或是揣摩或是少量调查受众的心理与兴趣后而提出，两者的对话犹如隔靴搔痒，很可能不得要义。后三种的对话式新闻是有些缥缈的理论，因没有媒体技术的支撑而难以落地，犹如读《红楼梦》，脑海中虽有林黛玉之形象，但却模糊虚幻。互动、即时、分享的社交媒体使对话式新闻以最本真、最朴素的形式得以具象化，犹如 1987 年版的电视剧《红楼梦》一上映，人们立刻把林黛玉的人物形象固化下来，认为陈晓旭与林黛玉神形合一，以至于 2007 年陈晓旭去世之后，人们感叹：“天堂有了陈晓旭，世间再无林黛玉。”

对话式新闻可能因个人与个人之间的对话而产生，也可能因机构与机构之间的对话而形成，还可能因机构与个人、新闻媒体与个人或与机构之间的对话而促成。

四、辫子新闻与注解式新闻

美国学者谢尔·以色列在其《微博力》（*Twitterville*）一书中指出，新老媒体融合之后，将出现辫子新闻，即传统媒体、公民新闻（citizen journalism）和社会性媒体三条绳索组成的新闻生态。[②]他的辫子新闻虽然是指宏观层面的各自独立、并行不悖的三种新闻种类，但事实上，辫子新闻更体现在微观层面的具体新闻之中，这些新闻整合自专业新闻、（公民和组织的）业余新闻、用户回应等三种或多种文本。

突发事件的报道，如果不是新闻记者恰好在现场，在时效性上无疑

① 史安斌，钱晶晶. 从“客观新闻学”到“对话新闻学”——试论西方新闻理论演进的哲学与实践基础[J]. 国际新闻界，2011，33(12)：67-71；李习文. 论中国现实语境下的“对话新闻”[J]. 国际新闻界，2010(2)：46-50.

② ISRAEL S. Twitterville: How businesses can thrive in the new global neighborhoods[M]. New York: Penguin Group, 2009: 183-185.

难及“人体发报机”的公民。但是，在面对一件深具报道价值的事件时，具有公共性的新闻媒体于公于己都不能缺席，只能绕过时效性另辟蹊径进行报道。对用户新闻进行背书是一种不失语失声的选择，对用户新闻进行注释则是另一种不失责任的作为。

注解式新闻，即对普通公民和组织机构的业余新闻（即用户新闻和公务新闻）的各个方面进行注释与说明，以方便公众详细了解新闻事件与新闻人物，如央视新闻的微信公众号 2017 年 3 月 20 日的新闻《老虎不是吃素的 规则更不能吃素！》（包括两个部分，前面是新闻报道，后面是央视的新闻评论），便是针对网友的图片报道《在北京野生动物园自驾区白虎区，有一家人在游玩途中下车》，北京野生动物园、北京警方、用户、央视从不同视角所进行的注解（图 4-5）。

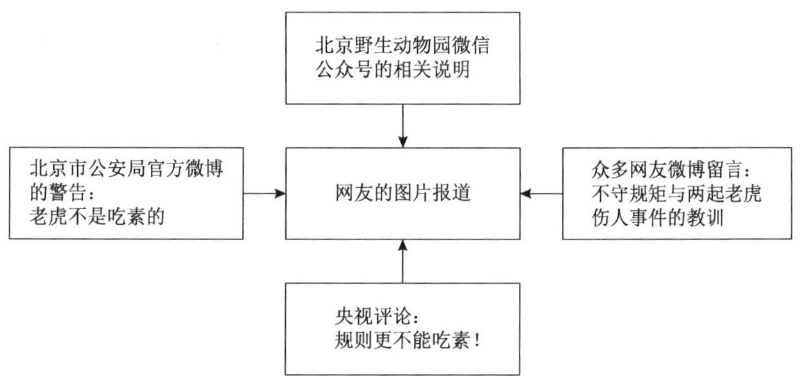

图 4-5 央视新闻微信公众号注解式新闻结构

显然，这篇新闻由三种话语组成：公民新闻叙事、专业媒体新闻话语和各方自媒体回应话语。它们形成了真正的辫子新闻（图 4-6）。它是在碎片化时代对碎片化话语所进行的整合报道，也是在对话时代对多种话语所进行的聚合报道。

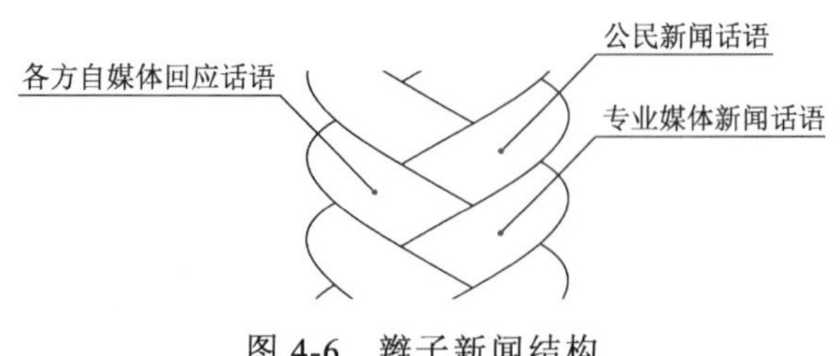

图 4-6 辫子新闻结构

在“人人都是记者”“人人都是发报机”的时代，新闻媒体包括它们的新媒体的专职人员配置无疑难及无处不在的随时随地可用微媒体[①]播报的普通公民，即业余记者。不过，在正常工作与正常生活之外的碎片化时间里，公民碰巧目击新鲜事并进行匆匆报道，或进行即兴批注与评价，这一绝大多数的用户新闻的生产状态决定了它基本是一种碎片化的叙事。作为专职报道的新闻记者在不必追赶时效的工作状态下，有时间、有义务搜集、整合人们的这些有关新闻事件的碎片化叙事，以使事件清晰、丰满，如 2017 年 4 月 15 日“每日经济新闻”公众号发布的文章？《不是童话！郑渊洁首次证实：曾在北京房价 1400 元时买了 10 套房，如今都成学区房》，在文后直接注明这篇新闻是综合微信公众号“郑洪升”、华西都市报、环球人物、投资界等所进行的报道。

新媒体语境下的注解式新闻不同于传统媒体的解释性新闻。解释性新闻是运用大量背景材料来分析新闻事件发生的原因、意义或影响，揭示新闻事件的来龙去脉和深层意义的新闻报道，是一种背景性新闻，如《一些伊朗妇女走上一条新的脱离苦海之路——杀夫》便是典型的解释性新闻。[②]解释性新闻与注解式新闻的不同之处在于：①注解式新闻通常会复述一则用户新闻或公务新闻；②解释性新闻报道重点是“何因”，注解式新闻的报道重点是“何事”和人们的反应。注解式新闻虽然存在着简单的评论，但这种评论不是深度解释，而是从道德、法律等角度进行评价。

注解式新闻与背书式新闻的不同之处在于，注解式新闻既有对事件的背书，又有对事件的评论、说明，还有各方的反应或评论，如上述《老虎不是吃素的 规则更不能吃素！》，其中有北京警方的警告和普通网友的批评，而背书式新闻则只是对普通公民所发布的新闻所叙述的事件进行证实或证伪，如上述“新京报”的《成都一轿车撞倒交警和路人 司机被执法交警击打后死亡》，其中一般没有评论。

在社交媒体普及的时代，常见的注解式新闻的结构是由三绺不同的叙事话语组合而成的：一绺来自微博、微信、脸书和推特的用户个人新

① 仇筠茜. 新闻策展：“微媒体”环境下突发新闻报道及伦理分析——以美国马拉松爆炸案报道为例[J]. 国际新闻界，2013，35(9)：123-130.

② 汪苏华. 西方解释性新闻的特点与写作要求[J]. 当代传播，2005(5)：34-36.

闻叙事话语；一绺来自各方的回应叙事话语，包括新闻当事人、官方和受众的回应，他们的回应或源于自媒体的发布，或源于专业媒体采访所得；一绺来自专业媒体的新闻报道，如上面央视新闻《老虎不是吃素的 规则更不能吃素！》。又如由“红星新闻”调查后所发布的新闻报道《成都武侯“凯迪拉克车主”死亡前 90 分钟》，则是由三绺新闻资源组成：用户新闻（视频+文字叙述）、成都市公安局武侯分局官方微博@平安武侯发布的警情通报、“红星新闻”记者经过采访所得的补充情节。

有的注解式新闻是用户新闻、记者报道、受众回应与官方通报互相缠绕、相互印证以推进故事，就像三四绺头发相互编织形成一条辫子一样，如上述的《郑渊洁证实：曾在北京房价 1400 时买了 10 套房，如今成学区房》①。

五、互动新闻与定制式新闻、游戏式新闻

新媒体的双向性共享必然导致互动（即交互）在新闻中得到展现，对此，托马斯·罗林斯（Tomas Rawlings）指出，新闻机构必须意识到新闻是通过互联网（原文是 computer，结合上下文此处应指互联网）推送的，而互联网本质是交互的。新闻机构必须抛弃以往静态的、非交互的方法来吸引受众。②

互动新闻（interactive journalism，有的称为交互新闻），有学者把它和新闻互动、参与式新闻相提并论。③“新闻互动”和“互动新闻”是两个概念。新闻互动，一般指“传者和受众之间的相互交流与沟通”④，使用者与媒体工作者彼此交换意见。“参与式新闻”和“互动新闻”则更是两个完全不同的概念，参与式新闻（participatory journalism）指传

① 曾静娇. 郑渊洁证实：曾在北京房价 1400 时买了 10 套房，如今成学区房[EB/OL].（2017-04-15）[2017-05-08]. http://finance.sina.com.cn/china/dfjj/2017-04-15/doc-ifyeimzx6461017.shtml.

② REID A. Newsgames: Future media or a trivial pursuit?[EB/OL].（2013-10-08）[2016-09-20]. https://www.journalism.co.uk/news/newsgames-future-media-or-a-trivial-pursuit-/s2/a554350/. 转引自张超，丁园园. 作为游戏的新闻：新闻游戏的复兴、意义与争议[J]. 编辑之友，2017(3)：37-41.

③ 许鹏娟. 互动——新闻不可缺少的因素[J]. 东南传播，2007(7)：28-29；尹又汉. 互动新闻浅说[J]. 新闻前哨，2009(1)：71.

④ 范叶妮. 对新闻互动行为中卷入度研究[J]. 新闻界，2010(6)：14-15.

统意义上的新闻受众“在新闻与信息的采集、报道、分析与传播等领域扮演积极主动角色”的一种新闻生产模式。[①]简单来说，参与式新闻是（部分）内容由受众来提供的。

互动新闻则指用户与新闻内容的互动，尼基·厄舍（Nikki Usher）在《互动新闻：黑客、数据与代码》（*Interactive Journalism: Hackers, Data and Code*）一书中将其定义为“一种通过代码来实现故事叙事的视觉化呈现，通过多层的、触觉的用户控制，以便实现获取新闻和信息的目标”[②]。因此，互动新闻是用户利用新闻所提供的路径选择自己的内容。

互动新闻早在2008年美国大选报道就已出现。在选举日当天，《纽约时报》推出了一个兼具互动性和参与性的报道：《词语队列》（“Word Train”），读者只需输入或选择一个最能表达自己心情的词语，就可获知有多少人和自己的心情一样，同时看到其他人都是什么样的心情。读者还可选择为谁投票，这样就能看到和自己做出同样选择的选民都是怎样的心情。[③]

目前，互动新闻主要有两种。一是定制式新闻，即内容的个性化定制，数据新闻中的“模型-定制型”[④]是典型代表，如《你最适合哪种运动？》（“Which Sport Are You Made for?”）《英国阶层计算器：你属于哪个阶层？》（“The Great British Class Calculator: What Class Are You?”）《租买对比计算器》（“Rent vs. Buy Calculator”）。在《英国阶层计算器：你属于哪个阶层？》中，用户只要输入有关自己个人经济资本的三道单选题、有关社会资本和文化资本各一道多选题的答案，立刻就能得到自身所处阶层的结果。《租买对比计算器》（图 4-7）则只要选择或输入月租金、房子首付、房屋成本、物业税、贷款利率等个人数据，计算器迅速就能得出“买房或租房哪个性价比更高”的结论。

---

① 常江.“参与式新闻”的理念与中外实践——以CNN iReport和新华社“我报道”为例[J]. 中国记者，2014(7)：110-111.

② 陈昌凤，胡曙光. 让用户自主讲故事的互动新闻——从尼基·厄舍《互动新闻：黑客、数据与代码》一书谈起[J]. 新闻记者，2018(10)：37-42.

③ 刘滢.“互动新闻”：国外全媒体报道的新实践[J]. 青年记者，2017(4)：82-84.

④ 曾庆香，陆佳怡，吴晓虹. 数据新闻：一种社会科学研究的新闻论证[J]. 新闻与传播研究，2017，24(12)：79-91，128.

图 4-7 定制新闻《租买对比计算器》

资料来源：Rent vs. buy calculator[EB/OL]. [2020-12-01]. https://www.zillow.com/rent-vs-buy-calculator/.

不过，为了让用户自己探索，得到自己定制的结论，互动新闻制作要花费制作者很多的时间和工夫，其核心工作是建立分层的数据库，建设处理数据的逻辑、标准、公式等，开发用户界面系统，以提供充分的信息和路径，让作为受众的用户更好地与内容互动。如《英国阶层计算器：你属于哪个阶层？》是 BBC 与社会学家合作做了一个为期两年的大型社会调查，即从职业、财富和教育等方面调查了 16.1 万人，结果显示，在英国存在七个社会阶层，并得到了英国社会阶层划分的新标准。再根据这些新标准，在后台建立一个模型，即有关经济资本、社会资本和文化资本在划分阶层的权重模型，当用户在用户界面输入相关信息之后，程序自动根据这个模型计算用户所属阶层，然后在用户界面输出用户所属阶层的结果。

互动新闻的另一个典型是游戏式新闻。游戏式新闻是指新闻采取游戏的形式来呈现，学者一般将之称为新闻游戏。游戏式新闻或者说新闻游戏，不同于游戏新闻。游戏新闻通常指有关游戏软件方面的新闻，与此处的游戏式新闻无关。

新闻游戏最早由乌拉圭游戏设计师冈萨洛·弗拉斯卡（Gonzalo Frasca）于 2001 年提出，并普及于其团队 2003 年所创办的新闻游戏网站（Newsgaming.com）。

新闻游戏的界定大致有三种。第一种把“游戏”看作关键词，即新闻游戏是一个偏正结构的短语，新闻是用来修饰游戏的，如新闻游戏是与新闻报道有密切联系的一种严肃游戏①，是通过程序修辞（procedural rhetoric）来叙述特定的新闻事件和具体方面的严肃电脑游戏（serious computer games）②，新闻游戏提出者弗拉斯卡也认为，新闻游戏是基于新闻事件改编的游戏。③第二种把新闻和游戏看得同等重要，认为新闻与游戏互相补充，互为表里，相互融合，新闻事件是游戏的内容支撑，其传播价值是游戏生产的原动力，而游戏元素则是新闻事件的华丽外衣。④第三种则把新闻游戏看作新闻，如新闻游戏本质上是一种程序修辞，通过创建可以与读者进行互动的游戏模型来模拟新闻故事⑤。“急诊人生”新闻游戏制作者蒋宜婷指出：“新闻游戏归根结底还是讲新闻。”⑥这就是说，新闻游戏是游戏式新闻，即用游戏的方式呈现新闻。

总之，新闻+游戏，到底是新闻还是游戏，可谓见仁见智。对此，巴西科技文化杂志《超级兴趣》（*Superinteressante*）的新闻游戏负责人弗雷德·迪·贾科莫（Fred Di Giacomo）认为，“这个游戏是在传递信息吗？如果不是，它只是一个游戏”⑦。这说明新闻游戏可能只是游戏，也可能是新闻（具体如何判断，因与本书关联度不高，在此暂且不论述）。

---

① 张建中，王天定．迈向新的媒体融合：当新闻遭遇游戏[J]．现代传播，2016，38（11）：111-116.

② SICART M. Newsgames: Theory and design[C]. International Conference on Entertainment Computing, Pittsburgh, 2008. 转引自张超，丁园园．作为游戏的新闻：新闻游戏的复兴、意义与争议[J]．编辑之友，2017（3）：37-41.

③ 潘亚楠．新闻游戏：概念、动因与特征[J]．新闻记者，2016（9）：22-28.

④ 曾祥敏，方雪悦．新闻游戏：概念、意义、功能和交互叙事规律研究[J]．现代传播，2018，40（1）：70-77；武晓立．当新闻遇上游戏——浅谈新闻游戏的现状和发展策略[J]．新闻研究导刊，2016，7（21）：55-56.

⑤ BOGOST I, FERRARI S, SCHWEIZER B. Newsgames: Journalism at play[M]. Cambridge: The MIT Press, 2010: 6. 转引自潘亚楠．新闻游戏：概念、动因与特征[J]．新闻记者，2016（9）：22-28.

⑥ 蒋宜婷．为什么用游戏做新闻[EB/OL]．https://twreporter.atavist.com/opinion-newsgame. 转引自蒋晓丽，贾瑞琪．新闻游戏：一个属性的界定[J]．新闻界，2018（1）：42-47.

⑦ NATALIA M. Journalism and video games come together as a new form of storytelling in Brazil[EB/OL]. http://www.niemanlab.org/2013/08/journalism-and-video-games-cometogether-as-a-new-form-of-storytelling-in-brazil/. 转引自张超，丁园园．作为游戏的新闻：新闻游戏的复兴、意义与争议[J]．编辑之友，2017（3）：37-41.

他的这个问题可帮助判断一个新闻游戏到底是游戏还是新闻，如腾讯2015年的《APEC元首服装秀》[①]被称为新闻游戏，实质只是游戏，而不是新闻，因为它未传递信息。

而BBC推出的《叙利亚之旅：选择你的逃亡路线》（“Syrian Journey: Choose Your Own Escape Route”）通过用户扮演玩家旨在深入体验难民流亡的悲惨境况，而《连线》杂志制作的《杀死资本主义》（“Cutthroat Capitalism”）[②]则让受众扮演玩家了解索马里海盗问题的经济利益驱动的深层原因。显然，这两则新闻游戏主要是新闻，而不是游戏。为准确起见，笔者把用游戏方式叙述新闻的新闻游戏，称为游戏式新闻（或游戏化新闻）。

游戏式新闻根据结局是否由新闻生产者所设定可分为两种：封闭式和开放式。封闭式游戏化新闻是对已完毕之事件的报道，因此用户只能在生产者所提供的内容中进行选择，如上述的《叙利亚之旅》，用户身份是从叙利亚逃亡到欧洲的难民，在逃亡过程中，面临着一系列的选择：从土耳其还是埃及进入欧洲？选择漫长且关卡重重的陆路还是较短但有沉船风险的海路？是否冒险出门购买生活补给？遇到暴力抢劫该不该交赎金？用户通过这“一系列有意义的选择”的游戏本质与新闻内容互动。[③]

开放式游戏化新闻则通常是一种预测性报道，即通过游戏进行调查以预测事件的走向，如2016年《华盛顿邮报》开发的《不确定的候选人》（“Floppy Candidate”）和CNN推出的《政治预测市场》（“Political Prediction Market”）。《政治预测市场》让用户参与大选事件的支持和反对投票。新闻中游戏数据显示希拉里在民主党大选中胜出概率精准地预测了后来现实中的竞选结果。这种调查性的开放式游戏化新闻有助于相关部门通过玩家所选的数据来了解舆情，类似于民意调查，如《预算英雄》（“Budget Hero”）《像市长一样思考》（Think like a Mayor）等。

---

① APEC服装秀H5互动小游戏宣传案例——APEC元首服装秀[EB/OL].（2015-11-26）[2020-12-01]. https://www.h5anli.com/cases/apecysfzx.html.

② BAJAK A. Newsroom: game on[EB/OL].（2015-04-03）[2020-12-01]. http://www.storybench.org/newsroom-game-on.

③ 曾祥敏，方雪悦. 新闻游戏：概念、意义、功能和交互叙事规律研究[J]. 现代传播，2018，40(1)：70-77.

游戏式新闻叙事的特点有：一是把线性叙事变成了平行叙事，事实上，传统新闻也有平行叙事，即“花开两朵，各表一枝”，只是在形式上这种平行叙事呈现为文字的线性而已；二是视角由全知叙事转变为限知叙事，由第三人称叙事转变为第一人称叙事；三是把事件的诸多复杂过程通过玩家的选项呈现出来，而传统新闻通常只选取具有代表性的几个方面进行叙述（图 4-8）。

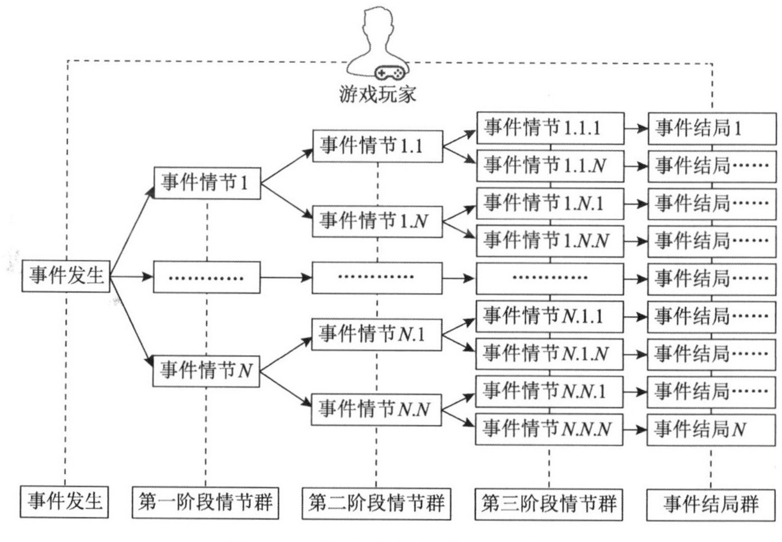

图 4-8　游戏式新闻的平行叙事

当然，互动新闻，受众与新闻内容的互动，除了上述定制和游戏两种方式之外，还有超链接等简单方式。总之，无论哪种互动，互动新闻都旨在为受众提供多元、自主的探索事件的路径。

总之，上述七种新闻样态都是新闻生产者为适应新媒体的特征与逻辑，新闻生产主体和生产方式的多样以及新闻消费的伴随性和互动性而开掘出来新的叙事方式。

第二节　事件形态与新闻呈现样态

不仅新闻生产者与生产状态会影响或催生新闻叙事样态，对事件的完整程度与报道的时效性的不同追求也会影响新闻呈现样态。以下三种新闻叙事形态便是事件以细节、以全貌再以群体的形式被叙述、被报道。

一、事件作为过程与层式新闻、串式新闻

分秒传播的数字化新媒体，无处不在的作为临时记者的公民，让新闻的报道与事件的发展和人们认知的过程同步进行，于是事件的报道便以追寻真相的动态过程而不是掌握情况的已然结果来进行叙述与呈现，因此新闻不再以事件全貌而以事件过程的形式出现，如马航 MH370 失联事件的报道，便是一个不断发现、甄别、剔除、确认的过程，苏·罗宾孙（Sue Robinson）把这种形式与状态的新闻称为过程新闻①。这种过程新闻导致蜂巢型新闻叙事模式（详见第六章）的出现。因此过程新闻又可称为过程-细节新闻。过程-细节新闻在媒体的呈现形态表现为两种：楼层式新闻（简称层式新闻）、糖葫芦串式新闻（简称串式新闻）。

对事件一个个要素、一个个细节地随时报道，导致门户网站只能对新信息一点一点地实时更新，这使在网页上更新新闻像盖楼一样，一层一层地往上加，如搜狐网和下文第六章人民网的“马航 MH370 失联”专题报道（分别见图 4-9、图 6-5）和上述的清单式新闻中的《南都》《MH370 失联后的 21 小时》报道。这使得人们看搜狐网和人民网的马航

搜狐新闻 | 新闻中心 > 国内新闻 > 马航MH370失联

马航MH370失联

·澳大利亚当局：MH370坠毁地点或位于搜寻区北部 (04/21 15:44) ★★★
·马来西亚公布马航MH370中期报告：飞机或已解体 (03/08 21:53) ★★★
·马航客机失联迎3周年 马来西亚举行纪念活动 (03/06 09:00) ★★★
·马来西亚交通部长：又有两块MH370航班残骸被发现 (02/28 20:21) ★★★
·马航MH370失联者家属：仍在等待 多人患抑郁症 (02/28 08:37) ★★★
·女子乘马航MH370失踪 丈夫到法院申请“宣告死亡” (02/24 11:23) ★★★
·马交通部长：并未放弃搜寻马航MH370的愿望 (01/23 20:32) ★★★
·大马称允许组织或个人搜寻MH370 发现者有奖励 (01/19 15:47) ★★★
·澳官员：不排除重启搜寻马航370客机行动可能 (01/18 12:38) ★★★
·马航MH370航班神秘失踪事件中那些关键数字 (01/18 10:39) ★★★

图 4-9　搜狐马航 MH370 失联专题报道

资料来源：马航 MH370 失联[EB/OL]. [2016-11-09]. http://news.sohu.com/s2014/jilongpofeiji_gd/index.shtml.

① ROBINSON S. Journalism as process: The organizational implications of participatory online news[J]. Journalism & communication monographs, 2011, 13(3): 137-210.

MH370失联新闻如同上楼梯，因为网站通常根据报道先后顺序编排新闻，把最早的事件细节报道排在最下端，最近的新闻细节排在最上端；看《南都》的马航MH370失联新闻如同下楼梯，因为报纸是把最早的排在最前面（即最上端），把最近的排在最后面（即最下端）。

楼层内容虽然众多，但通常都是新闻叙事的六大范畴（即标题、导语、事件、反应/后果、背景和评论）中的四种：事件、反应/后果、背景和评论。具体来说是：各种事件细节、各种行动或言语方面的反应与评论，所造成的各种后果，各种背景挖掘，等等，如上述图4-9“搜狐新闻的马航MH370失联”基本是后续行动与言语反应、所造成的后果、事件细节补充。

层式新闻有时还会根据事件、反应/后果、背景和评论等四个范畴分别建楼，从而形成事件楼层、评论楼层和背景楼层等，如网易新闻的相关报道（图4-10）。

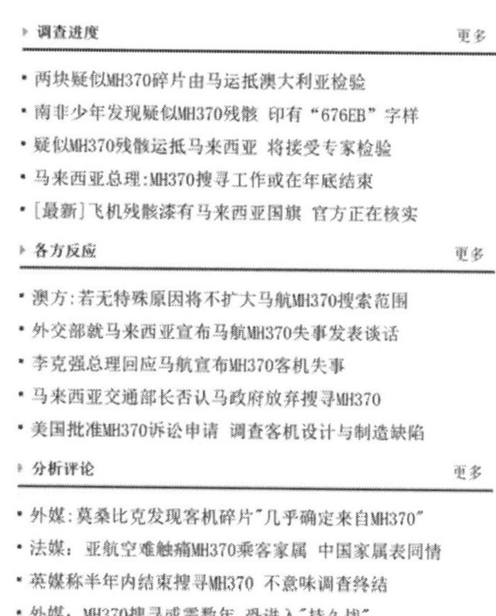

调查进度　　更多

- 两块疑似MH370碎片由马运抵澳大利亚检验
- 南非少年发现疑似MH370残骸 印有“676EB”字样
- 疑似MH370残骸运抵马来西亚 将接受专家检验
- 马来西亚总理:MH370搜寻工作或在年底结束
- [最新]飞机残骸漆有马来西亚国旗 官方正在核实

各方反应　　更多

- 澳方:若无特殊原因将不扩大马航MH370搜索范围
- 外交部就马来西亚宣布马航MH370失事发表谈话
- 李克强总理回应马航宣布MH370客机失事
- 马来西亚交通部长否认马政府放弃搜寻MH370
- 美国批准MH370诉讼申请 调查客机设计与制造缺陷

分析评论　　更多

- 外媒:莫桑比克发现客机碎片"几乎确定来自MH370"
- 法媒：亚航空难触痛MH370乘客家属 中国家属表同情
- 英媒称半年内结束搜寻MH370 不意味调查终结
- 外媒：MH370搜寻或需数年 恐进入"持久战"

图4-10　网易新闻马航MH370失联事件报道

层式新闻的呈现样态一般是出现在情况复杂的重大事件的专题报道之中，一般出现在网站之类的新媒体之上，偶尔也会出现在报纸之类的传统媒体之上。针对不复杂、不重大的事件，新媒体一般采取串式新闻的呈现样态。

串式新闻是弥漫新闻在微博上的呈现样态。与传统媒体的新闻和以往的网络新闻相比，在微博发布的新闻非常简短明快。又由于微博的社交属性，微博新闻具有即时反馈等特征，通过反馈，新闻要素或被补充，或被修正。为了使读者清楚整个新闻的来龙去脉，为了不重述前面的事件报道，用户便会在转发前一条微博新闻的基础上发布一条新的微博新闻，这样前后两条新闻便以“糖葫芦串”的形式得以呈现。

图 4-11“华西都市报”的第一条微博报道了 2015 年成都男司机暴打女司机案开庭审理，但未宣判。第二条微博报道了这一案件的宣判，补充了事件的结果。在事件发展上，这两条微博前后相继，互相补充。图 4-12“人民日报”的第二条微博更正了第一条微博的茂县山体垮塌遇难者人数，是对事件细节的修正。

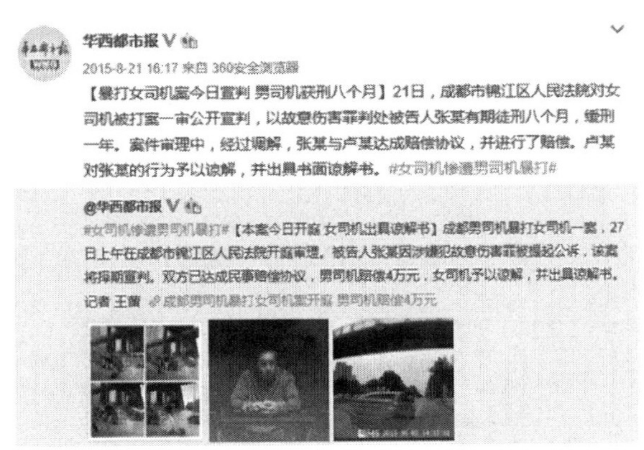

图 4-11 “华西都市报”的微博

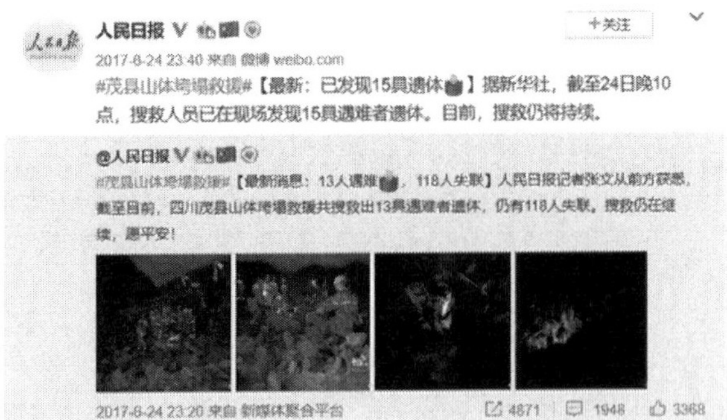

图 4-12 “人民日报”的微博

串式新闻的出现是新闻叙事的组装性和非连续性特征在社交媒体上的充分展现。新闻叙事的标题、导语、事件、反应/后果、背景和评论等六个范畴都可以成为串式新闻的一个“糖葫芦”，从而形成各种不同内容的“糖葫芦串”。

微博的串式新闻，第一条新闻通常是事件叙述。其后串联的新闻有的是报道事件引发的后果，即“糖葫芦串”为“事件+后果”。

有的串式新闻是补充各方对事件所做出的反应，尤其是普通受众的反应，即“糖葫芦串”为“事件+反应”（图 4-13），彰显了对各方话语权的尊重，体现了互联网的平等精神。还有的是交代简单的背景，即“糖葫芦串”为“事件+背景”（图 4-14），第一个“糖葫芦”讲述的是微观真实的事件，第二个“糖葫芦”讲述的是宏观真实的事件。

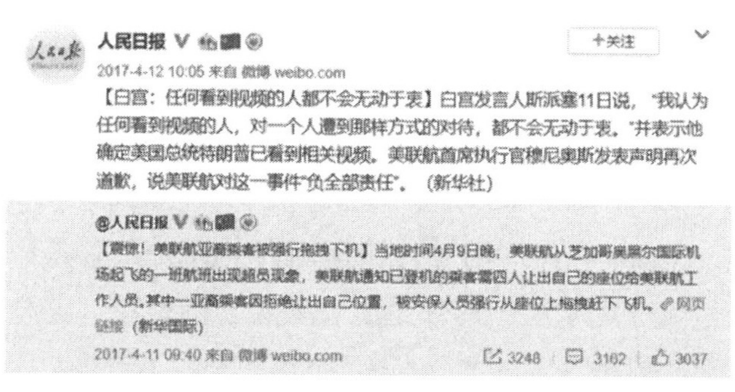
人民日报
2017-4-12 10:05 来自 微博 weibo.com
【白宫：任何看到视频的人都不会无动于衷】白宫发言人斯派塞11日说，“我认为任何看到视频的人，对一个人遭到那样方式的对待，都不会无动于衷。”并表示他确定美国总统特朗普已看到相关视频。美联航首席执行官穆尼奥斯发表声明再次道歉，说美联航对这一事件“负全部责任”。（新华社）

@人民日报
【震惊！美联航亚裔乘客被强行拖拽下机】当地时间4月9日晚，美联航从芝加哥奥黑尔国际机场起飞的一班航班出现超员现象，美联航通知已登机的乘客需四人让出自己的座位给美联航工作人员。其中一亚裔乘客因拒绝让出自己位置，被安保人员强行从座位上拖拽赶下飞机。网页链接（新华国际）
2017-4-11 09:40 来自 微博 weibo.com　3248　3162　3037

图 4-13　“事件+反应”

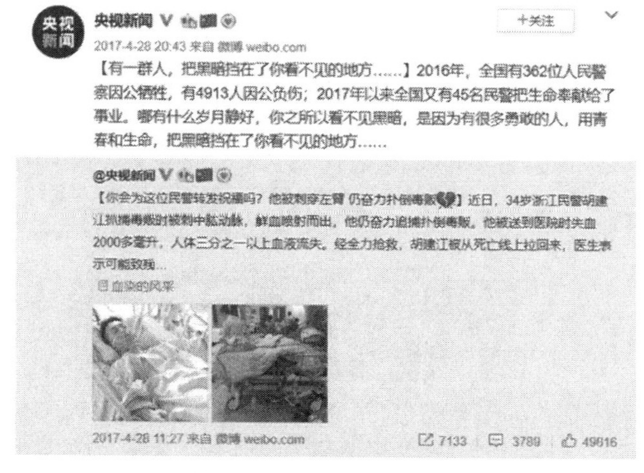
央视新闻
2017-4-28 20:43 来自 微博 weibo.com
【有一群人，把黑暗挡在了你看不见的地方……】2016年，全国有362位人民警察因公牺牲，有4913人因公负伤；2017年以来全国又有45名民警把生命奉献给了事业。哪有什么岁月静好，你之所以看不见黑暗，是因为有很多勇敢的人，用青春和生命，把黑暗挡在了你看不见的地方……

@央视新闻
【你会为这位民警转发祝福吗？他被刺穿左臂 仍奋力扑倒毒贩】近日，34岁浙江民警胡建江抓捕毒贩时被刺中肱动脉，鲜血喷射而出，他仍奋力追捕扑倒毒贩。他被送到医院时失血2000多毫升，人体三分之一以上血液流失。经全力抢救，胡建江被从死亡线上拉回来，医生表示可能致残...
血染的风采
2017-4-28 11:27 来自 微博 weibo.com　7133　3789　49616

图 4-14　“事件+背景”

不过，后续微博更多的是“短、平、快”的评论，即“糖葫芦串”为“事件+评论”。在“事件+评论”类的串式新闻中，被串起来的评论有的来自专业媒体，有的来自普通微博用户，如图 4-15，从而使得普通公众登上了历史的前台，而不再像传统新闻那样，普通公众的声音被忽视，听到的只是网络大 V 的声音；也不像网页新闻那样，普罗大众的观点被放置在后台，只有专门点击评论的入口才能看到。

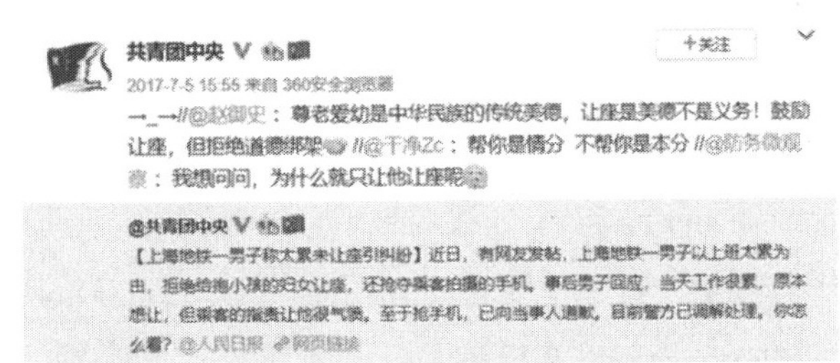

图 4-15 “事件+评论”

在一个互动的新媒体语境里，事件会得到各方的关注、补充与更正，于是就出现了“事件+后/结果+评论”“事件+评论+后/结果”“事件+反应+评论”，等等。与此同时，微博用户的评论得到了极大的重视，因此许多媒体用一连串用户的评论来代替自己的声音，这样往往形成一个长长的“糖葫芦串”，如“事件+评论 $_1$+评论 $_2$+评论 $_3$+…”“事件+评论+背景+评论”（图 4-16）。

图 4-16 “事件+评论+背景+评论”

由于新闻叙事本来具有组装性与非连续性特征，因此串式新闻怎么串都不会让读者感到生硬、别扭，如图 4-16 的“事件+评论+背景+评论”。

总之，层式新闻、串式新闻是新闻事件发展与认知的过程性，社交媒体碎片化表达，互联网的共享、平等特征的展示，是蜂巢型新闻叙事模式的结果。同时串式新闻还是新闻叙事的非连续性与组装性，社交媒体交往化的表达方式，互联网对话精神的体现。

与层式、串式新闻非常类似的是连续剧式新闻（详见第六章），但三者具有较为显著的区别。连续剧式新闻与层式新闻、串式新闻的相同之处在于：对同一事件的报道至少有两次。不同之处主要在于，在报道之时，前者的事件早已结束，新闻是对事件的追述，讲述的顺序不必遵循事件本身或人们认知的顺序，存在着倒叙、预叙和插叙，从时态来说，是一种现在完成式或过去式；而后两者的事件则正在进行，新闻是对事件的直播，讲述的顺序与事件发展的顺序和人们认知顺序相同，只能是顺叙，不可能存在倒叙、预叙和插叙，从时态来说，是一种现在进行时。

层式新闻和串式新闻虽然都是蜂巢型新闻叙事模式的外在表现形态，即二者都是对事件的碎片化直播，报道的顺序或者与事件本身的顺序或者与人们认知顺序相同，是现在进行时态。但二者仍有不同。第一，在事件上，层式新闻一定是对重大复杂或真相扑朔迷离的事件的报道，因此许多采取专题报道；而串式新闻则一般是对不太复杂事件的报道，甚至是对较为简单事件的报道。第二，在形式上，层式新闻是以时间节点形成层级，不过它的层级结构并不是新闻叙事主体主动为之，而是后期编辑编排的结果，它的层级没有限制；而串式新闻则是以转发形成层级，且一般是新闻叙事主体主动建构，它的层级因字数的限制而受限。第三，层式新闻的形式虽然主要出现在网页上，但偶尔也会出现在其他介质的媒体之上，如报纸、电视等，而串式新闻则通常只出现在微博、微信这种社交媒体之上。

二、事件作为全景与 360°新闻、3D 新闻

如前所述，在实时传播与人人记者的时代，突发性新闻是以细节为

内容的碎片化和以分秒为时点的信息流的形式出现，即层式或串式样态的新闻，如2017年4月美联航暴力拖拽乘客下机事件，“中国日报”4月28日的微博报道只是提供了一个细节：美联航与被拖拽的乘客达成了和解协议，将来会为自愿放弃座位的乘客提供1万美金补偿。

另外，在新媒体推动的生活、工作节奏愈来愈快的时代，受众很难有时间、有精力逆时间之流而上，追寻事件的所有碎片化报道，这导致人们既难以从纵向了解事件发展的全部过程，也难以从横向观看事件发生现场的全部面貌。于是针对突发性的大型新闻事件的360°的全景报道便应运而生。典型的全景新闻是获得2013年普利策特稿写作奖的《纽约时报》的布兰奇领导制作的《雪从天降：塔尼尔科瑞克的雪崩》。

为讲好雪崩这个故事，《雪从天降：塔尼尔科瑞克的雪崩》制作团队连贯、无缝地融汇了文字、图片、视频、音效、动画等诸多叙事元素，全方位、多维度地展示雪崩的过程与场景，给读者带来了360°的故事体验（详见第六章）。作者布兰奇为了写作这篇报道，采访了亲历这次雪崩的幸存者及其家人，专程远赴阿拉斯加向雪地科学家请教，为了获得准确的海拔、滑行速度、风速等资料数据，他还穿上装备，力图亲历雪崩当天的现场。一般来说，下文第六章所论述的钻石型新闻叙事模式所产生的新闻，其外在表现形态都是360°新闻。

360°新闻类型包括360°图片报道、360°视频报道、360°综合元素报道三种。前两者的360°取其本义，后者的360°则是取其隐喻义。360°图片报道以“南都新闻360摄影”专栏为典型，360°视频报道以“澎湃新闻全景视频”专栏为代表，360°综合元素报道以上述的《雪从天降：塔尼尔科瑞克的雪崩》为圭臬。在360°视频剪辑报道的基础上又出现了720°全景直播新闻，如《人民日报》2015年的9.3阅兵式报道（图4-17）。

因此，360°新闻并非只是字面上理解的360°报道，它既包括报道元素的全方位，又包括视角的360°，还包括事件的360°。360°综合元素包括：一是利用音效、视频等各种元素打开受众的全部感官系统，以体会当时事件亲历者的全部感受；二是从各个层面、各个角度呈现事件的各

图 4-17 720°直播 9.3 阅兵式

资料来源：人民日报全媒体平台（中央厨房）. 720 度转起来！你试过这样看阅兵吗？[EB/OL]. (2015-09-04) [2019-10-01]. http://politics.people.com.cn/n/2015/0904/c395920-27544775.html.

个方面、各种要素，如《雪从天降：塔尼尔科瑞克的雪崩》首先映入受众眼帘的是大幅的雪山风起的动态画面，伴随着画面的是“呼啸”的北风（视频+音效），呈现了当时雪山的真实场景。在叙述滑雪者逃生时，网页上出现了根据真实数据模拟的雪崩现场动画再现和人们逃生场景；三是把事件所牵涉的人物尽可能地全部包含进来，并用图片或视频、音频进行加载报道，如《雪从天降：塔尼尔科瑞克的雪崩》在每位采访对象出现后，就会在网页的右边出现以该人物头像为标志的背景信息框，点击可以了解这个人的信息或听/看到他的音/视频。这种新闻叙事就像人们移动手机相机或专业相机以拍摄 360°全景照片一样，基本没有遗漏当时的场景。

为了让用户对新闻事实、事件有更为立体的体会，新闻生产者们又把虚拟现实（virtual reality，VR）技术和增强现实（augmented reality，AR）技术应用到新闻叙事当中，从而出现了 3D 新闻。

VR 新闻是利用集计算机图形技术、人机交互技术、传感器技术、人工智能等于一体的仿真技术，把三维动态的且涉及视像、声音、气味、触感等诸多感官系统的“远处”的新闻场景全方位地“移动”到用户“眼前”，从而使用户具有身临其境的沉浸感，因此又被称为“沉浸式新闻（immersive journalism）”，如 2015 年《纽约时报》VR 新闻《流离失所》（“The Displaced”），用户戴上“头盔”式设备便可与片中的叙利亚难民们居于同一时空之内，当故事进行到“空投食品”情节时，用户可看到飞机从头上呼啸而过，与片中难民一起循声仰望，看到数十个编织袋从天而降。①《连线》杂志撰稿人凯莱布·加林（Caleb Garlin）看完《流离失所》后指出，观众能感受到叙利亚擦过头顶的子弹的力量，并且能与叙利亚人民肩并肩作战，他们会真正意识到新闻本身所包孕的巨大悲剧性。②

VR 新闻除了通过计算机模拟（computer simulation）和沉浸式多媒体（immersive multimedia）等新型科技让用户“穿越”到三维的新闻事件场景之外，还能把物体从新闻场景中“拉”出来进入主播或用户所处的三维空间，如央视新闻频道在 2016 年 9 月 15 日直播天宫二号发射特别节目《筑梦天宫》，在介绍神舟十一号时，神舟飞船从屏幕里“飞”了出来穿过演播室。③

VR 新闻执着于全面场景的 3D 模拟，AR 新闻则致力于其中局部物体的 3D 呈现。AR 新闻也是通过一个集计算机影像处理技术、传感器技术、三维建模等于一体的仿真技术，将虚拟影像和现实影像无缝融合/叠加到新闻文本的文字、图片之上，使得新闻所涉事物以三维动态或所涉事实以多层数据的方式呈现，使用户获得超越现实的感官体验。中国 AR 技术研发与应用示范基地史凌波主任指出，“相对传统的文、图、视频内容，AR 具有更强的扩展空间表现能力；相对于虚拟现实，AR 的硬件要求较低，并以其虚实结合、实时交互的特点，给多样化的信息传播增添了更多可能”④。2016 年 BBC 为纪录片《地球脉动 2》制作了 AR

① 史安斌. VR/AR 技术引发传统新闻业的三大转向[EB/OL]. (2018-04-24)[2018-05-08]. https://www.jianshu.com/p/bb1a3ec2f254.

② 常江，徐帅. 从“VR+新闻”到“VR 新闻”——美英主流新闻业界对虚拟现实新闻的认知转变[J]. 新闻记者，2017(11)：35-43.

③ 张瑞峰. “VR+新闻”：新媒体时代的新探索[EB/OL]. (2017-09-28)[2017-10-12]. http://media.people.com.cn/n1/2017/0928/c414565-29565259.html.

④ 新华社推出 AR 新闻，把两会报道带进“四维空间”[EB/OL]. (2018-03-09) [2018-04-12]. http://www.tmtpost.com/nictation/3118876.html.

体验，观众利用 Blippar 应用程序扫描物体，即可感受纪录片里的奇妙世界（图 4-18）。[①]

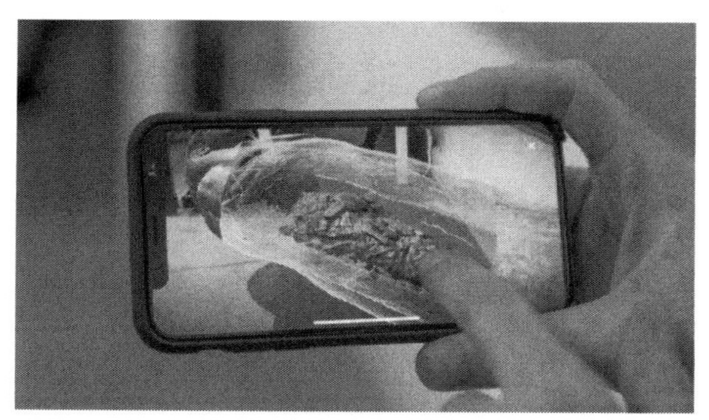

图 4-18　物体的 3D 呈现

资料来源：小白兔乖乖. 新闻行业进入 AR 时代？《纽约时报》和 BBC 推 AR 新闻应用[EB/OL].（2018-04-23）[2019-05-10]. http://www.87870.com/news/1804/31848.html.

通过 AR 技术的三维动态呈现，用户从对物体的抽象描述和二维图片/视频中摆脱出来，进行更近距离地全方位观察，获得类似于能触摸“实物”的真实体验。《纽约时报》的首个 AR 体验“2018 年冬季奥运会的报道”，用户可以从不同角度观看冬奥会，还可以在三维空间中观看运动员的比赛片段。[②]同时，用户还可借助于 AR 技术参与到新闻生产，如在 GPS 的支持下，普通公民作为用户在进行新闻报道时，可利用荷兰的 AR 浏览器 Layer 在现实场景中扫描现实物体，为其新闻添加“增强信息图层”并上传到互联网，从而生成一条 AR 用户新闻。[③]

事实上，360°新闻、3D 新闻（VR 新闻和 AR 新闻）并未改变叙事模式，只是个别叙事元素发生了变革，即对场景、事物的呈现由文字、图片、视频等方式的“再现”（representation）转换为实物的“模拟”（simulation）[④]，这种“模拟”不过是戏剧方式的叙事视角而已，而用户

① 杜耀宗. AR 新闻现状与策略分析[J]. 新闻窗，2018(2)：77-78.

② 小白兔乖乖. 新闻行业进入 AR 时代？《纽约时报》和 BBC 推 AR 新闻应用[EB/OL].(2018-04-23)[2019-05-10]. http://www.87870.com/news/1804/31848.html.

③ 史安斌，张耀钟. 虚拟/增强现实技术的兴起与传统新闻业的转向[J]. 新闻记者，2016(1)：34-41.

④ 常江，徐帅. 从“VR+新闻”到“VR 新闻”——美英主流新闻业界对虚拟现实新闻的认知转变[J]. 新闻记者，2017(11)：35-43.

进入场景目睹事件发生，也不过是第一人称见证人的视角。[①]但它们无疑更多地延伸了人们的“感知器官”，拓展了人们的“感知阈限”，即人们沉浸在新闻场景中观看，而不仅是置身事外地观看，在加深人们的理解和增强人们的印象的同时，可能会在一定程度上影响人们对新闻事件的判断理性和关心程度。

三、事件作为群体与图谱新闻

沃尔特·李普曼（Walter Lippmann）在《公共舆论》（*Public Opinion*）[②]中指出，媒体像探照灯，灯照射哪里，人们就关注哪里。[③]这意味着，那些未被探照灯照射之处，则只能隐匿于黑暗之中。这是因为在传统媒体时代，人力、物力、财力有限，媒体只能探照那些典型的人、事、物，以此来代表他们整个同类，如伊拉克战争，死亡的人数不胜枚举，传统报道通常只选择几个人，讲述他们的故事，以代表其他所有死去的人们的故事，不可能对所有死亡的人们都进行报道；又如英国 2011 年的骚乱，以往的新闻通常是选择参与骚乱中的几个人进行报道，也不可能报道所有参与骚乱的人。

但在肇始于互联网络的新媒体语境里，人联网、物联网、卫星通信等技术让所有的人、事、物等风过留痕，雁过留声，人过留名，有迹可遁。因此照看事件、问题所涉及的所有人、事、物成了可能。当这些人、事、物所关涉的数量为大数据（即海量数据）时，只能将它们当作群体，以样本（全样本或大样本）、数据的形式进行报道，从而出现了事件整体-呈现型的新闻（详见第八章），如获得 2018 年全球编辑网（The Global Editors Network，GEN）数据新闻奖（GEN Data Journalism Awards）的《难民营生活》（“Life in the Camps”），使用彩色圆点在罗兴亚地图上将该地区难民营中所有的、数以万计的临时厕所和水井都标示了出来，形象地告诉了读者难民营恶劣的生存条件和极大的卫生隐患。

---

① 曾庆香. 新闻叙事学[M]. 北京：中国广播电视出版社，2005：125-147.

② 此书有三个版本，分别是 1989 年的《舆论学》、2006 年的《公共舆论》、2018 年的《舆论》。

③ 沃尔特·李普曼. 公众舆论[M]. 上海：上海人民出版社，2006：243.

照看所有数量庞大的新闻事件，通常采取图谱形式报道。图谱，是通过图表把人、事、物的整体概貌进行可视化的呈现方式，即指把用来呈现人、事、物的图或表进行有系统的分类编辑并形成图集，以便于人们一目了然地了解作为群体的新闻事件，因此称为图谱新闻。如《纽约时报》于 2016 年 8 月 14 日发布的《奥运禁药之祸》（“Athletes Who Were Denied Their Olympic Medal Moments Because Others Were Doping”）①，把从 1968 年墨西哥城奥运会开始所有“因为服用兴奋剂而丢掉奖牌的奥运选手”和“因为他人服用兴奋剂而与奖牌失之交臂的运动员们”用图谱的方式报道了出来（图 4-19），其使用的图片是这些运动员们自身的照片。

图 4-19 因服用兴奋剂丢掉奖牌的奥运选手名单

资料来源：樊佳莹.《华盛顿邮报》《纽约时报》怎么做数据可视化[EB/OL].(2016-08-16)[2017-12-25]. http://www.sohu.com/110748179 115363.

① HE N, LAI K K R, MURRAY P. Athletes who were denied their olympic medal moments because others were doping[N/OL]. The New York Times, 2016-08-15(D5)[2021-07-16]. https://www.nytimes.com/interactive/2016/08/14/sports/olympics-medal-doping.html.

目前图谱新闻主要有两种表现形式，一种是地图式图谱新闻，即在地图上呈现所有作为样本、数据的事件，如《难民营生活》，又如获得2018 年全球编辑网数据新闻奖的《菲律宾安全之路》（“Road Safety Awareness/Philippines”）将 2015 年菲律宾每个区域的死亡人数都进行了统计，并根据各区域不同的死亡人数用不同颜色在菲律宾地图上标示出来。

另一种是时间轴式图谱新闻，即以时间轴为主线展示某段时间针对某个问题或现象所发生的所有事件，如《纽约时报》的《奥运金牌百年统计》（“A Map of Olympic Medals”）是以时间轴为主线，把从 1900 年开始连续百年来各国在奥运会上获得的金牌数以直观的泡泡图形展现出来。①《纽约时报》的《历史信息图：那些主导了夏季奥运会奖牌榜的国家》（“A Visual History of Which Countries Have Dominated the Summer Olympics”）也是以时间轴为主线，把从 1896 年至 2016 年各国在奥运会上获得的奖牌数量以直观的堆积图进行了展现。②

在上述图谱新闻中，作为样本的事件是以不同颜色的圆点或话泡（🗨）等符号展现在图表上，有多少事件，就有多少样本，也就有多少个符号。点击代表事件的每个符号，事件便以关键词或摘要方式呈现，标注事件要素（who, where, when, how, why），如《伊拉克战争日志》的“伊拉克战争的每一例死亡地图”，一个红点代表一个死亡事件，用鼠标点击红点后弹出的窗口则有：伤亡人数、时间，造成伤亡的具体原因。地图上密布的红点有 39.1 万个左右，可谓触目惊心。

作为数据的事件则往往是以不同颜色的形状来展示，如《菲律宾安全之路》，用鼠标点击不同区域，弹出的窗口则有：该地区名称、总人数，因交通事故死亡人数和死亡率。

不可否认，图谱新闻更多地被数据新闻所采用，但在叙事新闻中也

① BYRON L, COX A, ERICSON M. A map of Olympic medals[N/OL]. The New York Times, 2010-03-01(D9)[2021-07-01]. https://archive.nytimes.com/www.nytimes.com/interactive/2008/08/04/sports/olympics/20080804_MEDALCOUNT_MAP.html.

② AISCH G, BUCHANAN L. A Visual history of which countries have dominated the Summer Olympics[EB/OL]. (2016-08-22)[2020-12-01]. https://www.nytimes.com/interactive/2016/08/08/sports/olympics/history-olympic-dominance-charts.html.

存在，如《纽约时报》的新闻报道《雪从天降：塔尼尔科瑞克的雪崩》（详见第六章），便对这次塔尼尔科瑞克雪崩中所有滑雪者（共16位）的滑雪事件进行了叙述，并用图谱方式把他们的滑雪路线进行了呈现。这说明，当作为群体的事件数量，即作为全样本的事件数量只有非常有限时，新闻文本才可对全样本中的每个事件进行叙述，并使其成为一个故事整体。因此，图谱新闻也可用于叙事新闻，即作为叙事新闻的呈现样态。

不过，作为群体的事件样本数量庞大时，对每个事件进行叙述，无疑是不现实的，因此只能采取关键词或摘要进行说明，即只能制作成整体-呈现型的数据新闻。

以上三种新闻呈现样态，是对事件由近及远的照看。层式新闻和串式新闻，类似于用特写镜头照看事件，报道事件一个又一个细节；360°新闻和3D新闻则类似于近景与中景拍摄，把整个事件的来龙去脉恰到好处地展示出来；图谱新闻则类似于大远景镜头，把大量、海量甚至全体事件作为群体以样本、数据的形式来进行整体呈现。

第三节　叙事的两极与功能的互补

新媒体与互联网技术让新闻生产变成了一个开放场域，公民个人与组织机构加入新闻生产的行列，打破了原来传统媒体新闻生产的封闭状态。业余与专业的新闻叙述者合奏，共同谱出多种多样的新闻叙事样态，令新闻图景更开阔、更具层次感。

总体而言，新媒体语境下的新闻叙事样态在各个层面上都体现出两极化的倾向（图4-20）：一极是碎片新闻，如蜂巢型新闻（第六章）、层式新闻、串式新闻；另一极是全景新闻，如钻石型新闻（第六章）、360°新闻、3D新闻。一极是点上的新闻，如套娃式新闻；另一极是面上的新闻，如图谱新闻。一极是专业的公务新闻，如各个专业组织机构所发布的通告新闻；另一极是科普的大众新闻，如针对公务新闻的清单式新闻与图说式新闻。一极是快新闻，如蜂巢型新闻；另一极是慢新闻，如钻石型新闻，很多图谱新闻也是极慢新闻，有的耗时近一年。

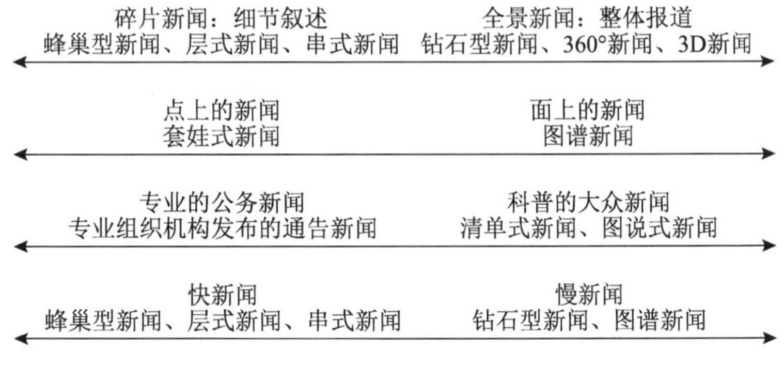

图 4-20　新闻叙事的两极化

新闻叙事的两极化倾向是为满足不同受众不同层面的需求，如对于热点事件，人们既想了解事件的“枝叶”发展（如层式新闻、串式新闻），又想知道“整棵树木”的变化（如 360°新闻、3D 新闻），还想扫视“整片森林”的概貌（即图谱新闻），蜂巢型的过程新闻、钻石型的全景新闻、扫描式的图谱新闻便应运而生。因此，新媒体语境下的各种新闻样态在功能上互相补充。

第五章 新媒体语境下的新闻叙事语体：亲密召唤与情感回应

在人们记忆中，《人民日报》作为中国共产党的机关报，一直是严肃、权威、高冷、大气而且政治色彩浓厚的形象，犹如严肃的教导主任，即便其副刊版面，也是一副端庄、正经而不苟言笑的形象，也如循循善诱的教师。然而当点开“人民日报”微信公众号（为简便起见，此章简称“人民日报”），用户却感受到了迥然相异的形象：轻松、活泼、亲切、幽默甚至搞怪，而且爱憎分明，喜怒哀乐溢于言表，仿佛跌入凡俗人间的仙女，严肃教师变身为古怪精灵的少女，如以下几条新闻标题。

孩子考双百收到“豪横”奖励！网友：慕了慕了（2021.1.28）[①]

今天清晨，中国最“燃”的地方是这里（2018.10.01）

本人诚招对象，下面请允许我介绍下自己（2018.10.01）

不吃晚饭减寿，吃太晚会致癌？晚餐，到底该拿它怎么办（2018.09.30）

如果说纸质版的《人民口报》语体采取的是阳春白雪范式，那么公众号的“人民日报”语体则采纳了下里巴人范式。不仅“人民日报”如此，“央视新闻”微信公众号（简称“央视新闻”）、“新华社”微信公众号（简称“新华社”）也是如此，如以下几条新闻标题。

---

① 由于本章所引事例大多数来自“人民日报”微信公众号，为避免占用过多的篇幅，本章只在事例标题后括号里注明日期。如果来自别的媒体，则用括号标明媒体名称和日期。

在吗，来这看阅兵（“央视新闻”：2019.09.30）

这是一条能救命的视频，为了孩子，请看看（“央视新闻”：2019.02.23）

运营商出手！烦人的营销电话有治了（“央视新闻”：2019.02.23）

那位高位截瘫也要完成论文答辩的博士 他受伤的原因竟是……（“央视新闻”：2019.02.23）

大晚上被醉酒患者暴打后，这位医生依然选择……（“新华社”：2019.02.23）

愤怒！又有人登机时往机身扔硬币（“新华社”：2019.02.22）

女性就业被歧视？国家出手，好消息来了……（“新华社”：2019.02.22）

那么这些严肃的传统媒体的公众号，其下里巴人范式是如何形成的？它们的社交媒体平台又为什么采取下里巴人范式？

第一节　悬念、惊奇、呼告与贴近：召唤结构与回应文本

仔细翻阅“人民日报”之类的传统媒体的微博和微信公众号发现，尤其是微信公众号，它们的内容及其标题采取了诸多不同于传统新闻及其标题的结构形式。这些新闻及其标题像亲朋好友的一声声呼唤，让你点击阅读与转发分享。这些新闻及其标题便体现了它们采纳了独有的召唤结构。

召唤结构是德国接受美学（又称康士坦兹学派）的代表人物沃尔夫冈·伊泽尔（Wolfgang Iser）受到波兰现象学美学代表人物罗曼·英伽登（Roman Ingarden）纲要图式中的不确定点的概念的启发，在其1970年的论文《文本的召唤结构》中所提出的概念。伊泽尔认为，文学文本是用表现性语言所写成的虚构性文本，不应该也不可能是客观世界的精确对应物，其形象体系和意义结构中必然存在着“未定点”和“空白点”。

这些“未定点”和“空白点”具有召唤功能，可以激发读者去确定、去填补，从而把文本由潜能变为现实。因此，伊泽尔称这种由“未定点”和“空白点”组成的文本的结构基础为文本的“召唤结构”。总之，召唤结构是连接创作意识和接受意识的桥梁，是召唤读者阅读的结构性机制。[①]之后发现，不仅文本的“未定点”和“空白点”是召唤技巧，“陌生化”和“否定性”也具有召唤读者阅读的功效。[②]

通过对比“人民日报”微博、微信公众号和其纸质版、网页版以及其他传统媒体及其新媒体版本，如“央视新闻”“澎湃新闻”等可发现，社交媒体的新闻不仅通过“未定点”“空白点”来召唤读者，还通过“惊奇”叙事技巧、“呼告”等修辞手法、接近性等新闻价值要素来吸引受众。下文主要以“人民日报”和“澎湃新闻”的公众号为例进行论述。

一、设置悬念：激发受众好奇

悬念是一种设置空白点的叙事技巧。它是利用“抑制”和“拖延”等艺术手法在故事情节安排上不断地留下疑窦，以催生受众强烈的好奇心和急切的心理期待，从而引起他们对故事发展及人物命运的热切关怀和浓厚兴趣的一种艺术技巧。

传统的新闻教育和新闻实践都有非常明确的要求：标题必须标出关键事实，以突显新闻价值，使得受众只要浏览标题便可获知新闻的主要事实。但是社交媒体的新闻标题却常使用延宕手法，故意抑制关键事实的出现，如“人民日报”公众号的下列标题。

（1）人抓到了！（2018.08.30）

（2）悬赏30万！抓住那个人！（2018.08.29）

（3）不拘你，拘谁！（2018.08.28）

（4）谢谢你！希腊小伙（2018.08.26.）

（5）死刑！！（2019.11.29）

（6）刚刚传来一个期盼已久的消息，大快人心！（2018.09.28）

① 吕智敏. 文艺学新概念辞典[M]. 北京：文化艺术出版社，1990：157.

② 曾庆香. 模拟、施为与召唤——论仪式的符号特征[J]. 国际新闻界，2011，33(8)：47-54.

不难发现，上述六个标题中，新闻关键信息（即 5W1H）均缺失多半（4W1H），如例（1），只交代了“抓到”这一个要素，而 who、why、when、where、how 在标题中完全未提及。从新闻事实来看，这些标题完全可以再陈述一些事实要素，如标题（1）可改为“致哈尔滨市北龙温泉酒店 20 人死亡的主要犯罪嫌疑人抓到了”。由于诸多要素处于空白状态，自然让受众产生了强烈的好奇心和期待心理，以致迅捷或毫不犹豫地点开新闻。

许多新闻只在微信平台呈现时才采取悬念设置的标题模式，而在其他平台呈现则采取传统新闻的标题模式，如表 5-1 中的“澎湃新闻”，网页版的标题陈述关键事实，公众号版的标题则设置悬念。

表 5-1 “澎湃新闻”网页标题 VS“澎湃新闻”微信公众号标题

“澎湃新闻”网页标题	“澎湃新闻”微信公众号标题
教育部答澎湃：高中纳入义务教育条件不具备，取消中考不属实	高中将纳入义务教育？中考将取消？教育部权威回应！
江苏未来五年高铁规划“完美绕过”泰州？官方回应：无聊炒作	江苏未来五年高铁规划“完美绕过”泰州？官方回应了
莎普爱思营销之路：先在医院遇挫，转非处方药后做广告大卖	莎普爱思成“洗脑神药”，是从这个字的改变开始的
“海天盛筵”回归常态：没有了富豪和明星，只有生活和生意	没有富豪和明星，如何正确地打开“海天盛筵”
江歌案明日东京开庭，江母称刑案结束后会对凶手提起民事诉讼	江歌案明日开庭，江母有话说

对比网页版标题，微信公众号标题常常通过隐没关键信息而故意造成信息的空白点。因此，如果说传统媒体的新闻依靠新闻价值来吸引受众的话，那么社交媒体的新闻却依靠悬念吸引受众。

二、突显惊奇：激起受众震惊

与悬念一样，惊奇也是一种叙事手法。亚里士多德（Aristotle）在《诗学》（*Poetics*）中强调惊奇是悲剧和史诗所需要的，悲剧中的惊奇指意外发生的事，史诗中的惊奇则指不近情理的事。之所以需要惊奇，是因为它给人以快感。意大利文艺理论家吉亚哥摩・马佐尼（Giagomo

Mazzoni）后来补充指出，惊奇感是由发生了听众认为不会发生的事情所造成的。[①]综合二者的观点，惊奇是由故事“突转”造成的，就是故事的发展突然向另外或相反的方向转化，这种突转使读者在阅读中原先产生的心理预期落空，从而感到惊奇。[②]

（7）看着都疼！落石砸断4根肋骨，他强忍剧痛将乘客送至安全区（2018.08.25）

（8）沉痛送别！为抢救国家重点试验平台，他们永远离开了我们……（2018.08.23）

（9）怪不怪？局长的灯亮着，科长就不敢关灯，科员只能干等着（2018.08.21）

（10）该抓！露骨直播竟带着孩子，这种平台见一个捣毁一个（2018.08.21）

（11）插曲！颁奖仪式国旗突然掉下，孙杨接下来的举动让网友怒赞！（2018.08.20）

（12）目瞪口呆！网上在逃人员被抓后“质问”警察：国庆节，你们不放假吗？（2018.09.02）

（13）惊悚！已故父亲微信运动 2000 多步，怎么回事？（2018.09.29）

新奇性是新闻价值的要素之一，而新闻的“突转”便是因为新闻所报道的事件出乎受众的意料而发生，因此惊奇与新闻具有天然的契合性。传统新闻标题把关键信息揭示出来，在一定程度上便是诉诸新奇性，即惊奇感，如“美媒：特朗普涉嫌助父母逃税获逾4亿美元，税务部门正在调查”（“澎湃新闻”网页版：2018. 10. 03）。对于中国受众来说，这一新闻的惊奇表现为两点：一是特朗普因助其父母逃税获利巨大让人震惊；二是特朗普被美国税务部门调查。但微信新闻不仅直接叙述造成惊奇的“突转”事实，而且用评论、发问等话语把这份“惊奇点”或“惊奇感”直白地表达出来，以强化“惊奇”，正如“用事实说话”，微信

① 王向峰. 文艺美学辞典[M]. 沈阳：辽宁大学出版社，1987.

② 罗钢. 叙事学导论[M]. 昆明：云南人民出版社，1994：88.

新闻不仅把事实报道出来，而且把其中所隐含的“话语”（即目的或者说意识形态）表达出来。

对比“澎湃新闻”中同样新闻的网页版本和公众号版本可发现，其网页版标题通常通过事实来展现“惊奇”，而公众号版标题除此之外还常用感叹词，如表 5-2 中的用“尴尬”“奇葩”等词语来凸显新闻的“惊奇”。

表 5-2 “澎湃新闻”网页标题 VS“澎湃新闻”微信公众号标题

“澎湃新闻”网页标题	“澎湃新闻”微信公众号标题
首都机场一母婴室设在男厕，工作人员称因女厕没有足够空间（2017. 12. 15）	尴尬……北京机场母婴室设在男厕所，没标示还烟味扑鼻（2017. 12. 15）
坐高铁时发现车厢少了 8 节，回应：临时接通知车厢编组变动（2018. 10. 05）	奇葩！有坐票没车厢，高铁回应让网友炸了（2018. 10. 05）

三、真情呼告：构造面对面场景

呼告指行文时对着不在面前的人或物直接呼唤，并且跟他或它说起话来。其包括两种类型：一是直呼文中的人或物并与其进行对话；二是把不在场的读者或受众当作面对面的亲朋好友进行直接交流。

社交媒体新闻的呼告，主要以第二种类型为主。如前所述，由于网络连接，社交媒体能使人们穿越时空进行社交，新闻受众不再是无法直接沟通、无法附和与回应，更无法进行争论与更正的想象主体“他”，而是能够进行点赞、评论和转发等回应的旁观主体“你”，甚至是能够进行对话、反驳与协商的参与主体“我”（详见第三章第四节），如以下几条新闻标题。

（14）71 位有梦想的同学，人民日报社正在找你！（可解决北京户口）（2017.12.05）

（15）刷屏！这几个年轻人玩了段手势舞！喊你一起来！（2018.10.03）

（16）重磅！“都市圈”时代来临，你的落户将有这些变化！（2019.02.23）

（17）这些保健食品都是假的，别买！快告诉爸妈（2018.09.30）

（18）“天安社”早在2017年，就已被北京警方剿灭，请别再传谣了，谢谢（2018.08.31）

（19）有驾照的哭了，2019 驾照要“自动降级”？速看真相！（2019.02.23）

（20）刚刚，支付宝宣布大消息！有信用卡的人速看（2019.02.21）

把不在写作现场的读者或受众当作面对面的人群进行呼告，在微信新闻中有三种表现：一是直呼“你”，如（14）～（16）；二是“警告”或“请求”，如（17）～（18）；三是呼唤某一群体，如（19）中的“有驾照的”、（20）中的“有信用卡的人”，又如“家里做饭的”“家里养猫养狗的”“免疫力差的人”“爱干净的人”，等等。

这些都是把不在眼前的受众视如在眼前而与之交流，以拉近新闻生产者和新闻消费者之间的距离，使得新闻具有强烈的“有的放矢”感，从而引起受众的感情共鸣。

微信新闻偶尔会出现呼告中的第一种：呼告新闻中的人物，如以下几条新闻标题。

（21）苏东坡，你竟然在西湖边刻了五个“到此一游”，差评！（“澎湃新闻”：2018.10.04）

（22）平文涛，你欠杭州一个道歉！西湖边做这件事，你好意思吗（“钱江晚报”微博：2018.10.02）

对比表 5-3 中的网页版和微信公众号版的新闻标题可发现，公众号新闻常采纳呼告策略以召唤用户进行点击阅读。

表 5-3 “澎湃新闻”网页标题 VS“澎湃新闻”微信公众号标题

“澎湃新闻”网页标题	“澎湃新闻”微信公众号标题
最高检：各级检察机关要依法严惩侵害幼儿园儿童犯罪	“红黄蓝”们，最高检的这份通知，速看！

续表

“澎湃新闻”网页标题	“澎湃新闻”微信公众号标题
中纪委官网发布的八项规定主题表情包已在微信上架，共16款	八项规定主题表情包已在微信上架，请查收！
图解“乌镇饭局”：大佬们是如何撑起中国互联网半边天的？	看完别不信，我们的生活就这样被“乌镇饭局”大佬们占领
麦当劳连夜发声明：售卖的油条及其包装在生产中没加塑化剂	麦当劳被检出塑化剂，有网红店铝超标 9 倍……这样的“放心”油条你敢吃吗？

四、诉诸贴近：唤起受众亲切感

虽然接近性是新闻价值的要素之一，但微信新闻尤其诉诸这一要素，并将之作为一个重要策略，而且贴近比接近性更进一步。微信新闻的贴近诉诸两种类型。

一是题材上的贴近，即主要报道紧贴民生的社会新闻和实用知识。“人民日报”公众号每天大概发布 10 次图文微信，一般始于“来了！新闻早班车”，终于“夜读”。除了新闻之外，固定栏目有：“新闻”“关注”“提醒”“健康”“荐读”“实用”“学习”“榜单”“夜读”，其内容涵盖范围广，涉及养生常识、民生政策、优秀或趣味文章等内容，如以下几条新闻标题。

（23）【荐读】本人诚招对象，下面请允许我介绍下自己（2018.10.01）

（24）【荐读】朋友圈千万不要设置三天可见！！哈哈哈笑到抽筋（2018.10.01）

（25）【荐读】女孩发了一条想跳楼的朋友圈，男孩的回复甜哭了……（2018.10.01）

（26）【健康】妇科泰斗送给女人的 6 句话，概括了一生的防病重点（2018.10.01）

（27）【提醒】支付宝出新功能！网友：单身的不配拥有……（2018.09.29）

二是用语上的贴近，即偏爱口语和流行的网络用语，如以下几条新闻标题。

（28）被气到吐血！iPhone 系统升级后，这个功能太魔性！（2018.09.19）

（29）吓 skr 人！这居然不是摆拍（“澎湃新闻”：2018.10.04）

（30）台风又双叒叕来了！这些地方将受到影响（“澎湃新闻”：2018.10.05）

（31）Siri 终于修炼出人形！这个妹子承包了我一天笑点，开口跪！（2018.10.03）

同样，对比网页版和微信公众号版，同样一条新闻公众号版的用语常常采用网络用语，而网页版则采用标准词语，如表 5-4。

表 5-4　“澎湃新闻”网页标题 VS “澎湃新闻”微信公众号标题

“澎湃新闻”网页标题	“澎湃新闻”微信公众号标题
《国家宝藏》首播，迷之自信的乾隆爷又火了	“乾隆皇帝”被花式 diss！看完这部“博物馆综艺”，我笑哭了哈哈哈
陕西志丹一派出所斥房管局为难群众：有户口本还要开户籍证明	有户口本还要开户籍证明，陕西房管局被派出所怒怼
《咬文嚼字》杂志编辑部：今年是流行语的“小年”	年度流行语出炉！“不忘初心”“打 call”等入围

具有上述四类召唤结构的新闻标题目前已从微信公众号蔓延至微博，如“人民日报”微博新闻（32）～（34）。

（32）【泪目！“一个人组成的篮球队”】（“人民日报”微博：2019.02.23）

（33）【心疼！消防小哥跳入冰水救人，上岸后不由自主地发抖】（“人民日报”微博：2019.02.23）

（34）【上一秒擦泪，下一秒微笑 你愿为这些#最敬业变脸#转吗？】（“人民日报”微博：2019.02.22）

但“人民日报”早期的微博新闻标题与其纸质版新闻相差无几，如（35）～（38）。

（35）【29 省成立见义勇为基金会】（“人民日报”微博：2012.07.31）

（36）【水龙头“隔夜水”可能含铅】（“人民日报”微博：2012.07.31）

（37）【行贿1万元以上应追究刑事责任】（“人民日报”微博：2012.12.31）

（38）【9岁男童玩鞭炮引爆窨井不幸身亡】（“人民日报”微博：2012.12.31）

不过，上述四种召唤结构并非泾渭分明，而往往杂糅使用。总之，种种召唤结构使得新闻褪去了原来的好恶不言于表的严肃表情，换上了淘气而又喜形于色的面孔，甚至大呼小叫、拍案而起的形象，从而让人感到“人民日报”“央视新闻”“新华网”从遥不可及的圣洁高坛走入了触手可及的凡尘俗世。

新闻叙事中的召唤功能，除了通过标题的悬念、惊奇、呼告与贴近来召唤用户阅读、观看新闻之外，还经常在新闻结尾处之外提出疑问来召唤用户回应。如“人民日报”公众号2021年7月17日的“独一份！高校连续15年毛笔手写录取通知书，今年有不同”，新闻最后用红色字体提问：“这样仪式感满满的录取通知书你羡慕了吗？”

五、用户回应：在场与在屏的情感共振

上述种种召唤结构从另一角度来看可分为行动召唤、空间召唤、时间召唤与语言召唤等四种类型。行动召唤指召唤受众通过行动来参与活动，如微博@央视新闻2021年5月26日的“直播！#你好新时代#融媒体大赛启动 等你来拍！”，上述的“呼告”很多是进行行动召唤；空间召唤，即诉诸地理上的接近，指借助于受众所在空间进行召唤，如中央广播电视总台联合各个地方的融媒体中心“打卡红色圣地 解锁红色记忆”；时间召唤借助一个个日期来召唤受众关注，从而形成时间召唤，如《义勇军进行曲》发表于1935年5月16日，央广网微博视频号在2021年5月16日发表#今天，一起回溯国歌是怎样诞生的#[①]；语言召唤指上

① 曾庆香，肖孟乔. 空间叙事、召唤结构与新闻聚像——主流媒体建党百年报道创新与破圈[J]. 电视研究，2021(7)：14-22.

述的通过令人产生好奇或惊奇的语言来吸引受众点击、收看，包括上述的悬念、惊奇和网络流行语，部分呼告也是语言召唤。

通过种种召唤引来了无数用户的回应，这些回应几乎都情感饱满，有对新闻人物的赞美与谴责，有对新闻叙述者的表扬。用户回应包括新闻文本内外两种方式。

新闻文本内的回应指用户的回应呈现在新闻文本中，又有两种形式，一是新闻内的“网友回应”，即用户回应成为新闻文本的一部分，有的成为标题的一部分，如“手术刀还能这么用？！网友：太惊艳”（央视新闻公众号，2021. 01. 23）；有的则是新闻正文的一部分，如“央视新闻”公众号 2021 年 7 月 17 日的新闻：《快到模糊！女孩平均 1 秒跳绳 7.3 次，破世界纪录》（简称《快到模糊》）中有一个如下用户截图（图 5-1）：

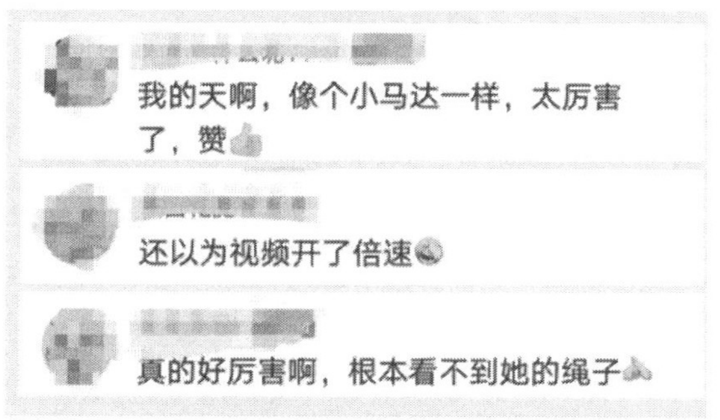

图 5-1　“央视新闻”微信公众号 2021 年 7 月 17 日新闻《快到模糊》截图

二是用户的回应促成或推动新闻的形成，也是新闻的组成部分，如第四章第一节的对话式新闻和互动新闻，又如 2017 年两会期间，人民日报客户端发布了一条 H5 新闻《两会喊了你加入群聊》，用户需要扫描二维码，并点击红包，它生成的新闻含有用户回答的问题“嗯，我希望可以工资再高点，假期能再长点”和用户的点赞与评论，不过用户的回答、点赞、评论都由程序设置。

新闻文本外的用户回应指用户回应游离在新闻文本之外，有三种形式：一是微信公众号的“阅读、点赞、在看”，微博的“点赞、转发、评论”等数据。二是新闻后面的留言区的留言。现在几乎每条新闻都有网友的留言，如“央视新闻”这条新闻后面的精选留言有：“你们在骗我，绳子在哪呢？”“自律和坚持，真的很重要。早起跑完步打个卡”“膜拜！无影脚”，等等。三是以另一则新闻的形式来回应，如中国青年报客户端 2021 年 7 月 4 日发布新闻评论《林生斌陷入争议漩涡，我们该怎么看？》，很快就有网民在微博上发帖对这一评论进行反驳。[①]不过，新闻文本外的召唤与回应，更多的是用户召唤专业媒体，专业媒体或相关部门回应用户。如微博视频号@内幕纠察局 2021 年 7 月 11 日发表博文称，两家外卖平台销量第一的炸鸡店，华莱士、韩式炸鸡有多脏？@华莱士官方微博 2017 年 7 月 17 日发表声明进行回应，同日@蓝鲸财经记者工作平台微博报道称【#华莱士致歉#：涉事门店停业整顿】。

用户新闻与专业新闻之间、用户新闻之间可能进行多轮的召唤与回应。如 2021 年 7 月 14 日傍晚有网友在微博发布新闻称自己好友因在医疗美容院做抽脂填充手术感染去世。当天晚上@中国新闻周刊回应称：涉事医院工作人员称不清楚此事，目前医院正在进行消防演练，暂停接诊。2021 年 7 月 15 日杭州市卫生健康委员会也回应称，经市医学会组织专家评估，戴某某抽脂死亡事件是一起医疗事故。

如前所述，业余新闻一般是由正好在现场的普通用户或在现场处理新闻事件的相关部门所叙述，专业新闻则是对亲历者或见证者的采访或专业记者亲赴事件现场的调查后所生产，一句话，新闻是在场的结果，而用户对新闻的回应，一般都是用户通过屏幕阅读、观看新闻之后的情感反应，因此，用户回应是一种在场与在屏的情感共振。

---

① 央媒谈林生斌风波，为其澄清部分离谱传闻，惹网友不满遭反怼质问[EB/OL].（2021-07-05）[2021-07-17]. https://www.163.com/dy/article/GE5PGGER0552ADQZ.html .

第二节　作为交往的新闻：从仪式化演讲到日常化对话

作为传统媒体的“人民日报”的端庄、严肃、权威、高冷、大气的形象，为什么在微博、微信等社交媒体上却变脸为迥然相异的轻松、活泼、亲切、幽默甚至搞怪的形象？很重要的一大原因是传统媒体的新闻与仪式化行为交织在一起，而社交媒体的新闻与日常交往纠缠在一处。

一、从“新闻展”到“新闻流”：新闻仪式化的消解

在报纸、广播、电视等传统媒体时代，新闻是以展示或展演的方式呈现在受众面前，具有仪式化特征。此处仪式化特征不同于詹姆斯·W.凯瑞（James W. Carey）的“传播仪式观”。凯瑞的“传播仪式观”主要是从传播的功能进行审视，指信息传播能维系社会和共享信仰。[①]此处的仪式化指大众传媒的新闻在传播形式和行为上具有仪式特征。仪式（ritual）源于宗教。埃米尔·涂尔干（Émile Durkheim）认为人类生活可分两部分：神圣的和世俗的（the sacred and the profane）。神圣生活指宗教生活。宗教生活和凡俗生活在时间和空间上都是隔离的：“宗教生活和凡俗生活不能同在一处。宗教生活必须被安排在一个特定的地方，凡俗生活不能介入其中。这样，庙堂和圣所就被建造起来了。”[②]最初，仪式是在“确定的时间”和“特定的地方”举行的、表达信仰的宗教活动。随着宗教生活溢出其原有范围，并了无痕迹地渗透进社会生活的诸多方面，仪式便随之渗入世俗生活，而不再局限于宗教领域。由此，仪式便由对神灵的供奉、祝祷、崇拜来表达信仰转变为对生活、工作中的某项活动或某个事件的宣告、重视与展演来宣示合法性和权威性。人们也由追求宗教仪式的神圣、敬畏转变为追求世俗仪式的正式、严肃和权威。一般认为，仪式主要包含三种：一是隆重的庆典（ceremony），如国庆庆典、奥运开幕式；二是民间的正式仪式（rite），如婚礼、葬礼；三是民间的非正式礼仪

---

① 詹姆斯·W. 凯瑞. 作为文化的传播[M]. 丁未，译. 北京：华夏出版社，2005：7.

② 爱弥尔·涂尔干. 宗教生活的基本形式[M]. 渠东，汲喆，译. 上海：上海人民出版社，2006：291.

（etiquette），即仪式化行为，如见面握手、贴面和道别挥手等。虽然仪式种类不同，但它们都具有共同特点：象征性、展示性（或者说展演性）与程序性、正式性与严肃性。除第三种仪式外，其他两种还具有“中心性”特征。

传统媒体的新闻仪式化特征首先在于新闻以展示或展演方式出现。报纸通过报头、图片、色彩、字体、字号、板块等设计在展示新闻信息的同时，还展示了一定的版面美感，而电视通过片头、播音员、片头曲、镜头设计、剪辑、解说词、配音、图标等展示一定的艺术特征。传统媒体新闻作为展示，还在于为了追求客观性，它采取了叙事的两种方式：“展示（showing）”和“讲述（telling）”。“展示”乃叙述者处于缺席或隐蔽状态，尽可能地不介入故事，不对故事进行评价。[①]

不论是报纸杂志，还是广播电视，在固定的时间和分离的地点的展示与展演中，通过编排、位置、长短等来象征事件重要程度的不同。其中的人物关系和身份地位结构性地再现了现实社会的金字塔结构，媒介化中心与现实社会中心体现出相当高的重合度。传统媒体所再现的符号世界强化了人类社会结构，规训着人们对自己身份地位的定位。“新闻阅读与写作，是一个仪式化的行为，更是一种戏剧化的行为，呈现在读者眼前的并不是单纯的信息，而是对这个尔虞我诈的世界的描述。”[②]同时，报纸广播电视基本根据既定程序来展示、展演新闻，在象征性、表演性之上，还具有较强的程序性。

在传统媒体的新闻生产与传播的语境中，受众数量庞大，基本难有渠道与生产者进行回应、互动，只能是以他者的形象，即想象主体混沌、虚幻地存在于传者印象中。这类似于宗教仪式，因此有学者指出“公众是图腾”[③]。不仅公众被仪式化为“图腾”，记者和新闻界也分别被自我和社会神圣为“无冕之王”“第四权力”，肩负监督权力和保障公众知情权的使命，如同祭司一样存在。

---

① 罗钢. 叙事学导论[M]. 昆明：云南人民出版社，1994：164.

② 詹姆斯·W. 凯瑞. 作为文化的传播[M]. 丁未，译. 北京：华夏出版社，2005：9.

③ CAREY J W. The Press and the Public Discourse[J]. The center magazine, 1987, 20(2): 4-16. 转引自彭增军. 新闻业的救赎：数字时代新闻生产的16个关键问题[M]. 北京：中国人民大学出版社，2018：125.

没有面对面的受众场景、没有氛围、没有掌声，也没有提问等回应，再加上为追求有质量的新闻，传统媒体在题材选择上则更偏向于政治、经济、教育、文化等严肃题材，因而其新闻展示也很难不具有严肃性，如电视播音员正襟危坐，即便是娱乐新闻、暴力新闻，叙述通常也较为正式。传统媒体新闻的严肃性、正式性还体现在新闻的规范性。为了确保尽可能不出现错误，传统媒体都有专门的校验部门，如报纸有专门的校对人员，电视台也有专门审片人。总之，传统媒体新闻展示的仪式性集中体现在新闻专业主义的建构和维护之上。

基于以上种种特征，传统媒体的新闻传播被称为“教堂式传播”。权威性、公信力是传统媒体新闻报道的仪式化特征的应有之义。

传统媒体的新闻生产与传播是集中化、垂直化，甚至是封闭化的。报社、电台、电视台几乎把控了新闻生产与新闻传播的中心，除了小道消息，人们几乎难有获知信息的其他渠道。

然而，在社交媒体时代，传统媒体的新闻生产与传播的象征性与中心性、表演性与程序性、正式性与严肃性，几乎都被一一消解、颠覆。

如第二章所述，互联网络节点的分布式链接及其结构的开放精神，以微博、推特为代表的社交媒体为每位用户随时提供生产新闻的入口，以及人类社交的六度分隔，让每位公民成为记者叙述新闻并广而告之成为现实。互联网这种去中心化结构逻辑自然导致传统媒体新闻生产的中心地位的崩塌。因为“技术作为一种‘座驾’，是世界向人展现的方式，规定了人与世界的关系”。技术并不仅仅是被人使用，而是构成人类的“在世存有”，决定了人类命运[①]，因为“它摆置着人，逼使人把现实当作持存物来订造。那种促逼把人聚集于订造之中”[②]。

去中心化的技术使社交媒体成为人类的“在世存有”，逼迫为公众设置议程的传统媒体接受普通民众所生产的用户新闻为自己设置议程，如克林顿性丑闻事件[③]，又如“躲猫猫”事件导致套娃式新闻、注解式新闻、

---

① 孙玮. 微信：中国人的“在世存有”[J]. 学术月刊，2015，47(12)：5-18.

② 海德格尔. 技术的追问[M]//吴国盛. 技术哲学经典读本. 孙周兴，译. 上海：上海交通大学出版社，2008：309.

③ 周葆华. 作为“动态范式订定事件”的“微博事件”——以 2010 年三大突发公共事件为例[J]. 当代传播，2011(2)：35-38.

图说式新闻、清单式新闻和策展式新闻（详见第四章）的大量涌现。

社交媒体的按照时间顺序编排新闻和 24 小时滚动的信息流动方式以及碎片化的信息呈现方式，消解了传统媒体的正式性、严肃性与象征性、表演性。人们通过微博、微信等社交媒体随时随地简单易行地发布新闻，这无疑褪去了传统媒体新闻生产的正式性、严肃性与程序性。在新闻流中，新闻既不分头版头条、时间先后，也没有篇幅长短、字体大小的显著区别。一个无名之辈、一件鸡毛蒜皮的小事与重要人物、重要事件的报道占据着同等大小的空间，同样会随着时间和信息的流动而消失。即便传统媒体象征了事件的不同重要程度，象征了社会金字塔结构的新闻聚合，被社交媒体全盘接收后，也会以条为单位，以网页为链接的碎片化方式，几无差别地呈现在其川流不息的信息带上，从而消解了其象征性、程序性和表演性，如在 2018 年 10 月 13 日的新浪微博上，“人民日报”的《逐条驳斥！美国领导人演讲的五大谬误》的新闻评论，其上下都是搞笑微博，分别是“孩子爸爸妈妈都姓王，给孩子取个名字”，“#程序员都爱格子衫# #格子接力赛#”。

这三条信息，无所谓孰重孰轻，它们同等重要。相比之下，在报纸上，这条评论的版面、位置、篇幅、字体足以体现它是一条较为重要的新闻（图 5-2）。微博之类的社交媒体的新闻大杂烩就如便利店的商品杂烩，正如《时代》周刊给予“德拉吉报道”这个网站的评价：“它是将小道消息、流言蜚语、政治阴谋和极端的天气预报融合在一起的滑稽可笑的大杂烩……但令人想不到的是，这种融合几乎都是由一个做过便利店店员的家伙一手操办的。”①

社交媒体的一对一、一对多的传播、互相@及其点赞、转发、评论、私信等功能，让传者和受者打开了互动的大门，媒介内和媒介外成为一体，为新闻叙事建构了对话场景：传者和受众通过文字对话，甚至辩论、争吵。受众从“他”转变为“你”，甚至“我”，即从想象主体转变为旁观主体，甚至完全平等的对话主体，因为他们能在社交媒体发布一条同等分量的新闻，以对原新闻或更正或延伸或反转，从而完成了传者和

① 朔风. 博客之王马特•德拉吉：毁了克林顿成就希拉里[EB/OL].（2017-11-05）[2017-11-08]. http://news.sina.com.cn/w/2007-11-05/102614237629.shtml.

人民日报　3 要闻

前三季度货物贸易进出口总值22.28万亿元

外贸平稳增长 质量效益提升

美国领导人演讲的五大谬误

中央纪委通报12起违反中央八项规定精神问题

大桥转体

图 5-2　《人民日报》截图

受者之间的话轮转换和身份转换。在这种对话场景中，传者在生产新闻中感到了受众无数双眼睛的盯视，如同商贩在大集市贩卖商品，既要经受顾客的围观询问，又要接受他们的质疑挑拣，甚至还要面临叫板竞争，其即时叙述自然难以采取一本正经的方式，正式和严肃无疑被削弱，甚至被随意和亲切所取代，因此这种传播方式被称为“集市传播”[①]。

二、从新闻演讲到新闻对话：新闻交际化的突显

每个时代最流行的媒介构成了那个时代的“在世存有”。在电视建构“在世存有”的时代，人们非常注重外表，以至于美国前总统尼克松在总结竞选失败教训时指出：“减去 20 磅[②]体重。”尼尔·波兹曼（Neil

---

① 方兴东，杨吉. 21 世纪的书：信息时代商业思想 10×10 阅读[M]. 广州：南方日报出版社，2005：178.

② 1 磅≈0.45 千克

Postman）也指出，胖子和秃子都已被剥夺了竞选高层政治职位的权利，“我们似乎达到了这样一个阶段：政治家原本可以表现才干和驾驭能力的领域已经从智慧变成了化妆术。”①

在传统媒体时代，当新闻传播作为仪式时，面对完全无法触及的如同一盘散沙的受众，其只能依靠权威性、公共性、公信力来吸引他们，面对没有渠道发声回应的受众，还必须做到不偏不倚即客观性、独立性，才能赢得他们。这使得新闻只能采取正式的演讲、通告、训话等方式，因此传统媒体的新闻被称为“演讲式新闻”（journalism-as-a-lecture）。《芝加哥太阳时报》（*Chicago Sun-Times*）的一位著名专栏作家给读者的回信非常精妙地诠释了传统媒体新闻的演讲式风格：“这不是对话，而是上课。你要么洗耳恭听，要么走人，而不是站起来嚷嚷。”②

社交媒体让人们借助网络可以随时随地生产和消费新闻，这使得新闻就像弥漫的空气一样渗透进人们的日常生活。这种始终围绕人们的“弥漫新闻”③，无论从新闻题材上还是从话语表达上都把新闻从“神坛”拉入了凡间，从“讲堂”拉入了生活。于是日常生活便与新闻相互纠缠，一方面是日常工作与生活几乎完全媒介化，即人们乐于把自己工作和生活中所遇到的事情作为新闻来发布、分享，如一位医院院长在朋友圈发布了自己工作中的一件事，某用户发布了做木工的老爸口袋中的小米手机挡住飞来的木头等日常简单事件。基于此，英国文化与传媒学者尼克·库尔德利（Nick Couldry）就曾断言“社会交往正在改变我们‘何为新闻’的感觉”④。

另一方面，借助转发、评论、点赞、分享和互相@等回应、互动手段，新闻成为人们交往的内容与手段，甚至是交往的形式与目的。腾讯公司发布的《2016 年微信用户数据报告》和《2018 年中国新媒体趋势报告》都显示，社交网络成为除新闻 APP 以外的第二大新闻渠道，其渗透率超过电脑与电视的总和。微信则更成为最主要的一个资讯获取源。通过社交网

---

① 尼尔·波兹曼. 娱乐至死[M]. 章艳，译. 桂林：广西师范大学出版社，2004：4-5.

② 彭增军. 新闻业的救赎：数字时代新闻生产的 16 个关键问题[M]. 北京：中国人民大学出版社，2018：97.

③ HERMIDA A. Twittering the news: The emergence of ambient journalism[J]. Journalism practice, 2010, 4(3): 297-308.

④ 尼克·库尔德利. 媒介、社会与世界：社会理论与数字媒介实践[M]. 何道宽，译. 上海：复旦大学出版社，2014：20.

络来获取新闻几乎是每个社交网络发达国家的共同现象，如美国皮尤研究中心的调研发现，2/3 的美国人通过脸书来获取新闻。[①]因此，在这样一个交往语境生产新闻依然采纳展示性的演讲式话语显然不合时宜。

与此同时，借助社会交往六度的深度与 150 人的宽度甚至可抵达比大众传播更多的受众。这说明，高度网络化的社交媒体使新闻完全可通过人际传播来达到大众传播的广度。既然如此，新闻就不必采取传统媒体那种针对一大群乌泱乌泱的陌生人的演讲方式。因此，不管是社交媒体原生新闻，还是传统媒体的社交媒体版新闻，基本采取了人们日常的朋友之间的交流方式，即对话方式，因此美国学者多琳·玛丽·马尔基奥尼（Doreen Marie Marchionni）指出社交媒体的新闻是“作为对话的新闻”（journalism-as-a-conversation）[②]。

作为交往的对话式新闻，相当于又回到了文字出现之前的最原始的面对面交往的新闻方式，只不过现在作为交往的新闻是用文字来记录口语，用图片或视频来代替面对面的身势语或舞蹈动作。然而，由于社交媒体的新闻大多仍源于传统媒体机构，因此，传统媒体机构依然生产着 70% 的原创新闻。[③]对于那些传统媒体专门为社交媒体生产的新闻，职业新闻者从一开始就在题材、全文再到标题等方面都遵循社交媒体的新闻叙事逻辑。对于那些先要满足传统媒体的仪式化“新闻展”，然后再散布到社交媒体的“新闻流”上，新闻生产者通常的改动是把标题由“演讲式”转变为“对话式”。传统媒体微信公众号版的新闻或通过评价性句子（包括完整句和非完整句），或通过疑问句、感叹句（见上述悬念、惊奇）来发起话轮或延续话轮，以分享新闻，并召唤交往。正如古罗马时期，人们把叙述有关新闻事件的信件和文件抄录在莎草纸卷上，“写下自己的评论，然后与别人分享”[④]。同时传统媒体社交媒体版新闻标题还会通过表情符

---

① 彭增军. 新闻业的救赎：数字时代新闻生产的 16 个关键问题[M]. 北京：中国人民大学出版社，2018：6.

② MARCHIONNI D M. Journalism-as-a-conversation: A concept explication[J]. Communication theory, 2013, 23 (2): 131-147.

③ 彭增军. 新闻业的救赎：数字时代新闻生产的 16 个关键问题[M]. 北京：中国人民大学出版社，2018：116.

④ 汤姆·斯丹迪奇. 从莎草纸到互联网：社交媒体 2000 年[M]. 林华，译. 北京：中信出版社，2015：3.

号来适应“作为交往的新闻”[1]的身份，如上述“人民日报”微博新闻标题（32）～（33）中的、。这种在新闻标题或正文中使用表情符号可谓俯拾皆是。

在传统媒体时代，一般情况下人们阅读/收听/收视新闻与人际交往是割裂的。但在社交媒体所建构的“在世存有”语境中，了解新闻与人际交往合二为一，即人们在分享新闻中交往，在交往中分享新闻，就像灵长类动物在梳毛或捉虱中寻求交往同盟，在交往同盟中梳毛或捉虱一样。微信公众号的阅读量更多地来自朋友之间的流转[2]，便是新闻与交往合二为一的证明。因为社交媒体的意义不只在于信息传播，还在于存在感、亲情和友谊。[3]

虽然社交媒体尤其微信用户之间存在或强或弱的关系，但这种关系毕竟隐没在网络之后，且作为新闻流的存在，条数众多，流动迅速，因此社交媒体新闻需要采用召唤结构把用户拉出来。《卫报》美国版主编贾妮·吉布森（Janine Gibson）说：“受众不是自然而然就在那里的，你必须去找读者。什么是新闻的成功，说白了，就是在对的时间、对的地点找到对的读者。”[4]社交媒体新闻便是通过标题的召唤结构来寻找对的读者。

总之，传统媒体追求仪式性和展演性，社交媒体追求交际性和对话性，是同一条新闻在社交媒体和在传统媒体呈现时其标题的叙述风格迥然不同的主要原因之一，也是《人民日报》作为传统媒体和作为社交媒体，其形象迥然不同的主要原因之一，因为《人民日报》作为传统媒体，它是向受众进行演讲；作为社交媒体，它是与受众进行聊天。

第三节　使用场景中的新闻：语体亲密性与文本情感化

新媒体语境下的新闻采取上述“下里巴人”式的召唤结构不仅是由

① 谢静．作为交往的新闻——社交媒体新闻的情境化与生活意义[N]．中国社会科学报，2016-05-05.

② 谢静．微信新闻：一个交往生成观的分析[J]．新闻与传播研究，2016，23(4)：10-28, 126.

③ 彭增军．新闻业的救赎：数字时代新闻生产的 16 个关键问题[M]．北京：中国人民大学出版社，2018：66.

④ 彭增军．新闻业的救赎：数字时代新闻生产的 16 个关键问题[M]．北京：中国人民大学出版社，2018：68.

新闻去仪式化和新闻交际化所造成的，也是新闻适配用户之间的关系与新闻消费场景的结果。

一、用户间的黏性：语体的亲密性

如第二章所述，社交媒体用户之间具有程度不一的黏性和亲密性。正是这种用户间的黏性与亲密性使社交网络成为除新闻 APP 以外的第二大新闻渠道，53.5%的受访者认知短视频来源于微信/朋友圈[①]，使“当今新闻内容的消费方式，不再是以往的有意的、主动的阅读，而是碰撞式的偶然阅读，阅读或转发在很大程度上是因为朋友转了”[②]。

在现实生活中，人们会根据不同对象的亲密程度而采取不同亲密度的言语方式。在手抄新闻信时代，作者们已熟练掌握根据受众变换不同语体，如果预测所写信件会广为传播，他们便会采用正式的语气；如果预料或限制信件只在亲朋好友间流转，则会采用较为随便的文体。古罗马政治家马库斯·图留斯·西塞罗（Marcus Tullius Cicero）解释说：“我的信若只给收信人看，我会用一种文体，若我知道会有许多人读的话，就会用另一种文体。”[③]

显然，此处西塞罗的文体乃语体。语体是人类交际中调节彼此之间关系和距离的语言手段和机制。正式语体具有拉远距离的效果，而非正式语体则有拉近距离的作用；典雅语体具有拉高距离的功效，而通俗语体则有拉平距离的功能。因为典雅语体需经高深教育，而通俗语体则意味着浅显文化。[④]

传统媒体的新闻的仪式化色彩与演讲风格的交织，以及它是在正式场合所生产的，导致它采纳正式语体；而社交媒体中新闻的日常交往化色彩与对话风格的纠缠，以及它是在日常生活场所（即非正式场合）所生成的，导致它采纳非正式语体。中央电视台一套早间新闻的栏目名称：

---

① 艾媒报告：2017—2018 年中国短视频产业趋势与用户行为研究报告[R/OL].(2018-03-23)[2018-05-08]. http://www.iimedia.cn/60925.html.

② 彭增军. 新闻业的救赎：数字时代新闻生产的 16 个关键问题[M]. 北京：中国人民大学出版社，2018：91.

③ 汤姆·斯丹迪奇. 从莎草纸到互联网：社交媒体 2000 年[M]. 林华，译. 北京：中信出版社，2015：41.

④ 冯胜利. 语体语法及其文学功能[J]. 当代修辞学，2011(4)：1-13.

电视版为《朝闻天下》，而公众号版为《早啊，新闻来了》，是传统新闻采纳正式语体和社交新闻采纳非正式语体的有力证据之一。

具体来说，社交媒体新闻主要运用日常口语、白话、俗语，《纽约时报》的新闻编辑部的改革包括“加强视频内容，文风更加口语化”[①]。传统媒体新闻主要运用白话文、书面专用语[②]、文言文[③]，如《劝君莫打三春鸟，子在巢中盼母归》（《北京日报》）《女排奏捷 场面感人》（《羊城晚报》）《秀才不再磨秃笔 后勤无须跑断腿 六天的会议个把小时开完》（《羊城晚报》）[④]。有学者从词汇、语法特征、句子结构三方面分析报纸新闻语体发现，报纸新闻语体通常是书面语。[⑤]人们常以“口语、书面语”“白话、文言”“通俗、典雅”三个范畴来定义正式与非正式之间的区别（图 5-3）。

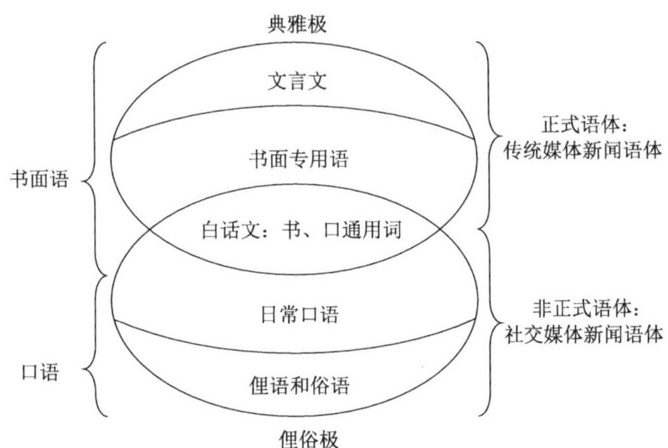

图 5-3　传统媒体新闻语体与社交媒体新闻语体示意图

资料来源：冯胜利. 论汉语书面正式语体的特征与教学[J]. 世界汉语教学，2006(04)：98-106, 148.
注：根据冯胜利的《现代汉语正式语体与非正式语体示意图》绘制

---

① 彭增军. 新闻业的救赎：数字时代新闻生产的 16 个关键问题[M]. 北京：中国人民大学出版社，2018：30.

② 即正式自生系统，以合偶词及其语法为主，合偶词乃现代汉语书面语自身发展出的一批双音词，如“极为、光临、加以”等，这类双音词文言中没有，口语中罕用，只在现代汉语书面语中出现，且必须和另一个双音词组成“双+双”韵律模块。参见冯胜利，王洁，黄梅. 汉语书面语体庄雅度的自动测量[J]. 语言科学，2008(2)：115-116.

③ 以文言词、嵌偶词+古句型为主，嵌偶词乃必须组单成双才能独立运用的单音节文言词，嵌偶词严格遵循“单+单”的韵律词的组构方式。参见冯胜利，王洁，黄梅. 汉语书面语体庄雅度的自动测量[J]. 语言科学，2008(2)：115.

④ 彭朝丞. 新闻标题学[M]. 北京：人民日报出版社，1996：149.

⑤ 郝会丽. 论新闻语体[D]. 北京：中国社会科学院研究生院，2001：26.

图 5-3 显示，从俚俗极到典雅极，有五种不同语体。这五种不同语体所造成的不同心理和关系距离如图 5-4 所示。

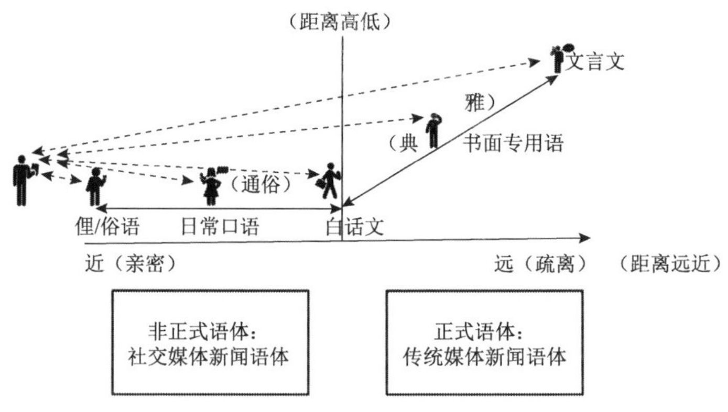

图 5-4　五种语体的关系距离示意图

注：线段长短表距离大小

不同语体所造成的不同的关系距离或心理距离，在日常生活中人们都深有体会，譬如当人们身处异国他乡时，如果耳朵不经意间捕捉到自己的方言或国语，会倍感亲切，甚至尽管陌生也会主动搭讪交往。同时，人们也会根据与对象之间的不同亲密程度而采取不同的语体，如见到老乡会说家乡方言，见到同胞会说本国语言。当人们不想拉近距离时，即便是老乡，也不愿用家乡方言交往，而是会说着普通话，打着官腔。因此，非正式语体和亲密距离之间互为因果。

社交媒体新闻所采纳的上述四种召唤结构，无论句式还是用词，采纳的基本都是非正式语体，如“人民日报”公众号新闻每天始于《来了！新闻早班车》，之后的常规是：8：00、12：00、14：30、18：00、21：30 左右各发布一次，其中会穿插一些突发新闻（表 5-5）。

表 5-5　“人民日报”公众号 2018 年 10 月 28 日新闻标题

时间	标题	口语特点	情感倾向
07：07	（1）来了！新闻早班车	倒装句	欣喜
07：59	（2）台湾妹子第一次到江西，竟在机场痛哭！		喜极而泣
	【关注】甘肃一民政局招聘考试成绩表错行，多人被处分！		
	【实用】计步器怎么知道我们走了多少步？谜底揭晓		
	【荐读】大学生请假做“小手术”，面对追问他只好默默脱下了帽子……	省略句	难过

续表

时间	标题	口语特点	情感倾向
11：26	（3）【快讯】批捕了！	省略句	大快人心
12：28	（4）老人在 ICU 昏迷 30 个小时，醒后写下 7 个字……网友被甜哭了	省略句	感动
	【关注】“清华总裁班”同学开饭馆破产还欠了 300 万！清华这样回应……	省略句	惊奇
	【健康】秋裤应该什么时候穿？低于这个温度，医生都悄悄翻出了秋裤		
	【荐读】这个当红主播离职，他的辞职信看哭了		感动
14：19	（5）揪心！重庆一公交车坠入长江	独词句、评价句	揪心
15：01	（6）这是他牺牲前的最后一扑		敬佩
	【提醒】崩溃！朋友圈刷到未成年女儿不雅视频！竟是为了小小的……	省略句、独词句和评价句	崩溃
	【健康】女儿看着爸爸瘫倒在椅子上，心跳停止！万幸的是……		惊喜
	【荐读】网购了一款手机壳，撕开快递的那一刻，我哭了！		愤怒
18：55	（7）最新通报！公交突然越线，女司机没逆行，车上实载 10 多人！	独词句和评价句	
19：37	（8）大学课堂里的“泥石流”！老教授魔性解读古诗爆红……	省略句	喜爱
	【关注】网曝广西一医院窗口低矮，孕妇半蹲填表！院方回应	独词句和评价句	责怪
	【健康】首次确认！人体已被塑料污染！你常吃的它竟是重灾区		恐惧
	【荐读】当你负面情绪爆棚时，这些方法可以拯救你！（建议收藏）		高兴
21：27	（9）46 岁警察因公牺牲，他留下的最后一句话让人心碎……	省略句	心碎
	苹果、华为新机同天发售，这组店门口的对比照刷屏了！		喜悦

非正式语体语法相对灵活，它们尤其口语的特点有：语法结构简单、语序自由、省略句、倒装句、句子短小、评价句；大量的独词句、使用语气词、象声词等。[①]上述标题基本具有这方面的特征，如采纳口语句式（表 5-5）。同时，表 5-5 中（2）（6）（8）（9）等标题还故设悬念吊人胃口，而“魔性”“爆红”“看哭”“甜哭”“爆棚”则为典型的口语词汇。有不少社交媒体新闻直接采用“哈哈哈”做标题，如《哈哈哈哈哈！这只竹鼠，承包了我一天的笑点》（2018.09.11）。

① 陈振艳. 现代汉语口语语法的分布及特点研究[J]. 湖南工程学院学报(社会科学版)，2017，27(1)：42-47.

与此同时，证明上述新闻为非正式语体还有“了$_2$”[①]的频繁使用，如上述“人民日报”公众号仅一天的新闻就在（1）（3）（4）（6）（9）新闻中用了6个“了$_2$”，因为“了$_2$”是“主观近距交互式语体”，即非正式语体的标志。而《人民日报》《新闻联播》和通讯社的新闻报道（除现场直播之外）基本不用“了$_2$”。因为传者与受众处于平等关系是“了$_2$”使用的语境。当传者与受众不处于平等关系，即传者权威叙述时通常不使用“了$_2$”。传统媒体奉为圭臬的客观性即是追求权威叙述，是一种“主观远距单向式语体”，即正式语体，因此传统媒体所追求的专业主义与平等互动存在一定程度的违和。[②]

二、场景的私密性：文本的情感化

传统媒体追求新闻专业主义，客观性是其核心。这使得传统媒体新闻一直强调“用事实说话”，即客观叙事，因此，记者不能在报道中直白地表达情感和观点。但移动互联网时代，移动终端及其使用场景对社交媒体的传播内容和传播形式的影响大大强化。“移动传播的本质是基于场景的服务，即对场景（情境）的感知及信息（服务）适配。”[③]手机移动终端导致人们的新闻资讯消费具有伴随性、私密性、移动化、小屏化、休闲化和碎片化（详见第一章第四节），如腾讯企鹅智库调查（图5-5）显示。

三种“在家”中的不同场景（床上、客厅书房、卫生间）和在餐馆、商场，体现了休闲化；在公共和私人交通工具上，既体现了伴随性，又体现了移动化；而所有选项都体现了碎片化。种种新闻消费场景不仅让新闻阅读很难一心一意，也很难对正式、严肃的硬新闻产生兴趣，对于烧脑的新闻也同样很难读进去。因此，为适应这些场景及其新闻消费特征，新闻调适了其叙述方式，即采纳了新闻召唤结构和交往化、亲密性

① 了$_1$用在动词或形容词后面，表示动作或变化已经完成。了$_2$用在句子的末尾或句中停顿的地方，表示变化或出现新的情况。

② 王洪君，李榕，乐耀．“了$_2$”与话主显身的主观近距交互式语体[C]//语言学论丛第40辑．北京：商务印书馆，2009：312-330.

③ 彭兰．场景：移动时代媒体的新要素[J]．新闻记者，2015(3)：20-27.

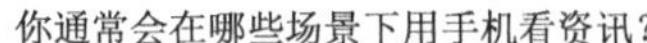

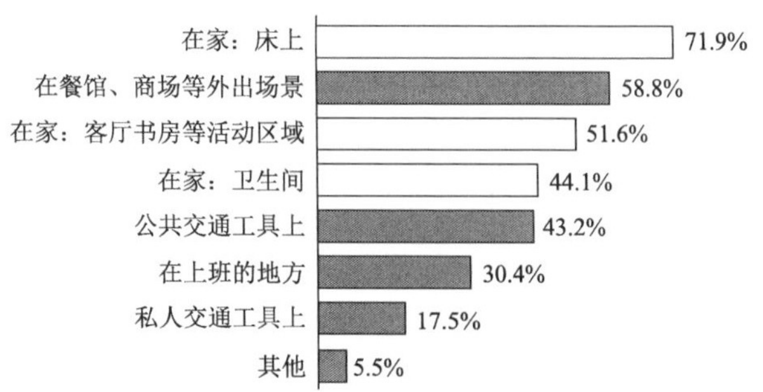

图 5-5　移动媒体用户阅读新闻的场景

资料来源：企鹅智库. 内容生长新原力：中国新媒体趋势报告 2018[EB/OL].(2018-12-06)[2018-12-10]. http://www.sohu.com/a/280024480_403902.

的语体。进一步而言，为了适应新闻的交往化和亲密性，新闻采纳了情感化的叙事风格。

情感通常指说话人对某物或某事的“赞同”或“反对”情绪或评价。以文本颗粒度为视角，文本情感倾向可从词语（包括表情符号）、句子、篇章三个层次进行识别与分析。[①]词语是表达情感最重要、最直接的手段。情感动词和评价类形容词使用频率最高。情感动词包括（积极和消极）情绪心理动词和（积极和消极）意愿心理动词。积极情绪心理动词如满意、平静、同情、笑等；消极情绪心理动词如恨、伤心、担心、害怕等；积极意愿心理动词包括理解、赞成、支持等；消极意愿心理动词包括反对、企图、迷信、轻视等。[②]评价类形容词分为褒义类、贬义类和中性类。情感句（篇）包括存在有情感的客观句（篇）和无情感的主观句（篇），这需要结合上下文进行语义理解，如 2018 年 10 月 28 日“人民日报”公众号内容（表 5-5）仅标题就有 8 个情感词语：痛哭、甜哭、看哭、揪心、崩溃、哭、负面情绪爆棚、心碎，文章中所使用的表情包更是有 30 多个。如果从整个标题来说，只有（2）中的【关注】【实用】、（4）中的【健康】和（7）看不出情感倾向之外，其他情感表现非常显著（表 5-5）：（1）是欣喜；（2）是喜极而泣，【荐读】是难过；（3）是

① 杨立公，朱俭，汤世平. 文本情感分析综述[J]. 计算机应用，2013，33(6)：1574-1578，1607.

② 张积家，陆爱桃. 汉语心理动词的组织和分类研究[J]. 华南师范大学学报(社会科学版)，2007(1)：117-123, 160.

大快人心；（4）是感动，【关注】是惊奇，【荐读】是感动；（5）是揪心；（6）是敬佩，【提醒】是崩溃，【健康】是惊喜，【荐读】是愤怒；（8）是喜爱，【关注】是责怪，【健康】是恐惧，【荐读】是高兴；（9）一则是心碎，另一则是喜悦。这些标题，让各种情感跃然屏幕之上。

社交媒体新闻情感化还体现在上述的各种表情符号的使用，也体现在上述的用户的情感回应。

美国社会学家塔尔科特·帕森斯（Talcott Parsons）指出人们的交往分为两种：工具性交往和表达性交往。表达性交往是为了获取友谊，情感是目的；工具性交往则是为了获得利益，情感是手段。可见，无论何种形式的交往，均为情感表达与情感获取。社会交往的本质就是情感互动，包括亲密召唤与情感回应。因此，在社交媒体新闻中开掘情感符合互联网逻辑。

在日常生活中，情感占据着核心地位，因为它既是人们行动的动力，又是人们行动的目标。因此，情感具有强大的动员力量。在新闻作为交往并与人们的日常生活紧紧纠缠在一起的语境中，新闻采纳情感化文本让人们被情感所围绕，并沉浸在情感之中，这种方式显然更利于在隐身的虚拟空间“拉出”更多的受众。

同时，价值、趣味、感动作为促成用户通过社交媒体分享、回应新闻的三要素①，也同样促成了社交媒体新闻的情感化叙事，因为无论价值、趣味还是感动皆需情感来做佐料。

另外，在追求客观、中立、权威和公信力的传统媒体时代，人们通常认为新闻诉求情感是“下里巴人”式的低级叙述方式，因此，在新闻消费公开化的场景中，人们难免展现出一定程度的假象，即“鉴于社会预期的压力，有些东西虽然不喜欢，但谁也不想暴露自己的‘低级趣味’，或者不上档次，即使匿名也会从心理上排斥”②。但在新闻消费私密性的场景中，人们不必装模作样，他们可更多展现本相，可无所顾忌地关

---

① 企鹅智库. 微信影响力报告[R/OL]. (2017-01-06) [2017-05-08]. https://www.sohu.com/a/123625026_166488.

② 彭增军. 新闻业的救赎：数字时代新闻生产的 16 个关键问题[M]. 北京：中国人民大学出版社，2018：21.

注情感化文本，进行情感化回应，因为在社交媒体时代，关注新闻就是人们的休闲，“阳春白雪”式的权威叙述与休闲娱乐的场景与心境存在着一定的差距。

总之，新闻专业主义和传播渠道的稀缺导致传统媒体新闻采纳正式语体来树立权威性和公信力，以期赢得作为集合体的受众；而其“内容为王”的追求，又强化了其语体的权威性和文本的客观性。社交媒体新闻依赖社交网络进行传播从而导致其采纳非正式语体，即运用亲密的召唤和互动、情感化内容与叙述来拉拢作为个体的受众，并赢得他们的点击、转发和分享行为；而其“关系为王”[①]的追求，同样强化了其语体的亲密性和文本的情感化召唤与回应，从而使新闻从神圣走入凡间。

---

① 彭兰. 关系建设——网络经营变革关键[EB/OL].(2010-03-16)[2017-05-08]. http://news.163.com/10/0316/11/61T4TTFO000146BD_all.html.

深层叙事规律篇

每一种技术都有一套自己嵌入世界的规则。同样，每一种媒介也都有一套自己规制新闻的深层规律，如报纸将新闻规训为：线性、解说性、客观性，电报则使新闻具有及时性、组装性（即倒金字塔结构）、商品性，电视更将同步性、证据性、贴近性潜入新闻。肇始于互联网的新媒体则使新闻具有实时性、融合性、透明性等原则[①]，更使其具有了照看全人类的可能性、责任感和精确揭示隐藏真相的能力。传统媒体为新闻叙事所确定的模式、规范、准则都被超越。

在新媒体与传统媒体的竞争中，它们看似是在为时间、注意力、金钱和威望而竞争，但主要是为新闻界确立新闻传播规律的主导地位而进行争斗。

① 尼尔·波斯曼．技术垄断：文化向技术投降[M]．何道宽，译．北京：中信出版集团，2019：15, 17, 68.

第六章　新媒体语境下的新闻叙事模式：从细节叙述到全景报道

加拿大著名传播学者哈罗德·亚当斯·伊尼斯（Harold Adams Innis）指出："一种新媒介的长处，将导致一种新文明的产生。"[①]最典型的案例就是电报的诞生催生了倒金字塔式的新闻叙事模式。荷兰学者梵·迪克在《作为话语的新闻》一书中用图 6-1 的树形图清晰、明了地将倒金字塔模式表示出来。

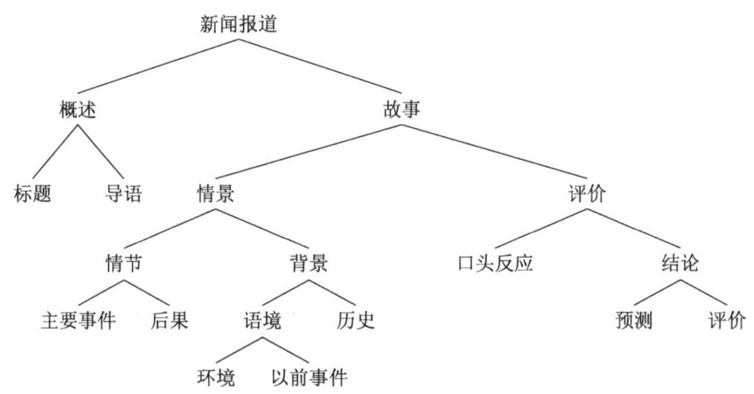

图 6-1　梵·迪克的倒金字塔新闻叙事的树形图式

资料来源：VAN DIJK T A. News as discourse[M]. Hillsdale: Lawrence Erlbaum Associates, 1988: 55.

梵·迪克进一步指出，无论是记者，还是读者，都不知不觉地运用这一图式来制作新闻、理解新闻。在他的启发下，笔者用图 6-2 的箭头图式将倒金字塔模式标示出来。

① 哈罗德·伊尼斯. 传播的偏向[M]. 何道宽，译. 北京：中国人民大学出版社，2003：6.

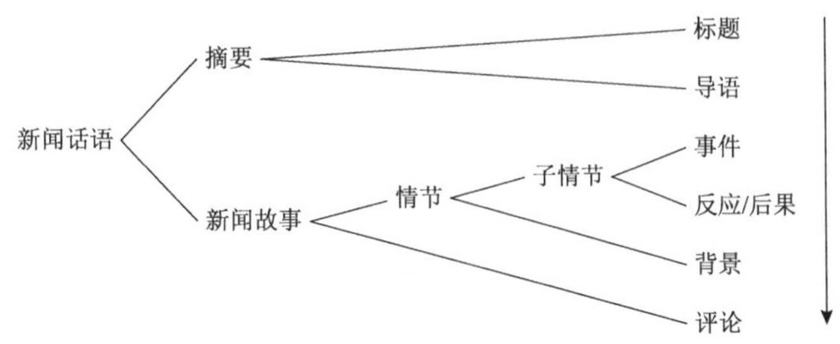

图 6-2　倒金字塔新闻叙事的箭头图式

由于上述树形图式和箭头图式所表示的叙事模式，根据重要程度（用线条长短表示，越长意味越重要）和叙述顺序（从上往下）绘制成倒三角形状，是以被称为倒金字塔结构/模式（图 6-3）。

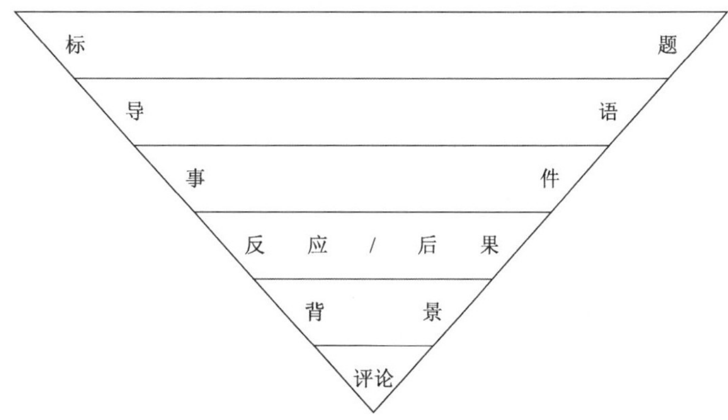

图 6-3　倒金字塔结构/模式

大多数的叙事新闻都包含箭头图式和倒金字塔模式中的六个范畴：标题、导语、事件、反应/后果、背景、评论，这六个范畴共同形成一篇完整的新闻报道。不仅如此，这六个范畴基本按照图式中的箭头或倒金字塔所示的上下顺序进行叙述，即首先写标题，其次写导语，接着叙述事件，然后叙述反应/后果，最后写背景和评论。在这六个范畴中，只有标题是必要范畴。其他范畴可根据事件的新闻价值大小以及媒介空间或时间的充裕程度而进行删减；也可以根据各个范畴的重要程度而进行重新排序。因此，新闻叙事的六个范畴就像积木一样，具有组装性和非连续性。[①]

① 曾庆香. 新闻叙事学[M]. 北京：中国广播电视出版社，2005：48-62.

无论是树形图式，还是箭头图式，用来描述传统的新闻报道基本正确。但在新媒体日益更新的当今，上述图式已不适合时下的许多新闻报道。

新媒体尤其是以微博为典型的自媒体所带来的最大变革就是时效性大大强化：由以往的以天为传播单位时间，如报纸；到后来的以小时为传播单位时间，如广播、电视；到现在的以分、秒为传播单位时间，如新闻网站和社交媒体。这极大地改变了新闻报道的叙事模式。

笔者通过对大量的新媒体语境下的新闻报道的长期观察和文本分析，发现新闻对事件的报道主要出现了三种新的叙事模式：蜂巢型模式、菱形型模式、钻石型模式。在这三种模式中，虽然蜂巢型模式和菱形型模式针对的是连续报道，而钻石型模式是就单篇报道而言的，但事实上，蜂巢型模式和菱形型模式都是针对同一个事件的报道，且是为适应当今新媒体语境下的新闻时效而形成的。在以往媒体环境下，这些事件的报道通常也以单篇报道的形式出现，而非连续报道。不过，虽然在旧媒体语境下也有连续报道，但通常采取的是戏剧式的叙事模式[①]（详见下述）。

新闻叙事模式，指叙述新闻事件的逻辑、结构，是新闻叙事的抽象特征，为便于理解常进行形象表达，如上述的倒金字塔模式，是根据不同范畴的重要性顺序进行叙事。重要性是一种抽象特征，倒金字塔是一种形象表达。蜂巢型模式、菱形型模式和钻石型模式也是如此。

第一节　蜂巢型模式：多元叙述者·速度·细节叙事

事件（尤其是突发事件）的分秒传播，常让媒体在获得一鳞半爪的信息的状况下而不是完全获得新闻的5W要素时就要对之进行报道。在这种刻不容缓的报道状态下，记者不仅没有时间等待相关方面的回应，更没有时间查询背景资料。这种“抢报”的状态使得新闻只能是一个要素、一个要素地进行报道，如表6-1中央电视台对马航MH370失联事件的报道。

---

① 常江，许诺. 新闻连续剧：叙事策略与传播样态探析[J]. 国际新闻界，2013，35(5)：120-129.

表 6-1　中央电视台对马航 MH370 失联事件的报道

时间	栏目	形式	主要内容	消息来源	时长
3月8日 8：46	《朝闻天下》	插播最新消息	下面我们来插播一条最新消息，据 CNN 报道，马来西亚航空称，他们与一架载有 239 人的飞机失去了联系，目前具体的情况还不得而知。那么详细的情况本台也会保持随时跟进。	CNN	15 秒
8：52	《朝闻天下》	插播最新消息	我们再给大家来介绍一下飞机失去联系的情况，马来西亚航空 8 号发表声明说，该公司一架从吉隆坡飞往北京的航班在当天凌晨的时候失去了联络，航班载有 239 人，原定在 8 号早晨 6：30 分到达北京的，有最新的消息，我们也会随时播报。	马来西亚航空局	21 秒
9：20	《新闻直播间》	插播最新消息	马来西亚航空今天早上发表声明说，空管与一架载有 239 人的飞机在今天凌晨 2：40 分失去联系，机上有 227 名乘客，包括 2 名婴儿以及 12 名机组成员。飞机的型号是波音 777-200，航班号是 MH370，于北京时间 7 号 22 点 21 分在吉隆坡起飞，目的地是北京。飞机原计划在今天早上 6 点 30 分左右在北京降落。那么据法新社报道飞机上有 160 名中国人，马来西亚方面已经启动了相关的搜救工作。	法新社	38 秒
10：03	《两会直播间》	外交部部长王毅回答记者提问	（王毅）今天早晨我们得到一个非常令人忧虑的消息，一架马来西亚的民航飞机，在飞往中国的途中失去了联系，我们都很揪心，祝愿每个人都能平安。外交部以及我们有关的驻外领事馆已经启动了应急机制，我们在全力地了解具体情况，一旦有消息我们会及时向大家发布。	外交部部长王毅	38 秒

中央电视台针对 2014 年“上海外滩踩踏事件”、2015 年“天津滨海爆炸事故”等大型突发事件基本都是采用插播、直播等方式零散地播报事件的最新消息。

显然，上述报道已基本不能用倒金字塔的新闻结构图式来进行描述。笔者以为，这种新闻新模式可被称为蜂巢型叙事模式，原因如下。

一是报道者众多。事件尤其是重大的突发事件发生之后，众多的新闻媒体都会积极主动搜罗信息，如中央电视台的马航 MH370 失联事件报道便采用了来自法新社、新华社、CNN、马航官网等多方面的消息。这无疑类似于蜜蜂采蜜的状况：当出现繁花一片，方圆很多里的蜜蜂都会飞来采集花蜜、花粉。

同时，在自媒体时代，在争相报道事件的行列里又增加了无处不在的公民个人和相关的组织机构，这种无处不在的“蜜蜂”无疑又引发了更为强劲的时效性争抢。

二是“信息黑洞”众多。信息黑洞，即事件的不确定性和未知性。事件尤其是重大的突发事件发生之后，有许多的“信息黑洞”需要人们去填补，如马航 MH370 失联事件中的航班号、乘客人数及乘客姓名、乘务人员人数与姓名、失联的具体时间、失联的原因、失联的位置、飞机的航线，等等。这种众多的信息黑洞也类似蜂巢上众多空洞洞的蜂房。

三是碎片化新闻众多。由于报道时间的紧迫和人们获知信息的急切，媒体只能对事件进行零散、碎片化的报道，如中央电视台对马航 MH370 失联事件的报道，第一次只是告知马来西亚航空一架载有 239 人的航班失联；第二次则只是告知了失联的大致时间、出发与飞往地点、计划落地时间；第三次才又告知观众飞机型号、航班号、失联具体时间、中国乘客的人数等。MH370 失联事件，路透社、CNN、法新社等第一时间分别发布的碎片信息有以下内容。

路透社

（1）无法找到任何碎片能证明这架飞机坠机。

（2）有国际刑警称该事件可能与恐怖劫机有关，但该消息未经证实。

（3）采访泰国芭提雅旅行社雇员，证实持假护照的两个人在泰国购买了门票。

（4）采访泰国国际刑警，证实假护照在泰国是一个很严重的问题。

CNN

（1）采访马航发言人，证实失联飞机燃油耗尽。

（2）客机最后一次传回数据时发生转向。

（3）FBI 协助调查是否与恐怖袭击有关。

法新社

（1）乘客中有一人为伊朗人，和恐怖组织无关。

（2）采访航空、国家安全等专家，对失联事件进行分析。

（3）拍摄中国家属崩溃的哭泣照片，发布图片新闻。

（4）追溯波音 777 的机型安全记录。[①]

显然，新闻媒体对事件的报道就像一只只蜜蜂采来的蜂蜜，一点一点地积聚起来，直至事件尘埃落定之后，信息黑洞才能完全被填充完毕，事件的面貌才能完全显露。这正如一个所有蜜蜂都回到自己的蜂房后的完满蜂巢。这种叙事模式可绘制为图 6-4。

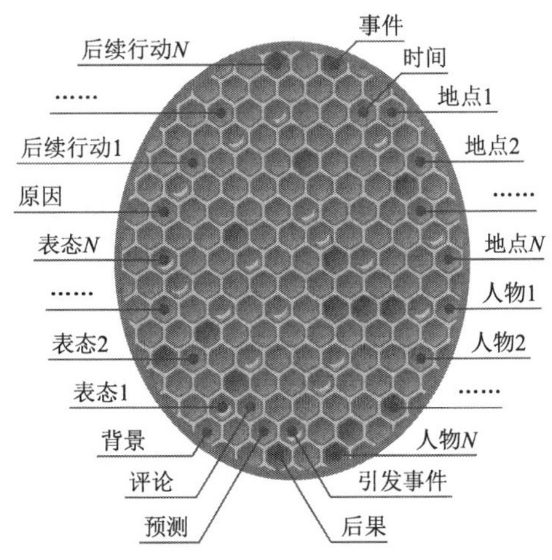

图 6-4 蜂巢型新闻叙事模式

门户网站的新闻专题报道基本都是采取这种蜂巢型的新闻叙事模式，如新华网和新浪网关于“上海外滩踩踏事件”“天津滨海爆炸事故”的报道。虽然网站几乎是传统媒体报道的集纳，但其首页的最新消息，便是新信息一点一点地实时更新，这使得事件的进展一目了然，如人民网的马航 MH370 失联事件报道专题（图 6-5）。

在新媒体语境下，采取蜂巢型新闻叙事模式并非只限于能够进行实时更新的电子媒介，如广播、电视、门户网站、微博等。无法实现实时更新的纸质媒体也会借鉴这种新闻叙事模式，如《南都》2014 年 3 月 9 日第 5 版的《MH370 失联后的 21 小时》，便完全是根据每个时间点所获取的一点一点的信息进行报道的。

① 王静爽，马荣丽. MH370 事件：马航失联 媒体失能[N/OL]. 重庆青年报，2014-03-13（A03）[2021-10-01]. http://news.sina.com.cn/c/sd/2014-03-14/101629706821.shtml.

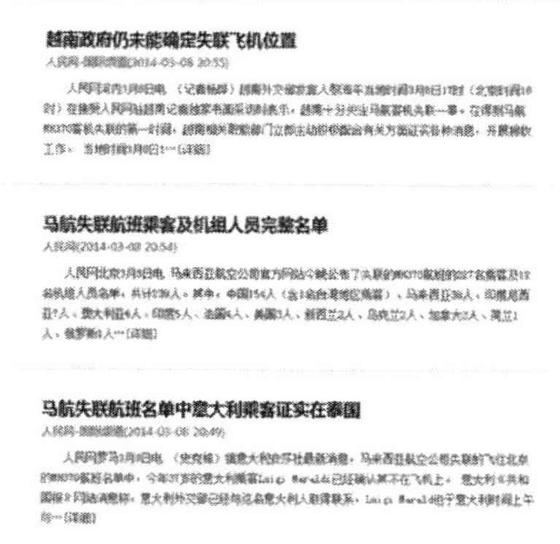
越南政府仍未能确定失联飞机位置

马航失联航班乘客及机组人员完整名单

人民网(2014-03-08 20:54)

马航失联航班名单中意大利乘客证实在泰国

图 6-5 人民网的马航 MH370 失联事件报道

0：41：马航 MH370 次航班从吉隆坡出发。

2：40：马航确认 MH370 航班失联，但并未对外公开。

6：30：MH370 未按预订时间到达北京。

7：30：马航公布失联。

…… ……

9：00：失联班机航油耗尽。

…… ……

23：30：“幸运”的意大利人。

截至昨日 23 时 30 分，MH370 航班已确定失联 21 小时。

如果说《南都》的《MH370 失联后的 21 小时》新闻，标题决定了报道有利于采纳蜂巢型新闻叙事模式，但其第 1 版的另一篇报道《马航飞北京航班失联 机上有中国乘客 154 人（主题）机载 239 人，失联航班截至发稿仍未找到（副题）》，根据以往阅读经验，这条新闻应该是典型的倒金字塔的新闻叙事结构，可是《南都》却仍然采取了蜂巢型新闻叙事模式，如下。

0：41：在吉隆坡起飞。

2：40：与马来西亚苏邦空中交通管制台失联。

6：30：北京，原计划抵达首都国际机场。

失联海域：北纬 06°55′15″，东经 103°34′43″

…… ……

如果说电子媒介，包括传统电子媒介和新电子媒介，采纳蜂巢型新闻叙事模式是迫不得已，因为事件重要，所以插播；因为实时更新，没有时间等待搜集更多的信息；但作为纸质媒体的报道，既有时间，又有信息，完全可以采纳倒金字塔的新闻叙事。但《南都》仍然采取了蜂巢型新闻叙事模式，这无疑说明这一模式受到了青睐。《京华时报》2015年8月14日第4版的《天津滨海爆炸事故之动态》便是证明。

当然，笔者并不认为，在新媒体语境下，所有的新闻都应该采纳蜂巢型新闻叙事模式。一般来说，复杂的、重要的、经历时间较长的突发事件适合蜂巢型新闻叙事模式。

在此还需澄清一下，蜂巢型新闻叙事模式不同于戏剧式新闻叙事模式。连续剧新闻是指把一个新闻事件按一定叙事技巧分割为2集或2集以上，连续编排、日播一集的电视新闻。连续剧新闻像戏剧、电影、小说等一样充满冲突与悬念。不过，连续剧新闻的冲突不是虚构的，它只是把本来客观存在的事件中各方的利益与意见的对立或矛盾揭示出来，因此连续剧新闻的冲突是可以进行真假验证的。悬念是指作者为了激活受众的“紧张与期待的心情”，在艺术处理上采取的一种积极手段。它包括“设悬”和“释悬”两个方面。前有“设悬”，后必有“释悬”。连续剧新闻通常会根据事件本身的发展变化在每一集的结尾设置悬念，即通常采用疑问句式接连发问，埋下伏笔，提示下集内容，以激起观众对下一集内容的期待与兴趣。因此蜂巢型新闻叙事与戏剧式新闻叙事最大的区别就是，前者新闻事件正在进行，是对事件进行实时报道；后者新闻事件基本过去，是对事件进行追溯报道。

第二节　菱形型模式：速度·深度·范畴叙事

如上所述，在时效性非常强的新媒体出现之前，一篇新闻报道一般含有标题、导语、事件、背景、反应/后果与评论等六个范畴。但在以分秒为单位进行传播的今天，越来越多的新闻背离了这种新闻叙事模式，而是将这些新闻范畴切分开来进行报道，使得每一个范畴都成为一篇独立的新闻报道。

与此同时，为了适应新媒体语境下受众互动的需要，新闻话语也相应地增加了一些新的范畴，如新闻互动与新闻定制。

针对这一点，布拉德肖在《21 世纪新闻编辑室的模式》曾指出，为了适应互联网时代新闻报道对速度和深度的追求，记者一般采取快讯（alert）、草稿（draft）、报道（article/package）、背景（context）、分析（analysis）、互动（interactivity）和定制（customisation）等 7 个报道步骤。①

笔者以为，“草稿”作为新闻工作者发布在博客等自媒体上并等待受众进行修正与补充的粗糙的事件报道，在传统媒体时代，这种行为应该属于后台行为。即便在新媒体语境下，“草稿”这种报道形式难以被大面积推广。2012 年，BBC、天空新闻台（Sky News）和 CNN 所出台的微博新政就是证据。BBC 的新规要求：记者应同时发出报道和微博，而不是先发微博。该规定适用于 BBC 的所有记者。“我们重视微博和其他社交网络媒体作为信息发布平台、新闻采集工具及与公众互动新途径的价值”，BBC 的社交编辑向《卫报》表示：“但我们更清楚地知道我们最看重的是重要信息先要传递到 BBC，然后通过 BBC 传播给我们的观众，而肯定不是在 Twitter 之后。”②当然，在社交媒体极大普及并成为受众获取资讯的第二大入口之后，BBC 之类的媒体已与时俱进，允许先通过社交媒体的官方账号发布。但是专业的新闻机构一般不允许自己记者的粗制滥造的新闻被传播出去，以影响自己的声誉。

通过分析发现，为适应新媒体的时效性，新媒体语境下对事件的报道通常采取下列报道步骤。

（1）简讯：简讯是对事件的简单概述。一般事件一发生，有关事件的简讯便会发出，发布平台往往是移动终端的自媒体。从作用来说，这一简讯相当于传统新闻的导语。在新媒体语境下，简讯通常由事件发生当时当地的公民通过社交媒体来发布。

---

① BRADSHAW P. A model for the 21st century newsroom[EB/OL].（2007-09-17）[2019-01-26], http://onlinejournalismblog.com/2007/09/17/a-model-for-the-21st-Century-Newsroom-ptl-the-news-diamond/.

② 王侠. 英美三大电视台的微博新政[J]. 新闻记者，2012(3)：88.

2017 年 4 月 9 日的美联航暴力拖拽乘客下飞机的事件，首先是由同机乘客录下了视频，并发布到推特上。这段被发布的短视频便类似于简讯。

（2）反应/后果：在新媒体语境下，事件发生后，其所牵涉的各方很快会通过微博、微信等自媒体进行反应和表态，相关部门也会迅速地行动起来。为追求时效，尽管事件的前因后果还未完全弄清楚，记者也会先报道这些相关的反应/后果。在新媒体语境下，反应/后果也常由机构通过社交媒体发布公务新闻来体现。

在美联航事件上，简讯发布之后迅速引发热议，人们纷纷转发并通过自媒体对美联航进行抗议。随后，美联航 CEO 发布了一封解释事件发生原因的内部信件，也通过推特发表了道歉。

（3）主要事件/细节：虽然简讯已对事件进行了简要报道，但受众需要了解事件的发展脉络和各个细节，这无疑需要记者进行多方采访，因此在时间上，对事件的报道往往晚于反应/后果。

在一片对美联航谴责和抗议声中，CNN、《华盛顿邮报》等媒体的记者迅速联系视频简讯发布者和相关人员，分别对美联航暴力拖拽乘客下飞机事件进行了详尽的报道。

（4）背景：在对事件有较为全面的认知之后，新闻工作者已经明白从什么视角、从哪些方面挖掘背景材料，因此通过各种途径获取背景信息，让受众对事件的认知得到进一步深化。

在美联航拖拽乘客事件的来龙去脉被报道之后，《每日邮报》（*DailyMail*）等媒体针对被拖拽的乘客的背景进行了详尽的叙述。

（5）评论：在对事件的脉络、细节和背景有充分的了解之后，记者们便着手对事件进行分析、评论，以使新闻的深度达到最大化。

美联航拖拽乘客事件及人物等都报道完毕之后，许多媒体开始针对这一事件进行评论，如《环球时报》2017 年 4 月 11 日发布社评《亚裔医生美联航遭粗暴对待，谁之过》。

（6）延伸事件：某一事件发生之后，往往会引发一系列的后续事件，如 2014 年昆明“3·01”严重暴力恐怖事件所引发的人们对遇难者追悼、默哀与缅怀。在美联航拖拽乘客事件成为全球热点之后，许多公民和记者报道美联航以及其他航空公司以往发生的野蛮对待乘客的事件。

（7）互动/定制：为了满足部分受众对新闻事件的极大兴趣，新闻工作者会充分利用新媒体的互动特性，搭建一个互动平台，如论坛、聊天室。与此同时，或者出于工作的需要，或者出于用户生活的方便，有些受众需要这一事件更为详尽的资料，媒体会因此根据受众的需要提供一些定制信息。

新闻互动与定制虽然并不是新闻报道的常态，但在较为重要的事件中常常出现，如昆明“3·01”严重暴力恐怖事件便出现了非常实用的定制新闻《公民防范恐怖袭击手册》和新闻互动，包括昆明主要献血地点地址、电话、地图、悼念遇难者、微博评论互动。

上述的 7 个报道步骤根据速度与深度的两根轴线，可绘成如图 6-6 的菱形图式[①]，因此笔者将这种新闻报道称为菱形型新闻叙事模式。

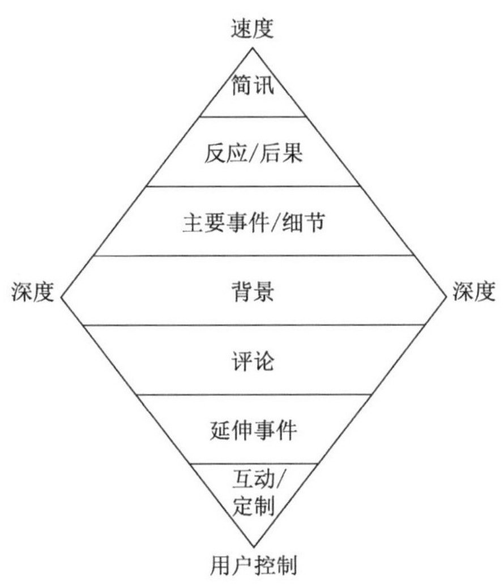

图 6-6　菱形型新闻叙事模式

显然，菱形型新闻叙事模式中各范畴的先后顺序具有时间的延展性和思维的逻辑性，因此在当今时代较为普遍，如昆明“3·01”严重暴力恐怖事件，《人民日报》基本是按照上述思路进行报道的：先是微博报

① 这一图式借鉴了保罗·布拉德肖的菱形模型，但范畴和轴线有变化。参见 BRADSHAW P. A model for the 21st century newsroom[EB/OL].（2007-09-17）[2019-01-26], http://onlinejournalismblog.com/2007/09/17/a-model-for-the-21st-Century-Newsroom-ptl-the-news-diamond/.

道简讯，然后是报道各方反应，接着是评论，等等。

当然，实际工作中的新闻写作并非一定是按照菱形型新闻叙事模式的先后顺序进行，而可能根据所获取材料的快速程度和成稿的容易程度发生变化。同时根据事件的大小与复杂程度，上述的某些范畴会被忽略。因此，菱形型叙事模式可能不一定会如此完善，其形状不一定会如此完美。

菱形型新闻叙事模式是媒体既要追求报道的时效性，又要追求事件的完整性和兼顾报道的深度的产物，主要适应那些中等大小、不太复杂、经历时间不太长的新闻事件。

第三节　钻石型模式：事件整体与融合叙事

《纽约时报》的约翰·布兰奇（John Branch）因领导制作了《雪从天降：塔尼尔科瑞克的雪崩》而获得2013年普利策特稿写作奖。

无疑，2012年2月美国华盛顿州卡斯凯德山区（Cascade Mountains）的塔尼尔科瑞克雪崩是一件极具新闻价值的事件，但这一事件是否能转换为一篇受众喜闻乐见的新闻，还需新闻工作者的功底与努力。这种状况类似于钻石。极具新闻价值的事件类似于一颗极具价值的钻石原石，但这颗钻石原石是否能够变成市场上一颗昂贵的、光彩夺目的钻石，还需要特殊人员的切割与打磨。钻石的价格与其反射的光芒有关：只有拥有完美的比例、高级抛光和对称性的切工的钻石，才能反射着灿烂的光芒。

《雪从天降：塔尼尔科瑞克的雪崩》2012年12月20日率先在网络上发布。在上线的6天里，这篇报道浏览量便超过了350万。时隔10个月之后人们来势汹汹地浏览这一新闻显然不再是因为这一事件的新闻价值，而是因为其新颖的叙述与呈现方式。这就是说，新闻工作者们已经将这一雪崩事件打造成了一颗熠熠生辉的新闻钻石。那么《雪从天降：塔尼尔科瑞克的雪崩》依靠什么让事件在时隔那么久之后还能成为人们争相阅读与观看的新闻呢？

普利策奖评审委员会在获奖理由中写道：《雪从天降：塔尼尔科瑞克的雪崩》“对雪崩罹难者的生动叙述和对这次灾难的科学解释使事件呼之欲出，而多媒体元素的巧妙结合更使叙事如虎添翼。”[①]（For his evocative narrative about skiers killed in an avalanche and the science that explains such disasters，a project enhanced by its deft integration of multimedia elements.）[②]因此很多新闻界的人士认为，《雪从天降：塔尼尔科瑞克的雪崩》造就了新媒体语境下的新闻叙事典范：真正的多维的“全媒体叙事”，即连贯地、无缝地融汇了文字、图片、地图、视频、音效、动画。[③]

为了精心打造好这一新闻钻石，《雪从天降：塔尼尔科瑞克的雪崩》制作组一致强调，虽然这个故事主要建立在文本的基础之上，但运用了几乎所有的多媒体元素，这些元素不是为了用不同的元素重述文字的部分，也不是为了在文本之外而存在，而是为了讲好一个故事，互相配合、互相补充。总之，文章的每一个细节都经过了仔细推敲，都有存在的价值：有的是为了控制叙述的节奏、平衡紧张的程度和控制故事的进展，有的是因为文字难以描述而需要多媒体呈现场景，有的是为了令读者对故事有不同的体验。[④]这种为了让故事闪亮登场而精心选择、制作各种形式的多媒体元素正如为了让钻石能够反射最灿烂的光芒而进行的精准切工、抛光和完美比例。

因此，《雪从天降：塔尼尔科瑞克的雪崩》中的各段文字、各个图片、各段视频、各种音效、各个动画就像钻石的一个个刻面；文字的优美程度、视频的精良程度、音效的现场感程度、图片的再现程度、数据的精确程度、动画的模拟程度便是钻石新闻的抛光程度；而何处安放文字，何处嵌入视频，何处放置图片，何处插入动画则是新闻钻石的比例。这篇报道所融合的音频、动画、电影制作等技术，不仅有调节阅读单调

---

① 郭之恩.《雪从天降》：一次奢侈的融合报道探索[J]. 中国记者，2013(6)：123-125.

② The 2013 Pulitzer Prize winner in feature writing: John Branch of the New York Times[EB/OL]. [2014-04-07]. https://www.pulitzer.org/winners/john-branch.

③ 郭之恩.《雪从天降》：一次奢侈的融合报道探索[J]. 中国记者，2013(6)：123-125.

④ Snow Fall team. How we made Snow Fall[EB/OL]. (2013-01-01)[2014-04-07]. http://source.mozillaopennews.org/en-US/articles/how-we-made-snow-fall/.

枯燥的作用，而且也起着调节读者阅读节奏、分配注意力的功能。这正如有学者对《雪从天降：塔尼尔科瑞克的雪崩》的评价："没有这些技术，一篇长文单调乏味，但是，这些因素过度运用，同样不利于读者的阅读'度'的把握，因此成为一种艺术。"[①]《雪从天降：塔尼尔科瑞克的雪崩》正是依靠着各个方面的准确把握，使得一个雪崩事件原石变成了一颗光彩夺目的新闻钻石，让人赏心悦目又叹为观止。因此，笔者将《雪从天降：塔尼尔科瑞克的雪崩》的这种新闻叙事模式称为钻石型模式（图 6-7）。

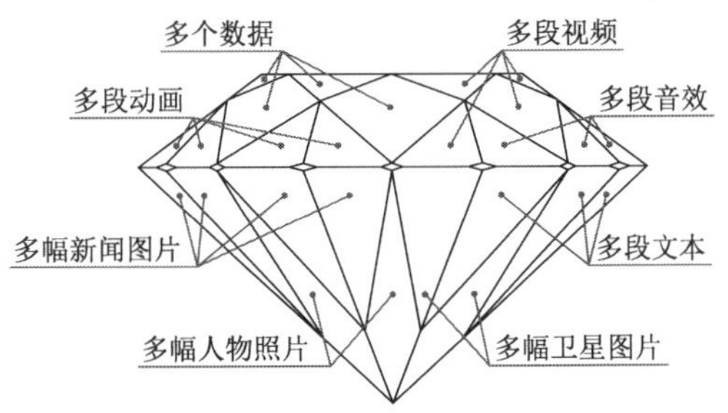

图 6-7　钻石型新闻叙事模式

不可否认，钻石型的新闻叙事模式并非为《雪从天降：塔尼尔科瑞克的雪崩》的首创，其在网络新闻报道中早有尝试。一般来说，普通的网络新闻多媒体报道一般是在网页中展示这一事件的各个媒体的报道标题与主要内容，并在旁边建立媒体的链接。虽然既有图片，又有视频，甚至还有卫星图片，但这些报道都是独立存在的，尤其没有一篇文稿对所有的多媒体元素进行整合以呈现一个完整的、精彩的故事。因此，这些故事只能是依靠读者在阅读、观看或收听了众多的材料之后自己进行整合。不过，新媒体所促成的大多数策展新闻也可被认为采取了钻石型的叙事模式。

显然，传统的多媒体报道也是为了完整、全面、多维地展示事件，因此可归之为钻石型的新闻叙事模式，只是传统的多媒体报道切工太差，刻面太少，更无抛光与完美比例，因此只能是一颗做工粗糙的钻石，而未能像《雪从天降：塔尼尔科瑞克的雪崩》一样使事件原石成为一颗耀

① 郭之恩．《雪从天降》：一次奢侈的融合报道探索[J]．中国记者，2013(6)：123-125.

眼的新闻钻石。针对这一点，美国《大西洋月刊》的高级主编德雷克·汤普森（Derek Thompson）指出，事实上，无论从多媒体技术还是写作手法上看，《雪从天降：塔尼尔科瑞克的雪崩》都没有突破当下的惊人之举。它的成功更多是合理安排了多媒体表现手段下的叙事原则，“融汇了文字、图片、视频、动漫和交互式图形，并且是无缝式、连贯的‘叙事流’，而不是把这些不同的元素拼接在一起，产生了较好的传播效果”①。

正如熠熠生辉的完美钻石是一件奢侈品一样，类似《雪从天降：塔尼尔科瑞克的雪崩》的完美的钻石型的新闻也是一件奢侈品，因为它花费了《纽约时报》25 万美元与 6 个月的时间。这当然只是理想的钻石型新闻。

市场中的钻石有大有小，大的十几克拉，甚至几十、上百克拉，小的微钻用肉眼只能看到一个白点；做工有精细有粗糙，如切工便有 very good、good、fair、poor 四个等级。做工粗糙的碎钻就非常便宜。钻石型的新闻叙事也是如此，可有大规模的、各种多媒体元素都齐全的、具有完美比例的长故事，如《雪从天降：塔尼尔科瑞克的雪崩》，也可有小规模的、各种多媒体元素未必齐全的、比例不那么完美的短故事，如互联网中较为常见的运用文字、视频、图片或较为简单的动画同时进行的新闻报道。

理想的钻石型新闻不可能成为新闻的常态，但可以成为人们追求的标准，如美国新闻主编协会称《雪从天降：塔尼尔科瑞克的雪崩》“为在线报道树立了新标准”②。因此，在新媒体语境下，在人力、物力、财力与时间许可的情况下，应尽可能地追求将新闻打造成较为完美的状态。

如上所述，钻石型新闻旨在叙述一个完整的故事，主要是对事件本身的叙述，因此适应于那些结果已经完全显现的事件。

在新媒体语境下，蜂巢型新闻叙事与钻石型新闻叙事相得益彰。因为前者是一种碎片化的实时报道，适配了新媒体对时效性的要求，满足

---

① Snow Fall team. How we made Snow Fall[EB/OL].（2013-01-01）[2014-04-07]. http://source.mozillaopennews.org/en-US/articles/how-we-made-snow-fall/.

② 郭之恩.《雪从天降》：一次奢侈的融合报道探索[J]. 中国记者，2013(6)：123-125.

了人们当时迫切了解信息的需要；而后者则是一种完整、多维的事后呈现，弥补了碎片化报道所带来的人们难以获得事件全貌的缺陷。因此可以认为，蜂巢型新闻叙事是一种新闻快餐，而钻石型新闻叙事则是一种新闻大餐。在新媒体语境下，受众无疑需要前者满足身体能量消耗的需求，即及时获取信息的需求，也需要后者来满足身体获取营养的需求，即在愉悦中获取完整全面的信息需求。

蜂巢型新闻叙事与菱形型新闻叙事也相互补充，前者是对大型的、经历时间较长的事件的报道模式，后者则是对中等大小的、经历时间较短的事件的叙事方式。

虽然蜂巢型新闻叙事、钻石型新闻叙事和菱形型新闻叙事是新媒体语境下的新闻叙事产物，但并不意味着以往的倒金字塔新闻叙事就退出了人们的视野。在针对小型的、经历时间不太长又不太重要的事件，人们依然会采用这一新闻叙事模式进行报道。

第七章　新媒体语境下的新闻叙事原则：透明叙事与阅读期待

新媒体不仅变革了传者和受者的关系，改变了新闻叙事样态与图景，而且在一定程度上撼动了新闻职业道德规范。由于新闻生产的后台化，新闻叙事的选择性和新闻工作者的主观性，客观性作为维系新闻业专业权威的核心实践原则，从其诞生以来就受到了人们的质疑与批评。与此同时，互联网的开放架构与开放文化促使透明、开放的观念在各个领域得到回响，新闻领域也不例外。由此诸如著名学者丹·吉尔摩（Dan Gillmor）等学者提出用透明性来代替客观性，以适应新媒体特征："透明原则这个朴素的观念中最有价值的一点，恐怕是它天生与互联网的新型开放式架构不谋而合。"①

新闻透明性最早由新闻业界倡导。20 世纪 90 年代，美国公共新闻运动主张新闻业界开放编辑室进行透明性尝试，如邀请读者直接参加报道选题讨论，聘请普通民众审查和评判报纸内容，等等。1997～1999 年，为增强公信力，美国报纸编辑协会（The American Society of Newspaper Editors，ASNE）向新闻界提出一项重要倡议：报纸可以通过将公众纳入关于新闻业的对话中，向他们解释新闻价值标准以及决策制定过程。2004 年，美国阿斯彭研究所（The Aspen Institute）第八届新闻与社会年会发表总结报告《新闻业：透明性与公众信任》（"Journalism，Transparency and the Public Trust"），呼吁新闻界应该在新闻实践中尽可能地透明（as

① 比尔·科瓦奇，汤姆·罗森斯蒂尔. 新闻的十大基本原则：新闻从业者须知和公众的期待[M]. 刘海龙，连晓东，译. 北京：北京大学出版社，2014：111.

transparent as practical），并提出增强透明性的四大举措：在网站上提供新闻编辑室的影像导览；每周公开一次编辑对报道的评论；更新新闻更正程序；增加消息来源的透明性。

传统媒体透明性报道具体操作方法多样，可从不同角度进行归纳。首先，从透明性的层面来说包含两种："公开的透明性"（disclosure transparency），指新闻生产者公开新闻制作过程；"参与的透明性"（participatory transparency），指让公众参与到新闻生产之中。[①]其次，从透明性的发展历程来说包括两个阶段：早期的"传统取向"透明性，如公布编辑道德规范与准则、设立阅听人热线、设立错误更正制度、提供消息来源信息等；晚期的"数字化取向"透明性，如提供编辑室会议、讨论的视频，建立说明编辑决策的博客，邀请用户直接参与报道，提供信源材料的链接和报道的附加材料等。最后，从生产过程来说包括四个步骤：生产前的新闻媒体与生产者身份的透明；生产中的新闻生产过程的透明；生产后的新闻文本的透明（包括提供消息来源的信息，报道的附加材料、信源材料的链接等）；传播后的受众反馈的透明。[②]

目前，专业新闻[③]叙事透明性的通常做法主要有两点：一是在新闻文本中呈现事件行为者、相关人员或部门所发布的文字截图或视频片段，如"济南时报"官方微博 2021 年 1 月 25 日发布的《沉痛哀悼！栖霞金矿 10 名被困矿工不幸遇难 1 人仍在搜寻》推文，既有"栖霞金矿"的救援航拍录像，又有应急救援指挥部新闻发布会的视频节选，还有网民微博议论此事的"热搜"文字；二是在文本中或者文本结尾处直接给予链接跳转。显然，专业新闻的这两个做法满足了透明性的最基本要求：让公众明白"新闻是如何获得的以及为什么要用这种方式表达"[④]。

---

① KARLSSON M. Rituals of transparency: Evaluating online online news outlets' uses of transparency rituals in the United States, United Kingdom and Sweden[J]. Journalism studies, 11(4): 535-545. HELLMUELLER L, VOS T P & POEPSEL M A, 2013. Shifting journalistic capital? Transparency and objectivity in the twenty-first century[J]. Journalism studies, 2010, 14(3): 287-304.

② 夏倩芳，王艳. 从"客观性"到"透明性"：新闻专业权威演进的历史与逻辑[J]. 南京社会科学，2016(7)：97-109.

③ 即专业媒体的新闻报道，既包括专业媒体在报纸、广播、电视等传统媒体所发布的新闻，也包括它们在网站、微博和微信公众号等新媒体所发布的新闻。

④ 比尔·科瓦奇，汤姆·罗森斯蒂尔. 新闻的十大基本原则：新闻从业者须知和公众的期待[M]. 刘海龙，连晓东，译. 北京：北京大学出版社，2014：118.

如前所述，新媒体尤其自媒体出现后，新闻生产者的外延大大扩展，已不再局限于专业记者。普通公民或组织机构作为当事人、目击者或相关人员都可通过新媒体进行新闻叙事。这些新闻包括用户新闻和公务新闻（为简便起见，此章统称为用户新闻），都是新媒体原生新闻，具有天然的透明性。

第一节　叙述者的透明：角色三合一

任何符号叙事对于客观现实来说都是一道屏障。因此，一般来说，人们对事件的符号建构的人数与工序的多少，决定了受众对事件的符号解码的节点多少与烦琐程度，这会对新闻的透明性产生较大影响。

对事件的叙述，其中至少涉及三种角色：一是行为者（用（）表示），即事件当事人，因为他们的言行，事件得以发展，因此行为者又可称为亲历者；二是聚焦者（用[]表示），即事件见证者。因为有了他们的见证，有的事件才不至于结束之后便烟消云散，才有可能被人们讲述，有的事件才得以被求证；三是叙述者（用{}表示），指讲述事件并形成文本的人，因为他的讲述，故事才能在受众中得以传播。根据这三种角色的功能，叙事文本的产生层次是：{叙述者[聚焦者（行为者-事件）]}，即叙述者（如记者）叙述聚焦者（即见证者）所看见的行为者（即当事人）所经历的事件。

在传统媒体的新闻实践中，除非记者碰巧在事发现场或者事件正巧发生在自己身上（如记者被打等），或是策划新闻，不然记者很难成为事件的见证者，更不用说亲历者（除记者被打、暗访之外）。一般情况之下，作为新闻生产者，记者充其量只能充当转述者（用【】表示），即转述“叙述者”的文本，甚至可能是二手、三手、四手转述者，如《美国一水兵南海失踪 所属舰艇曾进中建岛 12 海里》[①]这则对失踪事件报道的新闻，行动者是失踪士兵，聚焦者是“斯特塞姆”军舰的人员，他们把失踪事件报告给美国海军，海军通过声明叙述事件。美国广播公司转述了美国海军的叙述，而中国环球网再转述美国广播公司的报道：【环

① 赵衍龙. 美国一水兵南海失踪 所属舰艇曾进中建岛 12 海里[EB/OL]. (2017-08-02) [2017-09-08]. http://news.cyol.com/content/2017-08/02/content_16353476.htm.

球网—美国广播公司报道—{美国海军方面称[“斯特塞姆”军舰人员汇报（失踪水兵-失踪）]}】

> 【环球网综合报道记者赵衍龙】美国广播公司8月1日报道称，美国海军方面称，美国和日本船只和飞机正在南海搜寻一名失踪的美国海军士兵。官方没有公布这名水兵的姓名。
>
> 报道称，这名水兵隶属美国海军“斯特塞姆”号驱逐舰，在当地时间星期二早晨9点左右被报告失踪。美国海军的声明说，这艘驱逐舰当时正在南海“执行例行任务”。“斯特塞姆”号军舰上的水兵对这艘军舰进行了多次搜索，试图找到失踪水兵。
>
> 美国海军说,夏威夷人员救援联合中心也在协助搜寻工作。

众所周知，每个人都会带有语言文化、价值观念等各个方面的烙印，这些烙印就像一面面变形程度不一的镜子，每个人都是通过这些镜子来对事件进行观察、审视和叙述的。因此，在新闻报道中，在受众与事件之间，插入的角色愈多，意味着在事件与受众之间插入的镜子愈多，模糊、变形的程度可能也就愈大，透明程度也就愈发降低。正是由于对事件的叙述，多一个人转述，便多一层障碍，因此法院要求证人必须是“对案件事实有亲身感受”[①]“知道部分或全部案件情况。知道案情是指证人直接凭借自己的眼、耳、鼻、舌等感觉器官感知案情的人，这里的感知是直接感知，而不是听说、据说等的间接感知”[②]，即法庭证言必须是陈述自己的所见所闻，而不是转述别人的所见所闻。

互联网、社交媒体和手机移动端的结合使得全民变成记者。人们随时随地在微博、微信等平台便捷地叙述自己所经历或所见证的事件。因为不需借助专业媒体这一中介发布新闻，公民作为亲历者即行为者与见证者即聚焦者便可直接对受众发布新闻，也就成了叙述者，因此出现了众多的叙述者、聚焦者与行为者三者合一的新闻，即{[（叙述者=聚焦者=行为者-事件）]}，如微博网友@郑一诺 er 所发表的微博《用我血的教训说

---

① 江伟. 中国证据法草案(建议稿)及立法理由书[M]. 北京：中国人民大学出版社，2004.

② 中华人民共和国民事诉讼法[EB/OL].（2012-08-31）[2017-05-08]. http://www.npc.gov.cn/wxzl/gongbao/2012-11/12/content_1745518.htm.

说杭州、云南、绵阳等地泛滥的福寿螺》①，这篇微博的博主既是行为者，也是聚焦者，还是叙述者。

这种三种身份集于一身的新闻让受众直接抵达和触摸行为者，听他们直接讲述事件。当然，用户新闻还有不少见证者即聚焦者与叙述者二合一的新闻，即{[叙述者=聚焦者（行为者-事件）]}。

因为叙述者是行为者或见证者，因此，用户新闻的叙事视角一般采取第一人称内视角和第一人称外视角。

综上，读者对专业新闻叙事的解码层次与过程如下所示：

读者$\xrightarrow{\text{解读}}$【记者$\xrightarrow{\text{转述}}${[叙述者$\xrightarrow{\text{叙述、见证}}$(行为者$\xrightarrow{\text{经历}}$事件)]}】

读者对用户新闻叙事的解码层次与过程如下所示：

读者$\xrightarrow{\text{解读}}${[(行为者$\xrightarrow{\text{叙述、见证、经历}}$事件)]}

读者$\xrightarrow{\text{解读}}${[聚焦者$\xrightarrow{\text{叙述、见证}}$(行为者$\xrightarrow{\text{经历}}$事件)]}

这说明，阅读专业新闻，受众至少需要通过“记者、叙述者/聚焦者和行为者”三重角色、三道屏障，有时甚至经过五六道屏障才能抵达事件本身。然而阅读用户新闻，受众只需通过行为者一道屏障，最多通过见证者和行为者两道屏障便能抵达事件。因此，用户新闻叙事与专业新闻叙事相比，受众与事件之间屏障更少，距离更短。

不过，专业新闻叙事，记者往往会掩饰自己只是转述者或叙述者的身份，而把自己呈现为聚焦者，如《大河报》新闻《女子用凉水冲奶粉？郑州铁警凭一细节破获贩婴大案》②，这篇报道显然只是记者转述乘警刘瑞国对事件的叙述，但文本却把自己呈现为目击者即聚焦者和叙述者。

第二节　叙事声音的透明：零度控制

叙事声音是叙述者在事件叙述中所传达的价值观念与意识形态，意在引导或影响受众对人物和事件的理解和反应。叙事声音通常由两部分

① 姑娘蜜月旅行时误食福寿螺 半年后被迫流产[EB/OL].(2017-08-04)[2019-08-08]. http://ln.sina.com.cn/news/shenghuo/2017-08-04/detail-ifyitamv5107393.shtml.

② 李一川，杜中亚. 女子用凉水冲奶粉？郑州铁警凭一细节破获贩婴大案[EB/OL].(2017-08-24)[2017-09-08]. http://news.dahe.cn/2017/08/24/108512766.html.

组成：一是叙述者自己的声音，二是文本中其他人物的声音。

在追求客观的专业新闻实践中，由于叙述者一般不是行为者，也不一定是目击者，因此，新闻常会转述包括行为者、目击者以及相关方，甚至其他媒体的话语。在这些话语引用中，有的是自由直接引语、直接引语，有的是自由间接引语、间接引语，还有的是言语行为的叙述体，即被遮覆的引语。引语的形式不同，叙述者的干涉程度也不一样，如图 7-1 所示。

完全被叙述者控制	部分被叙述者控制			完全不受叙述者控制
言语行为的叙述体，（即“被遮覆的”引语）	间接引语	自由间接引语	直接引语	自由直接引语

图 7-1　叙述者的干涉程度与引语的关系

资料来源：LEECH G N & SHORT M H. Style in fiction[M]. London: longman, 1981: 324. 转引自申丹. 小说中人物话语的不同表达方式[J]. 外语教学与研究，1991(01)：13-18，79.

叙述者对相关人物话语不同程度的干涉，意味着不同程度的透明度。在所有形式的引语中，自由直接引语透明度最高，言语行为的叙述体透明度最低。当然，这里引语干涉与透明程度的高低，都只是就被引用的语句即呈现的引语而言的。

事实上，在专业新闻中还有两种形式的引语，未在图 6-1 得到呈现。一是叙述组织机构的全部文件与组织机构领导人的全部讲话，如习近平“在深度贫困地区脱贫攻坚座谈会上的讲话”①。这种形式的话语可认为完全未受到转发者的控制（除了决定是否转发这一点之外），是完全透明的。二是一些人物话语因为过滤与筛选等控制策略而消失于新闻文本之中。相比言语行为的叙述体即“被遮覆的引语”而言，在筛选过程中被过滤掉的话语，即“消失的话语”，所受到的干涉与控制程度更深，因为它完全被投入到黑暗之中，即完全没有机会呈现在新闻话语中，毫无透明性可言。

总之，就整个专业新闻的文本生产过程与语境来说，首先通过“隐没”与“呈现”两种策略来控制新闻人物的话语是否出现在文本中，即

① 习近平总书记在深度贫困地区脱贫攻坚座谈会上的重要讲话公开发表[N]. 人民日报，2017-09-01(2).

导致两种结果的引语：消失的引语和呈现的引语。其次通过引导词、时态变化、言语特色改变这些显在策略来控制“呈现的引语”的不同形式。最后通过位置安排、引语长短与引用次数等潜在策略来达到调节人物声音大小，通过话轮转换来达到驳回某些人物话语并进而达到消弭某些声音等效果。①总之，专业新闻叙事受到了作为叙述者或转述者的记者的控制，新闻文本是结构化后的结果。正是这份控制导致常出现新闻人物抱怨或声讨媒体歪曲、误解、断章取义甚至无中生有他们的话语的现象。因此，即便最透明的自由直接引语也被人为干涉，存在不透明的因素。

然而，用户新闻（包括各组织机构通过自媒体直接发布的官方新闻），因为没有中介的作用，其声音既未被转述，也未被过滤（敏感话题、禁忌话题、虚假信息除外），受众看到的便是相关人物未被编辑的原汁原味的话语，文本近乎透明。因此，更准确更完全的新闻事件的叙述的受控制程度与文本的透明程度可图示为图 7-2。

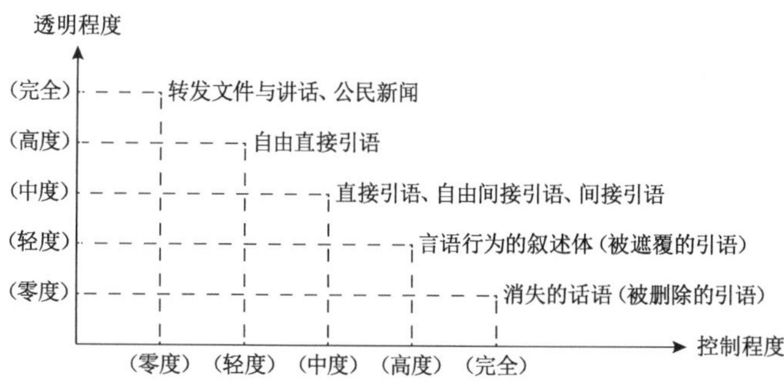

图 7-2 叙事的受控程度与文本的透明程度之关系

第三节 叙事时空的透明：镜像场景

无论是在业余新闻中，还是在专业新闻中，人们总是更青睐于以视频形式呈现新闻。移动互联网络及智能手机的普及促进了移动视频的爆发式增长，也使视频新闻由传统电视新闻主导发展到现在移动互联网上百花齐放的局面，视频成为公民表达“我在现场”的有力手段。仅以我

① 曾庆香. 西方某些媒体“3·14”报道的话语分析[J]. 国际新闻界，2008(5)：25-31.

国短视频平台抖音来说，至 2020 年 9 月，日活跃用户数超过 6 亿，该年上半年累计直播时长达 5008 万小时，累计观看达 522 亿人次。[①]视频网站 YouTube，至 2018 年 3 月 13 日，用户每分钟向平台上传的新内容超过 500 小时。另外，用户新闻即便不采纳视频新闻，但一般也会采取多幅图片主导或辅助报道。相比文字符号，视频或图片中的视觉符号更为透明，更能让人真切地触摸到新闻事件。视频或图片新闻的高透明性源于以下几点。

第一，从符号来说，视觉符号具有较强的象似性。

美国著名符号哲学家查尔斯·桑德斯·皮尔士（Charles Sanders Peirce）根据符号与所指对象之间的关系，将符号分为象似符号（icon，有的翻译为肖似符号，符号与所指对象具有相似性）、指示符号（index，符号与所指对象具有存在性关系）、象征符号（symbol，符号与所指对象具有任意性）三种。笔者根据相似性的大小，又将象似符号分为映象、拟象、隐喻、转喻等四种符号[②]，见图 7-3。

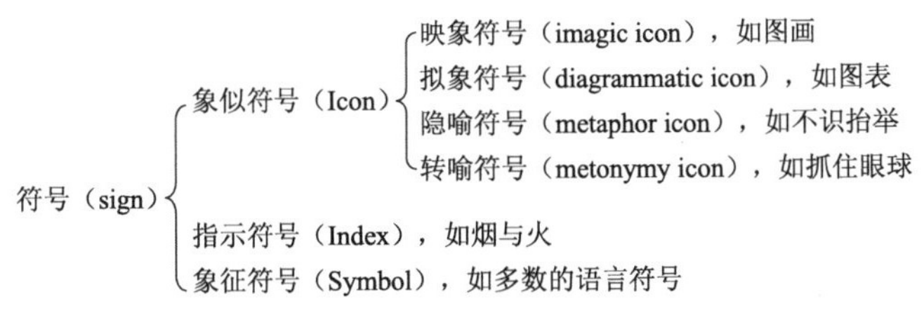

图 7-3　符号分类的象似光谱

显然，从相似性的强弱来说，象似符号的视频与所指对象具有极强的相似性，其次依次是照片、图画、图表、隐喻与转喻符号。

视频和照片之所以具有极强的象似性，是因为照相机具有与眼睛一样的成像原理。因此未被人为删除或处理的视频与人类自身所看到的场景一模一样，在全景的状态下基本与事实相同。因此，以完整视频的形式呈现的新闻具有最强的透明性。

第二，从事件来说，视频、图片使得新闻叙事时空场景化。

---

① 巨量引擎发布视频社会生产力报告：超两千万人在抖音上获得 417 亿元. [EB/OL]. (2020-12-23)[2021-01-21]. https://www.seoxiehui.cn/article-271074-1.html.

② 曾庆香. 论符号象似性[J]. 新闻与传播研究，2009(5)：28-38.

大多数新闻是对事件的叙述。因此新闻叙事存在着两个时间：故事时间和叙事时间。故事时间与叙事时间之间的关系存在着四种情况。[①]

（1）省略：与故事时间相比，叙事时间为零。

（2）概要：故事时间长于叙事时间。

（3）场景：故事时间等于叙事时间。

（4）停顿：叙事时间长于故事时间。

一般来说，只有当事件发展本身只表现为对话、讲话时，并且用文字或音视频对之进行实录时，这时的叙事时间才会等于故事时间。事件其他类型的发展阶段用文字叙述很难真正做到场景，它们在叙事里或被省略，或被概括。如在 2021 年 1 月中下旬的“山东栖霞笏山金矿爆炸事故”中，应急救援指挥部在新闻发布会上的声明表示，1 月 10 日 13：15 分左右发生第一次爆炸，1 个半小时后（14：45 分左右）发生二次爆炸。1 月 21 日 1 名矿工遇难。1 月 24 日 11 时 13 分至 15 时 18 分，先后有 11 名被困矿工安全升井。1 月 24 日下午至 25 日下午，经救援人员不停搜寻，又找到 9 名被困矿工，不幸均已遇难。二次爆炸对井筒设施破坏程度更加严重，9 名遇难员工都是在一次爆炸后攀爬过程中受二次爆炸冲击遇难的。至此，笏山金矿事故 22 名被困矿工中，11 名生还，10 名遇难，1 名仍在搜寻。[②]这段短短的话语概述了从 1 月 10 日发生爆炸到 25 日确认 10 名矿工遇难将近半个月的事件，事件的真实时空被叙事时空大为压缩。省略或概括无疑消除了一些信息。

未被删除或未被处理的视频、图片展现的都是当时真实的时空场景。这种既未加快又未放慢的场景，相比省略、概要来说，无疑更接近事件本身，如美国 2020 年“乔治·弗洛伊德事件”，当其被白人警察跪压喉部致死整个视频被发布之后，迅速导致了全民的愤怒和爆发，从场景上皆认可“弗洛伊德不断求饶而警察故意杀人”的解释框架。

第三，从意义来说，原生态的视频与图片所呈现的场景的解释框架未被锚定。

---

① 罗钢. 叙事学导论[M]. 昆明：云南人民出版社，1994：145.

② 痛悼！山东金矿爆炸事故已致 10 人遇难 [EB/OL].（2021-01-26）[2021-01-28]. https://www.thepaper.cn/newsDetail_forward_10939488.

当认知事件场景时，人们倾向于根据自身立场、生活经历、文化原型等因素对事件场景进行辨认与分门别类，形成自认为正确、合理的解释框架，进而进行叙述，即文字叙述锚定了事件场景的意义，因而往往具有一定的立场与倾向，如上述“弗洛伊德事件”，在美国官方新闻的报道中虽然公布了“国会骚乱”的场景截图，但由于新闻的文字叙述把这一场景锚定为“警察对示威者异常友好，还特意帮助抗议者通过国会大厦大门”的解释框架，从而让许多受众信以为真。事实上，美国执法人员“区别对待”白人与黑人是“普遍存在的现象”①。

若非故意做假，与文字叙述相比，视频、图片叙述因其呈现的事件场景的含义未被解释框架固化，受众认知不会被引导，故而这种未被框架化的事件场景更接近现实事件本身，也就更具透明性。

综上所述，在非故意做假的情境下，视频与图片比文字具有更高的透明性。因此在有争议的事件中，人们往往最倾向于视频，其次是图片作为具有说服力的证据。

不过，虽然专业新闻和专业媒体都有视频新闻，但专业媒体的视频新闻（包括电视新闻）的透明度同样难如用户新闻，因为专业记者除了碰巧，或策划（譬如奥运会、各种政治会议），或因预测而守株待兔（譬如战争、灾难）之外，很少有机会录制事发当时的现场视频。除了上述三种情况之外，其视频来源于两种途径：事件发生之后对目击者或行为者的采访，即用语言（包括口头语言和书面语言）叙述事件；用稿酬收编公民的新闻视频进行报道。无论哪种形式的视频新闻，包括大部分的现场直播，专业媒体的视频新闻往往存在叙述者与叙述声音的解读，因此它的视频新闻的透明性增加了“画外音”，就像在视频外增加了一层膜。但大多数公布的公民视频新闻是没有叙述者这层“膜”的，如未经解读的原生态的监控录像。

目前，新媒体语境下新闻叙事时空的透明性的极致是上述第四章的360°视频新闻和360°图片新闻、VR和AR的3D新闻，即沉浸式新闻。它们对场景的叙述不再是通过文字、图片等记录来呈现，而是通过360°

① 包雪琳. 2020世界面孔之四：乔治·弗洛伊德：你的美国可以呼吸吗[EB/OL].（2020-12-17）[2021-01-28]. https://baijiahao.baidu. com/s?id=1686298663800449234&wfr=spider&for=pc.

无死角的拍摄或通过开发听、视、嗅等全感官通道的仿真技术来模拟。

第四节　叙述的不可靠和受众的阅读期待

“新闻客观性”的基本思想是对事实进行准确、平衡、中立的报道。因为人、财、物等原因，记者在报道大多数事件时很难身处事发现场，又没时间且不具备专业的侦探能力，只能事后报道事件当事人、目击者、相关部门的叙述，正因如此，在 2017 年 12 月 20 日日本法庭审判书还原事件真相之前，尽管媒体对“江歌案”进行了众多报道，也无法还原事件真相。因此，在专业新闻一统天下的时代，客观性实质上变成了让受众抵达事件相关人物及其叙述的策略。受众只能通过记者对各种叙述的叙述去抵达事件本身。这一追寻事件的过程如下所示：

受众→记者的叙述→各种人物的叙述→事件

但在新媒体语境里，各个层次、各种类型的人物完全可隔空对话，已不需通过记者来传达话语。基于此，美国学者比尔·科瓦奇（Bill Kovach）和汤姆·罗森斯蒂尔（Tom Rosenstiel）指出：“新闻越来越不像是精心准备的演讲，而是更接近于任何人都能自由发言的对话。”①

这种人与人之间无障碍对话，对于专业新闻来说，客观性便发展出补救与自证措施：把各种人物的叙述进行截图和给予链接。这便成了专业新闻的透明性技巧。因此，专业新闻的透明性不过是提供“这是人物的话语”“我们是诚实”的证据而已。

而对于用户新闻来说，透明性是与生俱来的，因为受众听到的是各种人物的直接叙述，而不是受到记者控制的叙述，甚至直接看到事发场景的镜像。从而真正做到了：将事实叙述出来，结论由读者来做。②受众通过各种人物的直接叙述或事件镜像直抵事件，这一过程可如下所示：

受众→各种人物的叙述→事件

---

① 比尔·科瓦奇，汤姆·罗森斯蒂尔. 新闻的十大基本原则：新闻从业者须知和公众的期待[M]. 2 版. 刘海龙，连晓东，译. 北京：北京大学出版社，2014：15.

② 陈力丹，王亦高. 深刻理解“新闻客观性”——读《维系民主?西方政治与新闻客观性》一书[J]. 新闻大学，2006(1)：8-10, 16.

受众→事件镜像→事件

但用户新闻的透明性促成了其必然采取第一人称故事内叙事视角与第一人称故事外叙事视角，即行为者或见证者作为聚焦者和叙述者。这种叙述视角无疑导致了叙述的不可靠：一是叙述话语具有强烈的感情色彩、立场偏向；二是只报道己方的一面之词。这种不可靠源于两点原因：第一，作为事件利益方，用户新闻的叙述者自然会无意或有意地遮蔽一些事实，突出一些事实，甚至歪曲一些事实，如“弗洛伊德事件”中有关该白人警察的情况说明，又如“江歌案”中陈世峰和刘鑫的证词；第二，作为没有采访权的普通用户、普通公民，他们只能报道他们目力所及，视野的有限难免会遮蔽一些事实，从而做出不客观的解释，得出不公正的结论。不少舆论反转事件的出现便源于此，如“大妈‘碰瓷’玩具车事件”：2016 年 3 月 23 日，微博博主@最抽风的视频发布了一则标题为“一个小女孩开玩具汽车不小心撞倒了大妈”的短视频。17 秒的视频只记录了老人坐地手扶玩具车与孩子家长理论的场景，因此不少人认定老人为碰瓷，称其“碰瓷新高度”。然而经媒体调查后得知，女孩父母随后将老人送医检查，确诊桡骨骨折，且老人婉拒更多赔偿，并未敲诈。[①]而专业新闻叙事，记者因为不涉及利益纠葛，且具有采访权，被认为能够做到真实、客观、公正、全面，能够采取具有可靠性的第三人称的全知叙事视角。但正如对客观性原则的批判，记者虽然能够跳脱事件之外，但不可能完全做到客观，因为正如曼罗夫所指出，没有人能在转述有关事件的事实时，能够全然公平且客观地看待这些事实。[②]

2015 年 5 月 3 日“成都男子暴打女司机”事件，在完全了解事件的经过和对比专业新闻与用户新闻的报道可发现，《华西都市报》的客观报道实质上具有明显偏向女司机的立场，其原因在于一是《华西都市报》主要引用了事件当事人即女司机的讲述，而女司机在讲述中进行了有意隐瞒和撒谎，如《成都男子暴打女司机 数万网友谴责》[③]报道直接引用

① @成都商报. 大妈被#玩具车撞后坐地不起#后续：大妈确诊骨折 没有碰瓷[EB/OL]. (2016-03-24) [2016-05-08]. https://m.weibo.cn/1700648435/3956508028869902.

② 彭家发. 新闻客观性原理[M]. 台北：三民书局，1994：72.

③ 杨雪，李天宇. 成都男子暴打女司机 数万网友谴责[EB/OL]. (2015-05-04) [2016-05-08]. http://scnews.newssc.org/system/20150504/000560574.html.

了女司机对被打原因的解释:“可能转弯的时候有点挡住后头车子的路”。二是记者的价值判断导致不自觉站队，从而不自觉地过滤掉与自己价值判断有矛盾的事实，突显支持自己的价值判断的事实，如《女司机变道男司机超车 2 分钟“斗气车”升级矛盾》[①]报道根据行车记录仪所制作的事件过程图解，便隐没了女方一再的挑衅行为，其话语转述也未提及男方所遭受的危险。三是报道大量采用叙述体、直接引语、间接引语等三种方式转述了女司机的话语，其后的几次微博也只是及时发布了女方声音；却基本未对男司机一方进行采访，即便是其中男司机对“暴打女司机”原因的解释：她变道，让孩子受了惊吓，也是通过警察之口转述。

《华西都市报》的立场倾向更一目了然地体现在对“网友谴责”情节的报道之上。当大多数网友谴责男司机时，其报道标题特别提及“数万网友谴责”，而当大多数网友谴责女司机且理解男司机打人心情时，即便有搜狐网的调查结果——21.9 万名网友，逾 66%的网友不再同情女司机，且理解男司机打人心情，其报道也只字未提。[②]当然，专业新闻的确会因为记者是第三方和职业素养而使其思考与叙述更为平衡、客观，如《新京报》的“局面”对“江歌案”的报道：“我们必须保证 25 条片子都能够完整地呈现，必须给江歌妈妈和刘鑫同样的说话机会。”[③]这种因平衡所带来的客观，是建立在记者生产新闻的目的之上的，这种目的会影响新闻叙事，即通过删减、组合与强调等策略来对事件进行结构化。如“局面”对江歌案的报道，之所以“给江歌妈妈和刘鑫同样的说话机会”，是为了“避免节目的播出，给本就有着极大不信任的双方，制造额外的伤害”，从而使“这期节目的剪辑花了格外长的时间，期间还曾经彻底推翻最初的结构，另起炉灶”[④]。因此，只要专业新闻的平衡与客观，是为了实现其主观动机，这便使事件的叙述戴上了有色眼镜。

---

① 杨雪，李天宇. 女司机变道男司机超车 2 分钟“斗气车”升级矛盾[EB/OL].（2015-05-05）[2016-05-08]. http://wccdaily.scol.com.cn/shtml/hxdsb/20150505/284387.shtml.

② 搜狐民调. 女司机变道别车挨打 66%网友：理解打人者窝火[EB/OL].（2015-05-05）[2016-05-08]. http://news.sohu.com/20150505/n412416128.shtml.

③ 王志安. 关于江歌案：多余的话|手记[EB/OL].（2017-11-13）[2017-11-18]. https://www.sohu.com/a/204008012_257199.

④ 王志安. 关于江歌案：多余的话|手记[EB/OL].（2017-11-13）[2017-11-18]. https://www.sohu.com/a/204008012_257199.

因此，专业新闻的平衡、客观，反而促成了又一重遮蔽准确事实的屏障，即在当事人叙述的有色眼镜之上又加上一层有色眼镜。

相比之下，在新媒体语境中，用户新闻的叙述的不可靠这一劣势反而转化为优势。第一，因为受众会本能地对用户新闻的真实性存有疑虑，他们会自动地根据叙述者对事件卷入程度而对所述事件的真假与偏颇进行判断。在这种存疑的情境下，受众往往会根据事件的相关信息，进行深入挖掘论证。正是这种对真相的挖掘论证，导致在“成都男司机暴打女司机”事件中录制了整个事件经过的行车记录仪视频被上传到网站，也导致了作为见证者的网民自发地在网上发帖控诉女司机的各种劣迹，如《疑似涉事女司机 4 年前不文明驾驶行为》和某微信公众号所搜集整理的女司机的劣迹。正是由于网民的参与，事件经过了从指责男方到指责女方的舆论反转过程。这一事件过程足以说明：只要事件足够透明（事件完整是透明应有之义），受众便有足够的智慧和理性进行合理的判断，正如网友对这一事件的总结。

有人如下总结成都女司机被打。

> 追了两天被打女司机的新闻，我的心理变化：①刚开始，觉得男人是人渣不应该打女人。②男的行车记录仪公布，我觉得女司机有错，但男的下手太重！③看到女的说那样变道没错，这么多年都这么开车。觉得男的下手轻了。④看到警察说女的行为罚一百扣三分。觉得把这女的打得对。⑤看完她爸妈、她哥的表演，我觉得有必要让这家人都不再开车上路了。[①]

试想“成都男司机暴打女司机”发生在互联网产生之前，由于报警和围观，警察把男司机带走，成都的《华西都市报》因公安局是固定采访线路而得到线索并采访发布《成都男子暴打女司机 数万网友谴责》报道。报道引用女司机的话语：“可能转弯的时候有点挡住后头车子的路”，再引用警察的话语：她变道，让孩子受了惊吓。其他媒体如果报道，或是直接转发《华西都市报》报道，或者是对其进行改编。于是女司机冤

① 通信连的兵. 女司机变道男司机超车 2 分钟“斗气车”升级矛盾[EB/OL].（2015-05-08）[2015-11-18]. http://coral.qq.com/1154652876.

枉、无辜的形象被树立，舆论也不可能反转。

这就是说，受众阅读用户的业余新闻和专业新闻的期待是有差异的。针对用户新闻，受众的阅读期待是：新闻叙事因作为叙事者的个人与事件有利益关系而肯定存在偏颇，因此需理性判断。针对专业新闻，受众的阅读期待是：新闻叙事因作为叙事者的记者与事件无利害关系而客观公正，因此无须斟酌。

第二，在自媒体时代，透明的用户新闻虽然会导致叙述的不可靠，但在存在双方对峙的事件中，如果一方在互联网上因偏向自己而歪曲事实时，另一方或不赞成的一方一般都会及时进行回应以澄清事实，甚至会有受众对事件进行背景式材料挖掘，以帮助人们对事件进行判断，弄清事件的真相。这足以弥补用户新闻的视线局限和消除其立场倾向的不利影响。

透明性引导受众进行理性判断的机理与客观性原则是一致的。新闻的客观性原则之所以被人们视为职业伦理：一是相信记者能够对事件进行客观公正叙述，记者作为人，在面对当事人的具有情感或立场偏向的叙述之时，能够做到客观公正看待事件并进行转述，那么公众在面对同样具有情感热度与利益立场的用户新闻时应该也能进行恰当的分辨；二是相信受众有足够的智慧，可根据记者提供的事实进行自主分析和判断，相信受众有独立思考的能力[①]，那么作为行为者和目击者的叙事文本所具有的直接立场和情感偏向，受众应该更能拨开立场和情感这些“云雾”，见到事实这个“太阳”。

何况随着新闻实践的发展，客观性原则最后使得“新闻就是权威新闻来源所告诉记者的（News is what an authoritative source tells a journalists）”[②]。权威新闻来源包括事件当事者。如果说，事件当事人会选择在自媒体通过忽略、凸显或歪曲来混淆视听，那么他们自然会选择通过同样的手段来蒙蔽记者以混淆视听。如果说记者作为中介可通过提问来逼迫当事人叙述真相，而不是歪曲事实，显然记者的这份威力来

① 王晴川. 自媒体时代对新闻专业主义的建构和反思[J]. 上海大学学报（社会科学版），2012，29(6)：128-138.

② BELL A. The Language of News Media[M]. Oxford: Wiley-Blackwell, 1991: 191.

源于其背后的舆论。但事实上，当事人在自媒体发布新闻时，直接面对的便是舆论。因此很难认为，当事人在自媒体发布新闻会歪曲事实，而在面对记者时却会叙述真相。也就是说，如果当事人打定主意要对外隐瞒并歪曲事实，那么无论通过专业媒体还是通过自媒体，他都会这么做。如果记者的提问能够撬开当事人的嘴巴，那么受众或另一方对峙者的提问同样能达到这个效果。因为当事人害怕的并非记者，而是记者背后的舆论以及随之而至的职能部门的处罚。正如“江歌案”，对于“刀具的来源”和“有无锁门”的问题，陈世峰和刘鑫在法庭面对法官都能说假话做假证，能指望他们在记者面前说真话吗？

因此，虽然更具透明性的用户新闻叙述具有不可靠性，并不比专业新闻更影响人们的理性判断。因为专业新闻不着痕迹地利用平衡而偏向另一方，且素有“客观、真实”招牌，可能更容易让受众相信事实是经过多方核实，文本所呈现出来的就是真相，从而在消费事件的同时消费其中的价值观念。

总之，在新媒体语境下，新闻叙事及其声音越透明，便越能激发受众的阅读期待：核实事实、订正错误，事情真相也便越发清晰。

正是用户新闻的透明叙事，即公民话语的零度受控，导致公民话语权得到保障（详见第九章）；正是用户新闻的镜像场景，即公民话语的可信度，导致用户新闻的赋权与舆论监督；正是用户新闻叙事的不可靠，即公民话语的明显倾向，导致众多公民参与事件的讨论与质疑，最终促使公众理性判断，催生事件真相大白。因此，追根溯源，可发现用户新闻的诸多特点、影响、功能与作用都源于其叙事的透明性。

当然，在现实社会中，用户新闻的透明性叙事的不可靠未必一定会被人所认知，原因有二：①在现实社会的场域中，具有不同政治、文化资本的用户新闻因其裹挟的资本分量的不同，造成的影响也不同，如美国“弗洛伊德事件”，非裔男子与白人警察在现实中实力与地位悬殊，导致在事件早期各自的事件叙述得到的认可度不同；②事件的见证者因利益、时间、麻烦和数字鸿沟等种种原因，造成有些用户未必有公正之心或大白真相的决心和能力，如果其中的一个关键见证者不主动参与到新闻叙述事件的行动之中，准确的事实便难以昭白天下。相比之下，专业媒体可能拥有更多资源逼迫这些关键见证者面对和叙述事件，如一些医患事件中主治医生和相关护士在众声喧哗的用户新闻阶段一直未直面叙述，直至专业媒体介入。

不过，不可否认，在互联网尤其是自媒体出现之后的现实社会，许多事件真相的最后揭露，的确是由用户新闻的透明叙事所推动的。

第八章　新媒体语境下的新闻叙事订补：数据新闻与扫描模式

在新媒体及其带来的大数据语境里，数据新闻甫一出现便以其独特品格而受到广大新闻媒体和新闻爱好者的喜爱，也迅速捕捉到学者们的注意。国内不少文献都认为，数据新闻是在“讲述故事”[①]，故事化仍是数据新闻的价值取向[②]，指出数据新闻是一种新闻叙事[③]，甚至从叙事声音、叙事语法等角度进行论述[④]。虽然这种数据新闻“讲述故事”论在国外业界频频出现，如由多位数据新闻记者合著并于 2012 年 3 月在网络出版的《数据新闻手册》（*The Data Journalism Handbook*）指出：“数据新闻……开创了将传统的‘新闻敏感’和讲述引人入胜的故事的能力与海量的数字信息相结合的新的可能性。”[⑤]又如德国之声（Deutsche Welle）电视台记者米尔科·劳伦兹（Mirko Lorenz）通过工作流程来界定数据新闻：通过反复抓取、筛选和重组来深度挖掘数据，聚焦专门信息以过滤数据，可视化地呈现数据并合成新闻故事。[⑥]布拉德肖则提出，数据新闻制作流程具有“双金字塔”的结构特征（图 8-1），在“金字塔”

---

① 李岩，李赛可. 数据新闻：“讲一个好故事”?——数据新闻对传统新闻的继承与变革[J]. 浙江大学学报(人文社会科学版)，2015，45(6)：106-128.

② 杨晓军. 数据新闻故事化叙事的可能性及思维路径[J]. 编辑学刊，2016(1)：114-118.

③ 孟笛. 开放理念下的新闻叙事革新——以《纽约时报》数据新闻为例[J]. 新闻界，2016(3)：61-65.

④ 张军辉. 从“数字化”到“数据化”：数据新闻叙事模式解构与重构[J]. 中国出版，2016(8)：39-43.

⑤ BRADSHAW P. What is data journalism?[EB/OL]. [2017-03-08]. https://datajournalism.com/read/handbook/one/introduction/what-is-data-journalism.

⑥ 方洁，颜冬. 全球视野下的“数据新闻”：理念与实践[J]. 国际新闻界，2013，35(6)：73-83.

的结构中，也有“叙述”（narrate）的表述。

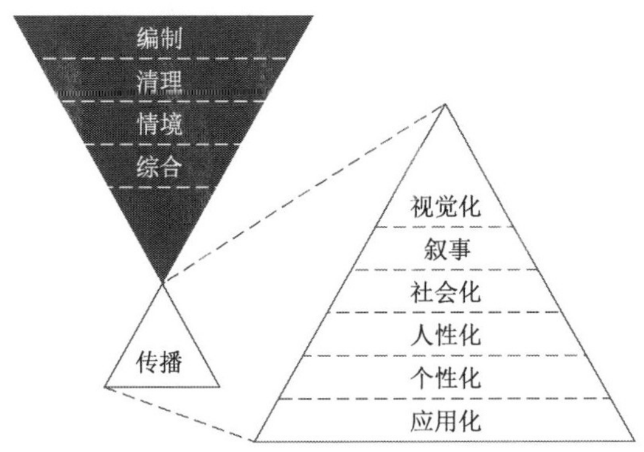

图 8-1 数据新闻制作流程的“双金字塔”结构

资料来源：Paul Bradshaw. The inverted pyramid of data journalism[EB/OL]. [2017-01-10]. https://onlinejournalismblog.com/2011/07/07/the-inverted-pyramid-of-data-journalism/.

但在 Ebsco 数据库和 Google Scholar 网页未检索到英文研究文献对数据新闻进行叙事分析，即从故事、话语等角度对数据新闻的故事要素、特征和叙事视角、叙事声音等方面的论述。因此，如“第一章 关键概念：新媒体与新闻叙事”所述，国外业界将数据新闻看作叙事或讲故事，这可能是一种泛化的隐喻，而非严谨的学术观点。

数据新闻也许有叙事成分，但数据新闻主旨并非讲述故事，而在于推导事实性结论。准确来说，数据新闻并非新闻叙事，而是新闻论证。虽然许多数据新闻报道对象是事件，但正如普林斯的观点“不是所有的事件都是叙事，也不是每一个再现都是叙事”①。对于数据新闻来说，报道事件却不是叙事新闻，有的是因为数据新闻报道的事件太繁多，无法以叙事方式进行报道，有的是因为其目的不是讲述事件的来龙去脉，而是找出事件发生的原因和规律（即隐藏在事件后面的事实），也不能以叙事方式报道。即有些数据新闻虽具有事件性，但却未采纳叙事方式。即这些数据新闻中的系列事件都只是零散地存在，而未形成一个具有开头、发展、高潮和结尾的故事整体。

在此申明，数据新闻虽然不是叙事，但本书稿仍进行论述的原因有

① 转引自谢龙新. 经典“叙事”概念：外延、内涵及其超越[J]. 湖北师范学院学报(哲学社会科学版)，2010，30(5)：24-29.

三：一是几乎国内所有的学者都将其视为叙事，因此有必要研究它是否为叙事。同时，正如数学可从正反面论述一样，它作为非新闻叙事，能从反面论证新闻叙事；二是不少数据新闻报道的对象是庞大的事件群体，而不是单个事件，即报道对象由一棵树木转向了一片森林，形成了扫描式的报道模式，对不能就海量事件进行报道的新闻叙事起到了很好的补充；三是数据新闻虽然不是叙事，但却能颠覆一些传统媒体新闻的叙事声音，因此对它进行分析有助于论述新媒体语境下新闻叙事声音的变革（详见第九章）。

第一节　数据新闻：非新闻叙事，乃新闻论证

如前所述，新闻包括新闻报道和新闻评论，前者提供事实性信息，包括消息、通讯、新闻特写；后者提供观点性信息。但提供事实性信息有四种途径：叙述事件、论证事实、说明事物、描述概貌。前者为叙事新闻（或新闻叙事），后三者分别为论证新闻（或新闻论证）、说明新闻（或新闻说明）和描写新闻（或新闻描写）（详见第一章第二节）。

现实社会中的很多事实，虽客观存在，但像历史事实一样，并非现成地摆放在那里，而是需要人们进行分析思维、抽象思维才能发现与揭示，就像历史事实需要通过史学研究者的论证，从各种相互矛盾、混乱不堪、片面和表面的历史资料中推导出来。[①]

社会科学研究在很大程度上来说就是通过各种研究方法对各种事实与现象进行分析、抽象，客观、准确地揭示暗藏的事实，以增加人们对社会世界的认知与理解，如考古学通过对生物化石的研究所推导出的恐龙生存、恐龙灭绝的年代与恐龙的外貌特征、行为习性等，便是过去的事实。历史学则是通过历史资料来推导与重组历史事实。[②]这类事实通常被称为经验事实[③]，是一种事实性结论。

经验事实是人类对现实社会的经验概括，即对现象反复出现的规律

① 俞吾金. 历史事实和客观规律[J]. 历史研究，2008(1)：4-12, 190.

② 俞吾金. 历史事实和客观规律[J]. 历史研究，2008(1)：4-12, 190.

③ 事实是客观存在还是经验陈述[J]. 新闻大学，1998(1)：93.

或特征的总结，或是对变量之间反复出现的某种相互关系的一种说明，也是一种客观存在。[①]社会科学中的知识、规律和理论基本都是经验事实的概括，即在大量事实基础上，通过分析思维与抽象思维，推导出事实性结论。只不过规律、理论系统化、抽象化程度高，如资源理论：夫妻双方在家庭生活中决策权力的大小与双方所占有的资源多少有关。[②]因此，许多经验事实需要采取逻辑论证、推导，才能被揭示与报道出来。

数据新闻基本是依靠归纳与演绎等逻辑思维把人们普遍关注的但又不显而易见的事实论证、推导出来，如《华盛顿邮报》的数据新闻《埃博拉比其他疾病传播更慢，但杀死了更多人》（“Ebola Spreads Slower，Kills More than Other Diseases”）[③]通过展示埃博拉病毒感染者由 1 人到 100 人所经历的 78 天，并将埃博拉与天花、麻疹等 9 种传染性疾病进行比较，归纳得出埃博拉病毒感染速度虽比天花等疾病慢，但一旦染上却是致命的。又如《一个正在消失的星球》（“A Disappearing Planet”）[④]：通过哺乳类、爬行类、鸟类和两栖动物等四类物种的灭绝情况，归纳、推导并展示地球物种正在消失的结论。有的则是根据过去和现在发生的事实通过归纳与演绎而推导将来的事实，如数据新闻《二氧化碳的过去、现在和未来》（“The Past, Present and Future of Carbon Emissions”）[⑤]。有的则是直接借用相关学科的有关各要素之间的关系的理论模型或公式，读者只要把自身的要素输入数据新闻的交互入口，模型/公式便会自动演绎推导出读者的个人化事实，如由英国 BBC 的大型数据编辑室制作的《你最适合哪种运动？》，制作者直接套用拉夫堡大学科学家所建立的有关个人身高、年龄、忍受力、力量及身体平衡性等 13 个要素对运动的影响模型。

---

① 风笑天　社会研究方法[M]. 北京：中国人民大学出版社，2013：35.

② 风笑天. 社会研究方法[M]. 北京：中国人民大学出版社，2013：20-21，32-36；陈祖耀. 社会科学研究中几个重要概念的辨析[J]. 广西师院学报，1998(4)：27-30.

③ BERKOWITZ B and GAMIO L. Ebola spreads slower, kills more than other diseases[EB/OL]. (2014-10-14)[2017-01-10]. http://www.washingtonpost.com/wp-srv/special/health/how-ebola-spreads/.

④ FLAGG A. A disappearing planet[EB/OL]. [2017-01-10]. http://projects.propublica.org/extinctions/.

⑤ FRIEDRICH J, LEVIN K, DUGAN B and DAMASSA T. The past, present and future of carbon emissions[EB/OL]. (2014-12-01)[2017-01-10]. http://www.wri.org/blog/2014/11/past-present-and-future-carbon-emissions.

显然，依靠归纳与演绎等逻辑思维推导事实性结论的数据新闻不是在叙述事件，而是在进行论证。数据新闻不是“讲述故事”的一个强有力的证据是，自 2012 年以来每年召开的全球编辑网络年度峰会的数据新闻奖的主要奖项设置（表 8-1）（每年还有其他类型的奖项设置，如最佳作品奖、最佳网站奖，开放数据奖、荣誉奖、突发新闻数据使用奖等，在此不赘述），从 2014 年开始，“讲述故事”（Storytelling）和“数据故事讲述”（Data storytelling）即叙事提法的奖项被取消。针对这一取消，全球编辑网络有条新闻也许露出了端倪：实际上未有用数据成功讲述故事的数据新闻。①

表 8-1　2012—2018 年数据新闻奖的奖项设置与主要维度

奖项 年份	调查性数据新闻	数据可视化	数据驱动应用
2012	Data-driven Investigations （数据驱动调查）	Data Visualisation & Storytelling （数据可视化及叙事）	Data-driven Applications （数据驱动性应用）
2013	Data-driven Investigative Journalism （数据驱动调查性新闻）	Data Storytelling （数据报道）	Data-driven Applications （数据驱动性应用）
2014	Best Data-driven Investigation （最佳数据驱动调查报道）	Best Data Visualization （最佳数据可视化作品）	Best Application or Website （最佳新闻应用/网站）
2015	Best Investigation of the Year （年度最佳调查新闻）	Data Visualisation of the Year （年度最佳数据可视化）	News Data App of the Year （年度最佳新闻应用）
2016	Best Investigation of the Year （年度最佳调查新闻）	Data Visualisation of the Year （年度最佳数据可视化）	News Data App of the Year （年度最佳新闻应用）
2017	Best Investigation of the Year （年度最佳调查新闻）	Data Visualisation of the Year （年度最佳数据可视化）	News Data App of the Year （年度最佳新闻应用）
2018	Best Investigation of the Year （年度最佳调查新闻）	Data Visualisation of the Year （年度最佳数据可视化）	News Data App of the Year （年度最佳新闻应用）

数据新闻不是叙述故事已被部分数据新闻实践者所认知。美国统计学家、数据新闻网站“538”（Five Thirty Eight）创办者奈特·希尔（Nate

① Few were making engaging interactive content that succeeded in actually telling a story with data. [EB/OL]. (2015-06-29) [2017-01-10]. https://www.globaleditorsnetwork.org/press-room/in-the-media/2015/06/they-do-data-viz/.

Silver）指出，他的团队所生产的数据新闻是没有叙述体的新闻，甚至是与叙事体新闻完全对立的新闻。[①]“数据新闻”理念的提出者、EveryBlock创始人阿德里安·哈罗瓦提（Adrian Holovaty）在2006年发表的网络文章《报纸网站所需要的根本变革》（“A Fundamental Way Newspaper Sites Need to Change”）指出：报纸需要抛开以叙述故事为核心的世界观。[②]

不可否认，众多数据新闻都网罗了很多事件。但这些事件基本是以两种功能存在：论证样本与论证案例。

作为样本的事件，在数据新闻中一般是以关键词或摘要的形式呈现的。数据新闻作为一种新闻论证，建立在全体样本或海量样本（即事件扫描，见本章第三节）的基础之上。数据新闻要展现如此众多的事件，不可能采取叙事（即讲述事件发展脉络）的方式，而只能采取以关键词或摘要来标注事件要素的方式，如《伊拉克战争日志》的“伊拉克战争的每例死亡地图”，又如《英国 1999—2010 每条道路上的每例死亡》（Every Death on Every Road in Great Britain 1999-2010）[③]。这众多事件的标注，显然不是向读者讲述故事，而是呈现整体概貌。

作为案例的事件，数据新闻会对其进行简洁叙述。就像社会科学研究一样，数据新闻为了使论证更科学，结论更可靠，会采取例证法，即通过对案例剖析来推导事实性结论。为了剖析案例，当然需要对案例进行简要叙述，如《被夺走的家园》（“Homes for the Taking”），便讲述了8个故事。这8个故事的作用是：吸引读者，引入论证和作为案例进行剖析，如科勒曼（Coleman）的故事是为了引出家园被夺走的原因，即“税收留置权销售”（Tax Lien Sale）项目，贝尔曼（Berman）的故事是为了引出“税收留置权的可疑投标”（Tax Lien Suspicious Bidding），即暗箱操作。因此数据新闻中的事件叙述基本是作为证据出现，使论证充分，结论可靠。

总之，新闻论证是针对公共关心的社会问题、现象、事件，在事实

① 张小溪. 仅靠“数字”能否讲好新闻故事？[N]. 中国社会科学报，2014-04-28.

② 陈昌凤. 数据新闻及其结构化：构建图式信息——以华盛顿邮报的地图新闻为例[J]. 新闻与写作，2013(8)：92-94.

③ BBC News. Every death on every road in Great Britain 1999-2010[EB/OL].(2011-12-02)[2017-04-11]. http://www.bbc.com/news/uk-15975720.

材料的基础上进行归纳、演绎等逻辑推理而得出事实性的新结论。这些新结论既是新闻所要求提供的新信息，也是社会研究所要求提供的新知识（即通过经验概括得出的结论）。[①]二者融为一体。

当然，新闻论证与新闻评论有所不同。新闻评论一般是对新闻事件进行评价（包括批评、赞扬）与议论，即主要从伦理、道德、法律等角度对新闻事件或现象进行价值判断，如第一章第二节所述的《人民日报》的短评《群众眼里最可爱的人》，其观点“扶贫干部是最可爱的人”便是价值判断，而不是事实性结论，即经验概括。因此，新闻论证因为提供了新事实而仍属于新闻报道，而新闻评论因未提供新事实则不属于新闻报道。

第二节　数据新闻的社会科学研究方式：目的、方法、模式

数据新闻作为一种新闻论证，是一种社会科学研究方式的论证，而非人文学科与自然科学研究方式的论证。因为无论研究目的、研究方法还是写作模式，它都具有社会科学研究的论证与报告的特点。

一、数据新闻的类型：社会科学研究的目的与功能

梳理 2012 年至 2018 年所有获得全球编辑协会数据新闻奖的数据新闻可发现，它们基本分为四类。

第一类是整体-呈现型，即对某个事件或问题、某个方面在某个时间段的整体情况进行社会调查与数据搜集、整理，并图表化呈现，如《卫报》的《解读骚乱》（“Reading the Riots”）的制作团队说：“我们想绘制一幅被告全景图。”[②]有些数据新闻，它们的标题便显示其目的是呈现整体状况，如《美国各州收入阶梯》（“In Climbing Income Ladder”）、《英国 1999—2010 每条道路上的每例死亡》、《美国各州同性恋者的权

① 风笑天. 社会研究方法[M]. 北京：中国人民大学出版社，2013：3，7.

② 西蒙·罗杰斯. 数据新闻大趋势：释放可视化报道的力量[M]. 岳跃，译. 北京：中国人民大学出版社，2015：246.

利》（“Gay Rights by State”）、《伊利诺伊州学校报告卡片》（“Illinois School Report Cards”）、《塞尔维亚政治家的资产数据库》（“Database of Assets of Serbian Politicians”）、《难民营生活》（“Life in the Camps”）、《菲律宾安全之路》（“Safer Roads PH”）等等。在整体呈现的基础上，这一类型的数据新闻或直接用数字告知有关整体的事实性结论，这类似于以往的精确新闻；或把每个样本标注出来，典型的如《伊拉克战争日志》（图 8-2），以达到结论尽在不言中。

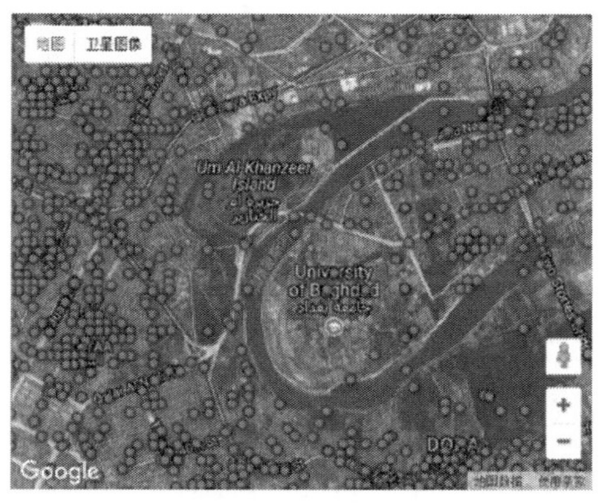

图 8-2　伊拉克战争的每例死亡地图

资料来源：ROGERS S. Wikileaks Iraq war logs: Every death mapped[EB/OL].(2010-10-23)[2017-04-11]. www.guardian.co.uk/world/datablog/interactive/2010/oct/23/wikileaks-iraq-deaths-map.

第二类是问题-分析型，在获奖数据新闻中占有一半以上的数量。它又可分为两小类：①问题-调查-分析-结论型，即人们对某个事件或某种现象等产生疑问，然后进行调查，最后通过分析论证形成结论，典型的有《阿根廷的公车补贴》（“Subsidies for the Bus Transportation System”）、《被夺走的家园》（“Homes for the Taking”）、《吉姆克劳回归：数以百万计少数族裔选民遭受选举清洗威胁》（“Jim Crows Returns: Millions of Minority Voters Threatened by Electoral Purge”）、《不义之财》（“Easy Money”），等等。②质疑观点-调查-分析-证实/证否看法+结论型，即人们对某观点产生怀疑，然后进行调查，最后通过分析论证证实或证伪原来的结论，并形成新的结论，如《解读骚乱》便源于质疑英国官方的公开说法：英国骚乱应归罪于脸书、推特等社交媒体，因为它们传播谣言，煽动骚乱。数据新闻团队通过对 260 万条推文的分析得出结论：推特善于澄清谣言[①]，从而驳斥了英国官方的说法。这一类型的数据新闻典型的还有《天空中的密探》（“Spies in the Skies”）、《FBI 的恐怖分子》（“Terrorists for the FBI”）、《检视死亡》（“Monitor de Víctimas”）等。

第三类是已然-预测型，即在调查研究的基础上，归纳过去和现在的情况与规律，运用科学方法去推测事物将来或在别处的发展趋势，典型的有《二氧化碳的过去、现在和未来》《如果叙利亚内战发生在你的国家会怎样？》（“What if the Syrian Civil War Happened in Your Country?”）。

在大数据时代，人类社会行为转变成了数据。根据人们以往的行为习惯可预测人们将来的行为走向，海量数据所反映出来的规律无疑有助于人们预测，如 2016 年第 100 届普利策新闻奖，全国报道奖颁给了《华盛顿邮报》的一则数据新闻，原因在于：它利用全国性的数据库，来分析警察开枪射击的频次和原因，并推测最有可能的受害者是谁，极具启发性。[②]正因如此，不少整体-呈现型、问题-分析型的数据新闻往往也会在结论之后附带预测一下。

第四类是模型-定制型，典型的有《你最适合哪种运动？》《英国阶层计算器：你属于哪个阶层？》。这种类型的数据新闻通常是以一个既有的或新建构的专业模型或公式为基础，读者输入相关数据便可定制自己的结论，即得到规范的个性化结论，如《你最适合哪种运动》[③]和《英国阶层计算器：你属于哪个阶层？》都直接说明了模型的来源。[④]

这四种数据新闻正好对应了社会研究的三种目的与功能。整体-呈现型体现了社会研究解决“是什么”的问题，即描述型研究；问题-调查型则解决“为什么”的问题，即解释型研究[⑤]；已然-预测型和模型-定制型解决“怎么办”的问题，即应用型研究。[⑥]因为在大数据时代，为个

① PROCTER R, VIS F and VOSS A. How riot rumours spread on Twitter[EB/OL].（2011-12-07）[2017-01-10]. https://www.theguardian.com/uk/interactive/2011/dec/07/london-riots-twitter.

② The 2016 Pulitzer Prize winner in national reporting: The Washington Post Staff [EB/OL]. [2021-07-16]. https://www.pulitzer.org/winners/washington-post-staff.

③ Which sport are you made for? Take our 60-second test[EB/OL].（2014-07-14）[2021-07-15]. https://www.bbc.com/news/uk-28062001.

④ STEVEN A, KATHY N, HARJIT K, Christine Jeavans and applied works. The Great British class calculator[EB/OL]. [2021-07-15]. https://www.bbc.co.uk/news/special/2013/newsspec_5093/index.stm.

⑤ 风笑天. 社会研究方法[M]. 北京：中国人民大学出版社，2013：59-62.

⑥ 戴维·波普诺. 社会学[M]. 李强，译. 北京：中国人民大学出版社，2009：19-30.

人定制个性化结论，是把相关理论与模型应用于个人，这与互联网络的互动品质相匹配。

因此，数据新闻具有社会科学研究的描述、解释、应用三大目的与功能。这四种类型的数据新闻无疑也印证了陈力丹教授的“大数据新闻具有四个功能，即描述、判断、预测、信息定制”观点。[①]同时，《卫报》数据新闻创始人西蒙·罗杰斯（Simon Rogers）也指出，数据新闻具有预测、调查和解释等功能，尤其注重解释功能。[②]因此，数据新闻的类型说明，它没有叙事功能。

二、数据新闻追寻事实：社会科学研究方法

数据新闻源起于20世纪70年代初美国梅耶教授所倡导的精确新闻。梅耶教授反对当时过分的新闻叙事方法，提倡采纳社会科学研究的方法做新闻，即在社会调查基础上获取一定量的样本和数据，在分析与论证基础上得出事实性结论。因此，精确新闻诞生之初就非新闻叙事，而是新闻论证。

在大数据时代和新兴媒体的语境里，人们生存于数字化世界。极为丰富、庞大的数据素材唾手可得。不仅如此，当今时代还催生了轻而易举地处理海量级的、错综复杂的数据的计算机技术。

素材和技术都已诞生的时代，正适合并正呼唤运用社会科学研究方法来探究数据背后的人们应知、欲知而未知的事实，如2010年英国朝野都想知道：伊拉克战争给伊拉克人民带来了怎样的伤害？英国是否应该从伊拉克撤军？《卫报》的《伊拉克战争日志》根据维基解密数据，把伊拉克战争中的每例死亡都用红点呈现在地图上（图 8-2），“尽管死亡人数可能被少报，但这些数据还是为我们描绘出了一幅相当残酷的画面”[③]，从而推动了英国做出从伊拉克撤军的决定。

---

① 陈力丹，李熠祺，娜佳. 大数据与新闻报道[J]. 新闻记者，2015(2)：49-55.

② Terry.《卫报》数据新闻创始人：释放可视化报道的力量[EB/OL]. (2015-11-12) [2017-04-16]. http://media.sohu.com/20151112/n426236572.shtml.

③ 西蒙·罗杰斯. 数据新闻大趋势：释放可视化报道的力量[M]. 岳跃，译. 北京：中国人民大学出版社，2015：71.

作为精确新闻在大数据时代的发展与延续，数据新闻的社会科学研究特征与生俱来。首先数据新闻为追寻事实性结论，主要采用了调查研究、实地研究和文献研究等三种方式。只不过在调查研究中，受益于大数据的便利，很多数据不需通过问卷调查来取得，只需从相关政府部门、IT 公司，甚至从泄密文件当中直接获取。

具体来说，数据新闻在生产过程中，社会研究的许多具体方法都在数据新闻中被大量、反复使用，如访问法被诸如《解读骚乱》、《博尔扎诺人民共和国》（“People’s Republic of Bolzano”）、《在加利福尼亚之间》（“In between in California”）、《被夺走的家园》等许多数据新闻所使用。观察法则被《美沙酮与疼痛政治》（“Meihadone and the Politics of Pain”）等不少数据新闻运用。统计分析法几乎被所有的数据新闻所采纳，典型的有《美国各州收入阶梯》、《什么左右着选举？》（“What Would It Take to Swing the Election?”）、《二氧化碳的过去、现在和未来》、《全球药品获取情况》（“Medicamentalia”）等。使用定性资料分析法的数据新闻有《全球药品获取情况》、《瑞士泄密》（“Swiss Leaks：Murky Cash Sheltered by Bank Secrecy”）、《移民档案》（“The Migrants Files”）、《拒绝伤害》（“Do No Harm”）、《连接中国》（“Connected China”）、《不义之财》等。内容分析法最典型的是《解读骚乱》，《卫报》团队首先从 260 万推文中梳理出 7 种传播最广的谣言的所有数据，然后把这些数据根据编码表分为四类：重复谣言者（发表声明）、抗拒者（提出针锋相对的言论）、质疑者（提出疑问）和只评论者（点评）。在内容分析基础之上，得出社交媒体具有澄清谣言的机制。测量方法的测量尺度有定类、定序、定距和定比四种。应用定类尺度进行测量的数据新闻典型的有《英国 1999—2010 每条道路上的每例死亡》，它将死亡原因分为小汽车、摩托车、公交车、货车、自行车等；应用定序尺度进行测量的数据新闻有《美国各州收入阶梯》，应用定距尺度进行测量的数据新闻有《连接中国》《什么左右着选举？》。运用定比测量法的数据新闻有《宗教容忍度》（“Religious Tolerance”），它将 160 个国家对宗教的容忍度分成了“低、中、高、很高”四个量度。[①]

当然，大多数的数据新闻综合使用多种社会研究方法，如《美沙酮与疼痛政治》便应用了统计分析、测量方法、观察法和访问法等等。

三、数据新闻表达形式：社会科学研究报告写作模式

新闻学本身是一门偏向应用的社会科学。数据新闻是在运用社会科学研究方法所进行的资料搜集与分析、调查论证与逻辑推理的基础上而撰写形成的结果，事实上是一种基于社会调查的、具有新闻性和应用性而非学术性的研究报告。

在表达形式上，社会科学研究报告通常包括研究过程、方法和结果三个部分。但报告的撰写往往根据研究目的不同而有所改变，如应用性的研究报告通常对研究过程介绍得十分简略，并常采用比较直观的统计图表。[②]

数据新闻虽然是应用性的研究报告，但也是新闻，服务对象是普通大众，有关研究过程与方法显然不包括新信息，因此它往往省略研究过程与方法的交代，只是把研究结果展现出来，并对数据来源进行简单说明。同时，在读图时代和计算机制图技术高度发达的语境里，为满足一般大众的接受水平与新闻的接受心态，它的可视化程度比一般的应用性研究报告更高，如《埃博拉比其他疾病传播更慢，但杀死了更多人》包括三个部分：一是 10 种疾病的 78 天传染过程与致命人数的动态模拟图（图 8-3），图下是有关结论的简洁文字概述和动态模拟图的来源、关键要素和功用的交代；二是第二个结论“埃博拉很难感染”的文字概述和 3 种传染病的传染率、死亡率的对比图示与文字说明（图 8-4）；三是“关于数据”（图 8-5），即感染率、传染时间和死亡率等三种重要数据的解释、说明与图示。显然，在这则新闻中，研究过程与方法都被忽略，只把包含有新信息的结论进行了直观的图表展示与简洁的文字说明。

---

① 西蒙·罗杰斯. 数据新闻大趋势：释放可视化报道的力量[M]. 岳跃，译. 北京：中国人民大学出版社，2015：10.

② 风笑天. 社会研究方法[M]. 北京：中国人民大学出版社，2013：302-303.

埃博拉病毒传播速度较慢，比其他疾病更致命

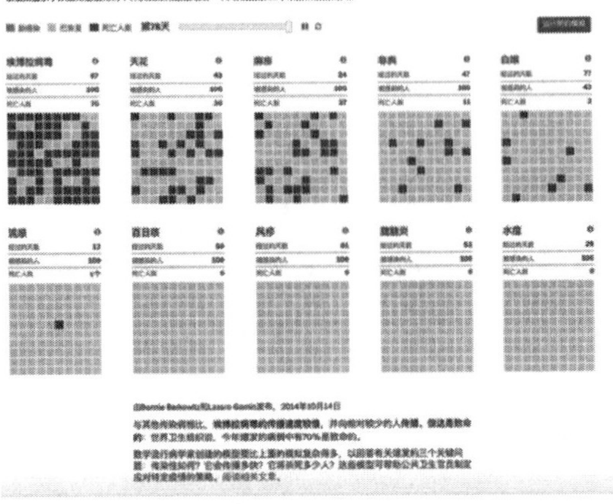

图 8-3　埃博拉第一个结论

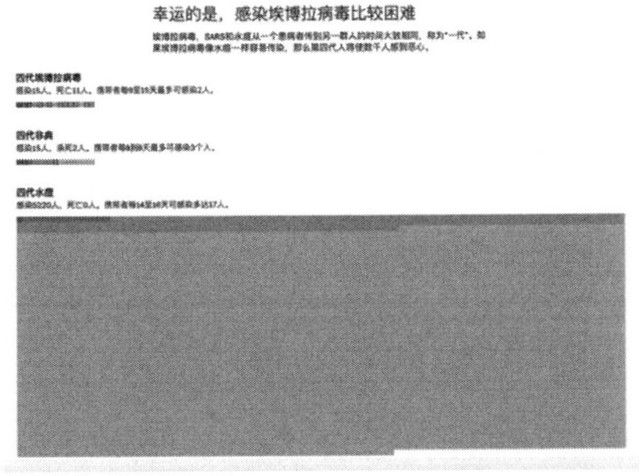

幸运的是，感染埃博拉病毒比较困难

图 8-4　埃博拉第二个结论

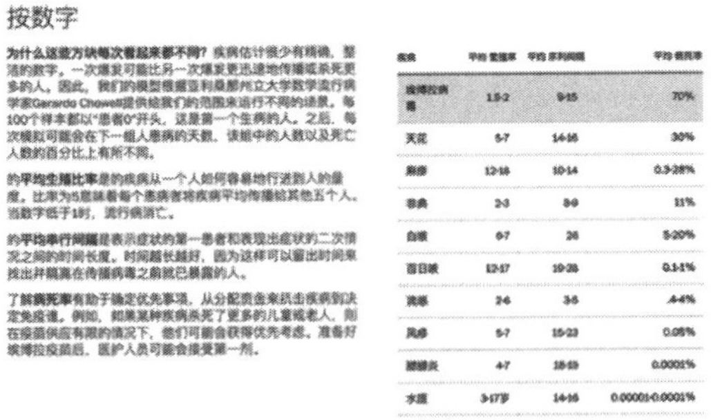

按数字

图 8-5　埃博拉的数据说明

资料来源：Berkowitz B and Gamio L. Ebola spreads slower, kills more than other diseases[EB/OL]. (2014-10-14)[2017-04-11]. http://www.washingtonpost.com/wp-srv/special/health/how-ebola-spreads/.

其实，数据新闻的大小标题、生产目的、框架结构本身显示了它是应用性较强的社会调查研究报告，具有较强的研究与论证特色，如获得 2016 年度最佳调查报道奖的《全球药品获取情况》[①]。它是一项旨在对全球健康获得鸿沟的新闻调查。它包括三大部分：第一大部分是疫苗（vaccine），又包括疫苗价格、接种水平、反对疫苗、成功预防、疫苗断货、HPV 疫苗等 6 个小部分；第二大部分是入口（access），又包括价格、专利、造假、强制许可证等 4 个小部分；第三部分是耐药菌（superbugs）。显然，这篇数据新闻的主旨、结构和大小标题非常清楚地显示，这是一篇论证新闻而非叙事新闻。

在语句表达上，数据新闻也类似于社会科学研究报告，如《全球药品获取情况》："很清晰地得出第一个结论""例如""为了在不同研究之间进行比较"[②]这些表达显然是论证语句，而非叙事句子。又如《解读骚乱》直接指出它是"一项数据驱动的有关 2011 年 8 月骚乱的原因与后果的研究"[③]。

数据新闻的论证表达与其生产目的具有很大关系，大多数数据新闻都是针对现实问题、现象或看法进行调查，这决定它的写作路径是："提出问题-分析问题-解决问题"，采取分析、论证、推理等表达方式，形成具有论述特色的调查报告。

当然，生产叙事新闻也需采访调查，且数据新闻中也有少数是针对事件的调查。但这些新闻目的并非为叙述事件本身，而是运用数据对新闻某个要素进行分析、论证，如 2016 年获奖新闻《脱轨美铁列车：死亡曲线上的飞驰》（"Derailed Amtrak Train Sped into Deadly Crash Curve"）[④]是因美国发生列车脱轨事件而生产，但其目的却是对列车脱轨原因进行分析、论证。它通过三张图表证明高速是列车脱轨原因：

---

① Civio. Medicamentalia[EB/OL]. [2017-01-10]. http://medicamentalia.org/.

② BELMONTE E. Numbers that don' t fit[EB/OL]. (2017-02-24) [2017-03-10]. http://medicamentalia.org/vaccines/prices/.

③ Reading the riots[EB/OL]. [2019-03-10]. https://www.theguardian.com/uk/series/reading-the-riots.

④ KELLER M. Derailed amtrak train sped into deadly crash curve[EB/OL]. (2015-05-13) [2017-03-10]. http://america.aljazeera.com/multimedia/2015/5/map-derailed-amtrak-sped-through-northeast-corridor.html.

在限速 50 英里[①]每小时的转弯处，列车速度达到 106 英里每小时。因此，它的奖项未被命名为“讲故事（storytelling）”而被称为“突发新闻中最佳数据使用奖”。

由上可知，数据新闻是一种社会科学研究方式的新闻论证。因此，它与社会科学研究具有不同，主要有：第一，选题不同，数据新闻一般是针对公众关心的、关切现实的且具有一定时效性的事件、问题的调查；第二，受众不同，数据新闻是为最广大的受众（包括不同文化程度、不同阶层）而报道，而其他社会研究论证都是为某一领域的特定读者服务；第三，论证的抽象程度和文本的通俗程度不同，数据新闻因为要让普通受众理解，论证不会太抽象，少有理论术语，语句平实易懂。在新媒体时代，特别注重可视化。总之，数据新闻是社会科学研究在新闻报道领域的运用，是新闻报道与社会科学研究的结合。

第三节　数据新闻的扫描模式：新闻论证的科学性

数据新闻作为新闻论证，为了保障其所推导的事实性结论科学、正确，除了采取设置社会科学研究目的、使用社会科学研究方法、采纳社会科学研究报告的写作模式这些策略之外，还有一个重要的策略，那就是独具的数据收集、分析、呈现与解读的方式。

李普曼在《公众舆论》中指出，媒体像探照灯，灯照射哪里，人们就关注哪里。[②]但无论怎样，都不可能把世界所有角落都照射到。在有限的人力、物力、财力下，传统媒体不可能也不想照看全人类[③]，于是只能选取照射孤立的一事一物一人，来代替他们的同类。但在互联网时代的新媒体语境里，数据新闻改变了这一传统做法，逐步出现同时照看事件、问题涉及的所有人物的场景。因为在大数据背景下，在社交媒体普及的今天，搜集海量数据乃至全体数据已经越来越成为可能。于是出

① 1 英里=1609.344 米。

② 沃尔特·李普曼. 公众舆论[M]. 上海：上海人民出版社，2006：243-259.

③ 沃尔特·李普曼. 公众舆论[M]. 上海：上海人民出版社，2006：243-259.

现了扫描式的报道模式。数据新闻的扫描式报道包括事实数据的扫描式采集、分析、呈现与解读四个方面。

一、数据的扫描式采集：全样本或大样本

数据的扫描式采集是指记者通过大数据挖掘技术尽可能地扫描到与某一问题或主题相关的所有事、物、人的事实数据。

在互联网、物联网和社交媒体的时代，越来越多的事、物、人，都被记录在案而成为数据，如《数字 2021：全球概览报告》指出，截至 2021 年 1 月，世界人口数量为 78.3 亿，而其中全球手机用户数量为 52.2 亿，相当于世界总人口的 66.7%；全球互联网用户数量已达 46.6 亿，占全球总人口的 59.5%，用户每天在所有设备上使用互联网的时间为 6 小时 54 分钟；而社交媒体用户数量为 42 亿，占全球总人口的 53%以上。①荷兰市场研究公司 Newzoo2020 年 9 月发布的《2020 年全球移动市场报告》（Global Mobile Report 2020）显示，2020 年全球智能手机用户将达 35 亿，其中来自中国的用户将占据超过四分之一。②GlobalWebIndex（全球网路指数，简称 GWI）的数据显示，过去 5 年中，人们每日花在社交媒体上的平均时间增加了半小时；现在，大部分人每天在社交媒体上会花费 2 个小时 25 分钟的时间；2021 年，全球社交媒体用户在社交媒体上花费的时间将达到 3.7 万亿小时。③随着越来越多的人入网，使用手机，以及物联网的普及，世界逐渐被数据化。世界的数据化记载与存储，使得扫描式采集的对象得以存在。而计算机技术尤其是数据挖掘技术的愈发先进使得扫描式采集得以实现。

数据的扫描式采集包含两层含义，一是采集全样本，如《脱轨美铁列车：死亡曲线上的飞驰》穷尽了脱轨列车从出发地点到脱轨地点的所有速度数据，《解读骚乱》的团队成员走遍了全国暴动的所有第一

---

① We Are Social & Hootsuite. Digital 2021 global overview report [R/OL]. (2021-01-27)[2021-07-10]. https://wearesocial.com/digital-2021.

② Newzoo：2020 年全球智能手机用户将达 35 亿，超四分之一为中国用户[EB/OL]. (2020-09-28) [2021-01-28]. https://kuaibao.qq.com/s/20200928A0J0C300?refer=cp_1026.

③ 全球网民达 46.6 亿人，全球网民平均上网时间 7 小时[EB/OL]. (2021-01-28) [2021-01-29]. https://www.sohu.com/a/447340839_354896.

现场；二是采集庞大样本，如《解读骚乱》采集了 260 万条推文，《瑞士泄密》则采集到了 60000 份泄露的文件，其中包含超过十万个汇丰银行的客户的数据，加拿大机构 Postmedia（后媒介）为制作《谁在支持加拿大的政治家？金钱至上》（“Who Backs Canada’s Politicians? Follow the Money”）从全国各地收集了 646.422 万条记录。以往无论采取哪种方式抽取样本，与数据新闻的扫描式采集的全样本与大样本相比，不可同日而语。

全样本与大样本无疑从基础上保证了结论的可靠性与科学性。

二、数据的扫描式分析：精确的事实真相

数据的扫描式分析，指通过扫描式采集所获取的绝大多数的数据虽然数量庞大无比，格式五花八门，术语艰深晦涩，但通过数据统计与分析软件的开发，它们都能被有效处理与分析，从而保证精确地揭示数据中所隐藏的事实真相。

李普曼认为，“新闻的作用在于突出一个事件，而真相的作用则是揭示隐藏的事实”[①]。人们很难从传统叙事新闻中的一个个孤立事件看出其中的关联性。但如果把大量的事实数据汇聚在一起，却可能显示人类社会重要的相关关系或因果关系。数据新闻便是通过将海量的同类数据进行叠加、比较，挖掘数据背后的深层规律和趋势，推导人类社会的事实真相，如《拒绝伤害》通过分析超过 29 万条医院纪录揭示：不少损伤、传染和手术医疗事故是完全可避免的。因此罗杰斯先生指出，数据新闻能让我们更接近真相。[②]

建立在分析大样本甚至全样本基础上的数据新闻揭示的不仅是事实真相，而且是更精确的事实真相，如当《解读骚乱》团队快速分析了 1000 个庭审案例后，得出了让很多法官和律师都瞠目结舌的结论：法庭对骚乱犯罪嫌疑人宣判的刑期，要比一般类似案件的刑期平均长四分之一。

---

① 沃尔特•李普曼. 公众舆论[M]. 上海：上海人民出版社，2006：256.

② 《卫报》数据新闻创始人：释放可视化报道的力量[EB/OL].（2015-11-12）[2017-04-16]. http://media.sohu.com/20151112/n426236572.shtml.

但当团队继续分析更多案件时，发现四分之一这个数字仍被低估。[①]总之，《解读骚乱》在许多方面得到了精确的事实，譬如骚乱分子中的种族比例，骚乱分子的教育、年龄、家庭收入，甚至家庭住址与骚乱地点的平均距离等等。

总之，数据新闻的扫描式分析确保了从无限的数据流中所发现的事实真相的正确性，甚至精确性。

三、数据的扫描式呈现：结论科学性的具象化

数据新闻的扫描式呈现是指在大数据处理和可视化呈现等技术的基础上，将通过扫描式采集和扫描式分析整理出来的全体或海量的相关事、物、人的事实信息及其相关关系，以图谱的方式进行简洁直观的呈现，即在相关的、合适的图表上给予一一对应（详见第四章第二节）。

数据新闻的数据扫描式呈现有两种方式：一是前台呈现式，即所有数据全部呈现在一张图表之上，如图 8-2“伊拉克战争的每例死亡地图”；二是后台数据库式，即所有数据都在后台运行，只有输进一些相关信息，数据才会显示出来。BBC 的《英国 1999—2010 每条道路上的每例死亡》的数据新闻，读者通过邮编，可以搜索到 1999—2010 年英国每条道路上所发生的每例死亡事故。

如前所述，数据新闻所报道的事实，并非显性事件，而是通过逻辑思维推导出的较为抽象的事实性结论。作为一种新闻报道，数据新闻最终目的是将这些抽象的事实性结论告知普通受众并让之理解。由于这些结论来自海量甚至全体样本，因此为了让受众信服，数据新闻会通过“前台呈现式”和“后台数据库式”两种方式呈现所有样本，展现推导过程，图示数据变化或关系，把抽象的事实性结论具象化，以便观众自己从中找出关系、规律与趋势。因此数据的扫描式呈现不仅具象化了结论，而且把证据到结论的逻辑性、科学性也具象化了。

来自“德国之声”的一位数据新闻工作者指出，借助于扫描式的数

① 西蒙·罗杰斯. 数据新闻大趋势：释放可视化报道的力量[M]. 岳跃，译. 北京：中国人民大学出版社，2015：246.

据采集、分析及呈现等工具和技术，人们越来越有能力去把握和理解那些极其繁杂而广阔宏大的议题，如国际金融、债券、人口、教育等等。[①]

四、数据的扫描式解读：结论科学性的验证

数据新闻的数据扫描式解读，是指读者可从数据新闻中了解相关问题、现象等事实全貌以及它们的规律、趋势，并且可根据兴趣，对全貌上所有点进行解读。

数据新闻与传统叙事新闻有两点不同：一是前者报道全体事件或庞大的同类事件，即照看整个森林，而后者只是报道个别事件，即聚焦单棵树木，以个别事件代表类似事件；二是前者报道的是隐性真相，而后者报道的是显性事件。这两点导致要判断数据新闻的结论是否正确、可靠，需要全体或海量样本来支撑。因此数据新闻通过“前台呈现”或“后台数据库”两种方式为受众提供验证机会。因此，数据新闻的扫描式呈现既具象化了结论的科学性，又为受众检验结论科学性提供了入口。

第四节　数据新闻的论证：抽象思维的“科学环”

很多传统叙事新闻是通过讲述故事即叙述事件来报道事实，类似于记叙文。数据新闻则是通过社会调查、逻辑论证得出结论来报道事实，类似于社会科学研究报告。数据新闻的扫描式报道模式保证了结论由全样本或大样本推导而出，使得论证严谨，结论可靠。这说明数据新闻具有较强的科学性。事实上，数据新闻的科学性体现在整个生产过程中。

美国社会学家沃尔特•L. 华莱士（Walter L. Wallance）指出，社会研究的逻辑过程图示后呈现出“圆环”特征，这一圆环被称为“科学环”。把所有的数据新闻的逻辑过程进行归纳总结之后发现，作为一种使用社

---

① 米尔科•洛伦兹. 数据新闻的商业模式[EB/OL]. [2019-03-08]. http://datajournalismhandbook.org/chinese/newsroom_10.html.

会科学研究方法所进行的社会调查，数据新闻论证的逻辑与社会研究的科学逻辑基本相同，因此也呈现“科学环”的特征（图 8-6）。

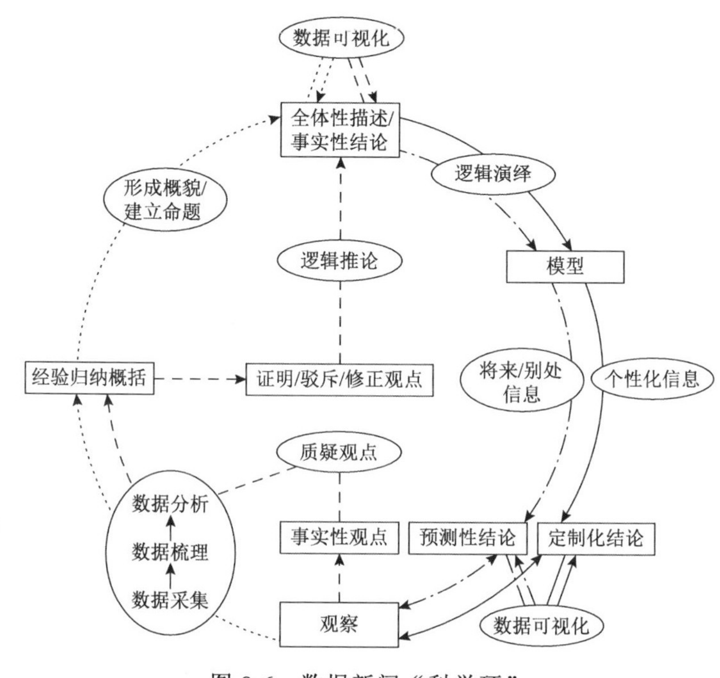

图 8-6　数据新闻“科学环”

注：不同线条表示不同类型的数据新闻的逻辑路径。矩形，信息成分；圆与椭圆，方法控制；箭头，信息转换。

资料来源：数据新闻的“科学环”是在社会研究“科学环”的基础上改动而成。风笑天. 社会研究方法[M]. 北京：中国人民大学出版社，2016：29.

在社会研究“科学环”中，归纳与演绎是社会研究的基本逻辑推理方法。如图 8-6 所示，作为一种社会调查和应用型的社会研究，归纳与演绎也是数据新闻推导结论的最基本的逻辑推理方法。其中整体-呈现型和问题-分析型主要采纳归纳的逻辑方法，而已然-预测型和模型-定制型则主要采纳演绎的逻辑方法。

图中的点点线条（·········▸）路径展现了整体-呈现型和问题-分析型的①问题-调查-分析-结论型的逻辑过程。短线线条（- - - ▸）路径反映了问题-分析型的②质疑观点-调查-分析-证实/证否看法+结论型的逻辑过程。短线和点点组合线条（—·—▸）和实线线条（———▸）路径则分别展示了已然-预测型和模型-定制型的逻辑过程。

不可否认，大多数的数据新闻都只是经历“科学环”的左半边或右半边。但由于有些整体-呈现型和问题-分析型数据新闻也会在文中形成整体性事实结论的基础上进行预测，同时有些已然-预测型和模型-定制型是从观察开始，通过数据采集和分析归纳而形成事实性结论，然后再通过演绎进行预测和定制，因此有些数据新闻涵括了整个“科学环”，如《二氧化碳的过去、现在和未来》《如果叙利亚内战发生在你的国家会怎样？》的逻辑论证贯穿了整个圆环。当然，预测会被人们进一步观察、验证。

总之，数据新闻之所以如此受人瞩目，正是由于它作为社会调查所体现出的科学精神：严谨的方法和学术的态度。[①]

① 西蒙·罗杰斯. 数据新闻大趋势：释放可视化报道的力量[M]. 岳跃，译. 北京：中国人民大学出版社，2015：257.

底层变革逻辑篇

语言通过为世界万物命名、分类、选择与排除而成为最强大也最纯粹的意识形态工具。我们深锁在自己话语的自洽世界里，而难以意识到别人话语的自洽逻辑。因此新媒体在新闻领域所造就的变革的最底层逻辑是新闻话语权的颠覆，其去中心化和扁平结构让普通民众的新闻话语权回归完满。

一旦被人接受，技术就会坚持不懈，就会按照它设计的目标前进。为实现其目标，每一种技术的诞生都会驯化人类配套相应的一套制度，这些制度的组织结构反映了该技术促进的世界观。[①]新媒体为适配其让普通民众的叙事声音穿透社会，重新组织了新闻生产路径。

正如印刷术改变了文学，火药改变了战争，指南针改变了航海一样，新媒体改变了新闻生态。

① 尼尔·波斯曼. 技术垄断：文化向技术投降[M]. 何道宽，译. 北京：中信出版集团，2019：124, 8, 17.

第九章　新媒体语境下的新闻叙事声音：从话权代理到话权自理

米歇尔·福柯（Michel Foucault）在《话语的秩序》（“The Order of Discourse”）中指出：“话语是权力，人通过话语赋予自己以权力。”[①] 话语权包含话语权利和话语权力。权利指法律赋予的正当性资格，话语权利相应地指具有言语表达的资格。权力指影响他人的能力，因此话语权力指通过言语表达以影响他人（认知、情感与行为）的能力。话语权力建立在话语权利的基础之上。

话语权运用于新闻乃新闻话语权，即指用各种符号报道新闻以影响他人的资格与能力。对叙事新闻来说，新闻话语权表现为新闻叙述权。由于谁叙述新闻，就发出了谁的声音，因此，在叙事新闻中，新闻话语权也就体现了新闻叙事声音。但由于新闻叙事声音主要通过文本分析来体现（且第七章已有部分相关分析），而本章旨在主要通过宏观的新闻语境和新闻实践等后经典叙事学的新闻话语权视角来分析，且由于新闻话语权已被广泛接受，因此本文不生造、不采用“新闻叙述权”这一术语（至今鲜少文献用“叙述权”这一术语，至 2019 年 10 月 17 日 8：00，在中国知网以“叙述权”“叙事权”为篇名搜索，竟无一篇文献）。

纵观新闻传播历史可发现，人类经历了“新闻话语权完满”到“新闻话语权分隔”再到“新闻话语权完满”的历程。这三个历程基本和麦克卢汉的“部落化社会”到“脱离部落化社会”再到“再部落化社会”，即“口语传播时代”到“文字、印刷传播时代”再到“（模拟式）电子

① 转引自赵泽洪，兰庆庆. 公共管理中的话语权冲突与重构[J]. 重庆大学学报(社会科学版)，2014，20(06)：173-177.

传播时代”历程相重合。但前期“新闻话语权完满”阶段只是部落社会的早期，即口语传播时代的早期；而后期“新闻话语权完满”阶段则起始于以互联网为基础的新媒体时代，尤其是社交媒体时代。因此，相比传统媒体时代，新媒体时代带来了新闻话语权的显著变革。这种话语权的变革是由新媒体既是语境又是媒介共同促成的解放的政治（emancipatory politics）而形成。[①]解放的政治，即资源分配和权力分配的更为合理化。新媒体因人人可入网、可发表信息而打破传统媒体的信息中心化处理，并使社会治理权更为透明，即新媒体的去中心化的技术与结构特征促成了信息资源和新闻话语权的去中心化分配。

第一节　传统新闻：新闻话语权的分隔与代理

“人这一主体在被置入生产关系和表意关系的同时，他也会同样地置入非常复杂的权力关系中。”[②]由于新闻话语权力主要体现在通过影响他人的认知来影响他人的情感和行为之上，因此只要新闻发布出去并能抵达受众，就表明人们行使了新闻话语权力。即对于正常人来说，只要拥有新闻发布平台或渠道，便意味着他的新闻话语权是完满的，即权利和权力未被分隔。

对于新闻来说，新闻事件的当事人本应是最具有叙述事件的资格。但事实上，普通个人对全体社会叙述新闻的资格首先消弭于广漠的空间。

一、当新闻传播遭遇广漠疆域：新闻中介代理新闻话语权

在口语传播时代的氏族部落时期，新闻传播通常是由新闻当事人向受众面对面地叙述，人们的新闻话语权是完满的，即人们的话语权利和权力都得到了实现。随着部落日益扩张，人们交往的人口与畛域超出口头传播范围，普通个人向广大民众直接传播亲历的新闻事件就受到了限

① GIDDENS A. Modernity and self-identity: Self and society in the late modern age[M]. Stanford: Stanford University Press, 1991. 转引自卢嘉，刘新传. 互联网与国家认同：媒介生态学视角下基于全球 33 个国家的实证研究[J]. 国际新闻界，2018，40(4)：32-49.

② 米歇尔·福柯. 福柯读本[M]. 汪民安，译. 北京：北京大学出版社，2010：281.

制，便出现了专门的新闻中介，新闻话语权利和权力被分隔，新闻话语权力被新闻中介代理。

人类新闻中介最早的应该是喊叫者，他们的传播范围大于普通音量。其次是旅行者，他们随着自身的位移而传播所听闻的新闻事件，如加拿大温哥华岛的努特卡（Nootka）酋长总是邀请客人或旅行归来的部落成员出席宴会并讲述所有最新消息。[①]虽然旅行者能传播新闻，但毕竟他们传递信息具有偶然性，不能随时满足需要。受到旅行者传播信息的启发，部落的酋长们便专门雇佣一些口才好、擅于长途跋涉甚至跑步技能的人担任信使或游吟诗人，历史上最著名的信使是雅典信使菲迪彼德斯（Pheidippides）为传送“希腊人大获全胜”这一消息而跑完全程 25 英里，并在任务完成后因精疲力竭而牺牲。

新闻话语权利和权力的分隔，不仅仅是借助新闻中介传播新闻，而是意味着管理控制，即控制哪些事件作为新闻被传播及如何传播。这便是在原始社会信使大都由国王、首领、酋长管控的原因。新闻中介对新闻传播的管控首先源自新闻中介的不自觉的筛选，其次来自国王、酋长等雇主的自觉指令。因此，新闻话语权的分隔必然导致部分有关公众问题的新闻事件因种种原因而被过滤掉。总之，新闻中介的出现，意味着新闻传播的中心化，中心化后则意味着管理控制。中心化程度和易控制程度几成正比。

随着国家疆域的日益扩大，普通个人要想对自己社会的全体民众发布新闻成本已是非常高昂，从而导致必须借助新闻中介。当新闻中介逐渐发展成媒体组织，并进而演化为商业化机构，它的新闻实践就不仅只受控于以首脑为代表的政治权力，还受控于作为广告商的财团、企业等经济权力，同时又受控于受众势力和媒体组织自身的权力层级结构（图 9-1）[②]。

---

① 米切尔·斯蒂芬斯. 新闻的历史[M]. 陈继静，译. 北京：北京大学出版社，2014：16.

② 此模式借鉴了德福勒的美国大众媒介体系模式，但有变动。首先，民间社团一般是通过游说政治权力来实施对媒体的控制，因此笔者直接将德福勒模式中的“立法机构、管理机构和民间社团”改为“政治权力”。其次，笔者将德福勒模式的“媒介的制作者和分布者”改为“媒体组织的权力层级结构”，因为信息的发布还需经过媒体组织的层层把关，把关的权力大小决定于媒体组织的权力层级结构。最后，笔者将德福勒模式中的“财政支持人、广告机构、市场研究及商店信用评价机构”直接命名为“经济权力”，因为经济权力主要体现在财政支持人、广告商。转引自丹尼斯·麦奎尔，斯文·温德尔. 大众传播模式论[M]. 祝建华，吴伟，译. 上海：上海译文出版社，1997：120。

图 9-1 显示，传统媒体的新闻生产处于错综复杂的权力制衡之中，受到了政治权力、经济权力、受众势力和媒体组织自身的权力层级结构的掌控与挤压：政治权力常为保护受众的利益掌控媒体的内容；经济权力通过直接给予财政支持或购买时间、版面的方式来管控媒体信息；媒体组织通过对信息的发布进行层层把关以提供符合政治权力、经济权力要求的各种新闻、资讯来服务受众；受众则通过购买、收视、收听对媒体的新闻生产进行间接施压（详见本章第三节）。因此，在传统媒体时代，不仅普通民众的新闻话语权被分隔，而且代理民众话语权的记者的表达空间也被挤压。

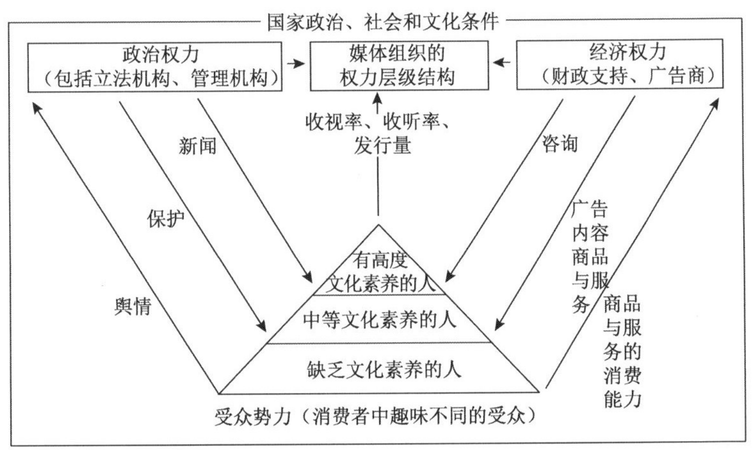

图 9-1 传统媒体的新闻生产体系模式

二、当新闻实践遭遇专业主义：固定线路成主要新闻来源

众所周知，新闻是对新近发生的事实的报道。但世界如此之广大，而媒体的人力、物力与财力有限，除了人类预先策划和偶尔碰巧遇上的事件之外，各媒体记者很难目睹事件的发生。与此同时，随着新闻实践的专业化发展和市场化运作，新闻越来越追求时效性和客观性，而极力避免时效滞后与主观倾向。但在短暂的时间内获得尽可能多、尽可能详尽的新闻素材并进行不偏不倚的报道，这对记者来说简直是难于上青天。因此媒体必须借助外力帮助与互相合作才能顾全整个报道范围。

另外，一方面，媒体记者们发现某些部门或人员因为身份地位、工作性质而掌握着许多新闻事件的素材，且其中部分人物因为身份地位的原因本身就能引起大家的兴趣，从而成为新闻素材，于是各种盯梢、窥探大为盛行；而另一方面，掌握着新闻素材的相关部门与人物，为避免记者为填充媒体版面而寻找新闻素材的盯梢与窥探，为便于自己对事件的界定与管控，他们也需要媒体的合作。

因此，作为主要新闻来源的固定采访线路、通讯社便应运而生，如美联社便是1848年纽约六家报纸，即《纽约先驱报》(*New York Herald*)、《纽约太阳报》、《纽约论坛报》（*New York Tribune*）、《纽约商业新闻报》(*New York Journal of Commerce*)、《纽约快报》(*New York Express*)、《纽约信使及问询报》（*New York Courier and Enquirer*）在纽约成立的合作性新闻搜集机构。英国学者布莱恩·惠特克（Brain Whitaker）则列出了一系列记者固定的采访线路，它们通常是下列地方[①]。

（1）需日常关注的“信息源”

1）国会/议会；

2）委员会；

3）警察、军队；

4）其他的紧急服务处；

5）法庭；

6）皇室；

7）预先安排的事件（如议会、奥运会等所策划的事件）；

8）机场；

9）其他新闻媒体。

（2）发表声明和主持记者招待会的机构

1）中央政府部门；

2）地方政府部门；

3）各公共服务机构；

4）公司；

---

① FOWLER R. Language in the News: Discourse and Ideology in the Press[M]. London and New York: Routledge, 1991: 21. 转引自曾庆香. 新闻叙事学[M]. 北京：中国广播电视出版社，2005：76.

5）工会；

6）NGO 等非商业机构；

7）政治团体；

8）陆军、海军、空军。

（3）发表声明、寻求知名度的个人

1）名人（如体育、电影明星）；

2）公众成员。

惠特克所列的新闻采访线路无疑是有遗漏的，如作为一国之首领的总统、首相显然是任何一个国家的最重要的新闻来源，但却未被列入其中。

在互联网诞生之前，尤其是自媒体诞生之前，上述的固定采访线路对于记者与新闻媒体来说几乎具有决定性的作用。借助着上述固定采访线路，新闻采访与写作变成了一种标准化的作业方式，即记者每天工作流程：先去自己负责的固定采访线路转一圈，根据需要采访相关人物，然后进行写作，完成之后上交给相关编辑编发。

显然，固定采访线路的形成是新闻媒体与新闻来源的双赢。对新闻媒体来说，它一是为“敞开大口，嗷嗷待哺”的媒体这只“野兽”提供了源源不断的“食物”；二是避免了花费大量人力、物力、财力搜索新闻素材；三是让记者的身份由见证者转变成为采访者，这使得新闻更为客观，且避免了被控告不实的风险，因为他可以引用新闻人物的话语。总之，固定采访线路为新闻媒体增加了素材，降低了成本，提高了利润，避免了风险。对新闻来源来说，它为相关部门与人物掌控社会提供了免费而效力强大的渠道、资源，使得他们由被动应付转为主动出击。①

新闻媒体的固定采访线路绝不局限于个别或部分国家，而是风靡全球的一种做法，譬如针对中国而言，国家级、省级、地市级等各级政府的各个机关都是相应级别媒体的主要采访单位与新闻来源。其次是各国企、事业单位，再次是各种名人、明星，最后是各种非营利的组织、机构等。

---

① 曾庆香. 新闻叙事学[M]. 北京：中国广播电视出版社，2005：74-78.

三、当新闻实践遭遇固定线路：社会精英行使新闻话语权

一个社会、一个组织几乎都是金字塔结构，只有处于塔尖部分的组织、人物才真正掌握权力、掌握关键信息。无疑，上述固定采访线路几乎控制着一个国家的所有资源，基本处于金字塔塔尖部分。同时，记者在采访这些组织时，并非组织的所有人员都能成为新闻来源，而是塔尖的人物，即组织的高层人员或关键人物才能掌握全局的信息，才能掌握发生在本组织甚至全国的相关信息。因此只有这些高层人员或关键人物，即政治精英、经济精英、文化精英才是真正的新闻来源。

采访这些社会精英毋庸置疑就成了遵循新闻客观性的最佳选择。因此，当新闻来源遭遇客观性原则，其结果便是："新闻就是权威新闻来源所告诉记者的（News is what an authoritative source tells journalists）。"[①] 因此记者无论在学校还是编辑部所经常受到的教育与培训便是：除非这是引用某位权威人物的话语，否则你就不能写在报道里。正是这种报道理念导致经常出现这样的报道场景：记者目睹了一次游行，但她报道游行规模时不是依靠自己的估计而是引用在场警官的估计数据。[②]

当人们不仅要知道这个世界发生了什么，还需要知道为什么会发生时，诠释性新闻便涌现出来。当诠释性新闻追求客观性原则时，另一类社会精英即各类专家、学者便进入了媒体与公众的视野。于是记者仍然保持着原来的"采访者"的身份，大量引述这一类别的社会精英的话语。借此机制，专家学者便加入到政府官员、各机构发言人的行列，成为各种事件、议题的框架建构者、权威诠释者。

新闻客观性遭逢社会精英，使得大众传播媒体的记者在很大程度上变成了一个记录者，他们主要记录别人所定义的议题、别人所提出的问题、别人所提供的答案、别人所采取的行动、别人所遇到的冲突[③]，如中央电视台新闻频道《每周质量报告》2007 年 9 月 2 日播出的特别节目"中国制造"首集《1100 道检测关的背后》，与三鹿幼儿配方奶粉广告的

---

① BELL A. The Language of news media[M]. Oxford: Wiley-Blackwell, 1991: 191.

② 罗胥克. 制作新闻[M]. 姜雪影，译. 台北：远流出版事业股份有限公司，1994：67.

③ 罗胥克. 制作新闻[M]. 姜雪影，译. 台北：远流出版事业股份有限公司，1994：99.

关键词语雷同：“1100 道检测关，呵护宝宝健康，值得妈妈信赖！”

众所周知，美国被宣称是新闻最自由的国度，而《纽约时报》和《华盛顿邮报》是美国最好的两家报纸，一直以富有批判性、自由主义以及敢于揭露政府阴谋闻名。它们在很长时间位居美国新闻出版业榜首，且被当作是世界各地媒体的典范。因此人们一般认为它们采写的新闻受官方影响的可能性最小。因为它们拥有庞大的新闻采编力量，这使它们无须依赖官方的新闻稿或通讯社的稿件。然而美国学者利昂·西格纳（Leon Signer）对这两家报纸的新闻内容的研究发现颠覆了人们心中的迷思，因为这两家报纸同样是记录政府官员话语的媒体。政府官员（包括国内或国外）是近 3/4 重要新闻的来源，而只有 1/6 的新闻源自政府之外。只有少于 1%的新闻是基于记者们自己的分析。70%～90%的新闻内容都来源于新闻制造者们完全或基本控制的形势。这就是说新闻的内容主要是新闻来源提供的准备好的信息[①]。

社会精英行使新闻话语权不仅体现在建构事件框架上，而且体现在新闻把关上。新闻把关包括控制新闻发布的时间、为媒体设置议程等。如我国 2014 年公布贪官报道具有“周一拍苍蝇，周五打老虎”的规律[②]，“文章周一见”。又如白宫负责媒体传播的人员通过每天召开会议来决定“我们今天想让新闻媒体报道什么以及怎样报道”这样的问题。[③]新闻操纵最集中体现在军事行动期间。相关政府部门不但实时地召开各种新闻发布会、记者招待会，还为记者们准备充分的资料和新闻通稿，同时还安排军事人员陪同记者前往前线采访。

社会精英作为新闻来源无疑是他们对新闻话语权的行使，作为新闻人物也是他们占据话语权的表现。一般来说，媒体工作人员认为，社会精英由于具有较高的身份和地位，因此他们本身就具有新闻价值，如美国《圣路易斯邮讯报》（*St. Louis Post-Dispatch*）总编辑曾指着一条头版新闻指出，尽管他知道那是一篇谎言，但他必须登它，因为它是重要

① 兰斯·班尼特. 新闻：政治的幻象[M]. 杨晓红，王家全，译. 北京：当代中国出版社，2005：153.

② 温如军. 中纪委揭秘“周五打老虎”万庆良奢靡场所今晚曝光[N]. 法制晚报，2014-12-18.

③ 兰斯·班尼特. 新闻：政治的幻象[M]. 杨晓红，王家全，译. 北京：当代中国出版社，2005：183.

官员的说词，那位官员的名字和头衔让那段话具有新闻性。[①]因此，当新闻界遭遇具有高价值的新闻来源便必然产生新闻。即便“没有新闻”本身也是一条大新闻。[②]正因如此，媒体上到处充斥着各种社会精英的新闻，其中不少是没有价值的新闻，报道的是一些鸡毛蒜皮的小事，绝大多数的八卦新闻便属此类。

正是上述社会精英的身份地位决定新闻价值的新闻逻辑，导致在不少事件中本是新闻人物的普通民众，其身影和声音是否在新闻中得到报道，在很大程度上取决于记者能否找到有影响力的政府官员或利益集团来传达公众的声音[③]，或者即便呈现普通民众的声音，也是从社会精英的视角进行。

在新闻实践依赖固定线路之时，媒体在很大程度上是社会精英们的传声筒，对于那些他们不想告诉公众的内容，记者们或者因为新闻来源的故意隐瞒而无从了解，或者为谋求长期合作、为获得独家新闻而主动屏蔽，或者因长期合作导致移情和价值观念的认同而丧失公正的评判意识。这便是负责揭发水门事件的两名《华盛顿邮报》记者，在涉入水门案报道之前从未参与白宫的新闻简报的原因。

有学者指出，名人新闻造成了这个时代的传媒的一大特色：“它在骨子里是一种势力，是一种献媚，是媒体与名人的共舞，在其深处隐藏着某种很难换算的交易。[④]”

总之，新闻话语权利和权力的分隔，导致新闻中介作为普通民众的新闻话语权力的代理出现。

第二节　新型新闻：社会精英新闻代理权的消解

新媒体所带来的新闻话语权的变革，首先源于传统媒体内部的新闻

---

① 罗胥克．制作新闻[M]．姜雪影，译．台北：远流出版事业股份有限公司，1994：83.

② 罗胥克．制作新闻[M]．姜雪影，译．台北：远流出版事业股份有限公司，1994：83，131.

③ 兰斯·班尼特．新闻：政治的幻象[M]．杨晓红，王家全，译．北京：当代中国出版社，2005：4.

④ 杨子．名人新闻泛滥损害了新闻品质[J]．新闻记者，2003(8)：13-14.

生产机制的变革。在绪论中，笔者指出，新媒体从诞生之初就变成了传统媒体进行新闻报道的辅助工具，且一直延续至今。新媒体辅助之最重要之处是从互联网上直接寻找新闻线索和消息来源，即可借助互联网上数以亿计的网民及其留下的不可计数的数据进行报道，并由此产生了如数据新闻、注解式新闻、策展新闻等之类的新型新闻，颠覆了传统新闻的话语权的代理、行使机制。

一、当新闻实践遭遇大数据：去除固定新闻采访线路

在信息化与数字化时代，数据正在成为一种新兴资产。一方面，许多科学技术的发展，尤其是传播科技的发展，如网站点击、智能手机、手机导航、感应器、微博、推特、微信等在满足和完善人们某方面的行为需求之外，还或主动或被动搜集了大量数据。这一数据的庞大可由互联网和社交媒体的使用人数说明，《数字 2021：全球概览报告》显示，截至 2021 年 1 月，全球互联网用户数量已达 46.6 亿，社交媒体用户数量为 42 亿。

另一方面，各个国家政府和企事业单位掌握了大量数据，尤其是政府掌握了大量核心数据，在提升民主决策和政府透明度等民主运动蓬勃发展的今天，这些数据面临着开放、公布的巨大压力和强烈需求。在这一语境下，2011 年在美国政府的倡议下，全球正逐渐形成“数据开放联盟”，40 多个国家和地区纷纷加入该联盟。2013 年 10 月 31 日，开放政府联盟（Open Government Partnership）2013 峰会在伦敦举行，会上互联网之父伯纳斯·李发布了由“开放数据晴雨表项目组”（Open data barometer project team）、万维网基金会（World Wide Web Foundation）、开放数据研究会（Open Data Research Association）共同编制的《开放数据晴雨表：2013 年开放数据全球报告》（“Open Data Barometer: 2013 Global Report”），该《报告》旨在对各国和地区开放数据的实施情况进行排名，从而达到逼迫各国政府、企事业单位开放各种数据的目的。

与此同时，随着计算机技术的发展，数据处理技术已经发生了翻天覆地的变化，对大规模数据的综合处理能力已经大大提高，以致计算机

可以轻而易举地对上述各种复杂数据进行处理。

大量的、充裕的数据和快速的数据处理技术的结合，导致了大数据时代的到来。而当新闻实践遭遇大数据时代，去除固定采访线路的新型新闻便应运而生。

如上所述，截至 2021 年 1 月互联网用户数和社交媒体用户数分别高达 46.6 亿、42 亿。这庞大的网民都是潜在的记者客串者，说明具有完满话语权，即能进行新闻报道的公民遍布世界的各个角落，可谓无远弗届。2020 年 YouTube 用户每分钟会上传 35 个小时的新视频[①]，脸书每分钟新增约 32 个状态[②]。2020 年 10 月 19 日，新浪微博高级副总裁曹增辉宣布，新浪微博目前月活跃用户有 5.23 亿，日活跃用户 2.29 亿。[③]这些数据意味着只要有事件发生，在互联网上就可能找到相关亲历者或目击者的叙事声音。因此，事件发生后，传统媒体不必因记者缺席现场而求助于固定线路及相关社会精英的叙述，而可直接在各社交媒体或互联网络搜索亲历者或目击者的叙述，如 2011 年 7 月 23 日 20 点 38 分的动车追尾事故，事故发生前的 20：27，有网友发出了一条微博："狂风暴雨后的动车这是怎么了？爬得比蜗牛还慢……可别出啥事儿啊！"事故发生后的 20：42，一名乘客发出了第一条微博："D301 在温州出事了，突然紧急停车了，有很强烈的撞击。还撞了两次！全部停电了！！！我在最后一节车厢。"正是依赖于网民的微博报道，《青年时报》通过官博@青年时报进行如下报道："据现场博友称，事故原因为两车相撞或追尾，导致脱轨及部分车厢掉落桥体。从时间段看，应该是 D3115 与 D301 次追尾。具体情况有待进一步核实。"当晚，身在事故现场的微博用户用图片、文字、视频对这一事故进行了全方位报道，截至 24 日 12 时，已有 3 286 883 条关于这起事件的微博。在这起事故中，微博而不是

① YouTube 还将上传视频的时间上限从 10 分钟增加到 15 分钟[EB/OL].（2020-04-07）[2021-01-21]. http://www.ineng.org/jinrong/202004/22309.html.

② 小稣童. Facebook 的 2020 大数据统计，人口统计和趣闻[EB/OL].（2020-02-26）[2021-01-21]. https://www.snswhy.com/archives/1819.html.

③ 数据源自新浪微博 2020V 影响力峰会官方账号@超级红人节 2020 年 10 月 19 日的推文：https://weibo.com/5903942716/JpUjX3QTA?from=page_1006065903942716_profile&wvr=6&mod=weibotime&type=comment#_rnd1610376826764

以往固定采访线路成为传统媒体最快最直接的信息来源。在传统媒体对突发事件的报道中，公民和公务微博作为消息来源早已取代以往的固定线路。正是由于把用户新闻作为消息来源，促成传统媒体出现了如前所述的注解式新闻、策展新闻等新的新闻叙事样态。

数据新闻也是去除固定线路的主要新闻类型，其工作流程通常为三步：抓取数据、分析数据、新闻事实提炼与可视化。而这些数据基本都是已经公开的数据（或是政府公开的，或是通过软件在网上抓取的，或是某些机构出于某种正义、民主诉求而泄露的），如综观目前《卫报》、BBC、《纽约时报》、《华尔街日报》（*The Wall Street Journal*）所制作和《数据新闻手册》所公布的数据新闻，其所利用的数据基本都是从这三种途径获得[①]，而不是从以往的固定线路采访而来，因此数据新闻的生产基本削弱了新闻固定线路、社会精英的配合。这说明在数据新闻的生产中，固定线路、社会精英已基本丧失了其作为新闻来源的地位，如在传统的新闻实践中，要想获得伊拉克战争中人员伤亡情况，只能依赖国家相关部门的高层领导提供数据，而记者只能转述他们的表述。但在大数据时代却明显不同，如前所述，《卫报》的数据新闻《伊拉克战争日志》，使用维基解密数据和谷歌免费地图软件制作了一幅点图（dot map），即将伊拉克战争中所有的人员伤亡情况均标注于地图之上，一个红点代表一次死伤事件。地图上密布的红点多达 39.1 万个左右，可谓触目惊心。这则报道引起英国社会震动，在很大程度上推动了英国做出从伊拉克撤军的决定。无疑，这些数据被作为固定线路的官方和军方刻意隐瞒，如没有维基解密，记者很难获取。

当然，大数据时代的数据新闻能去除固定线路作为主要新闻来源的作用，除了因民主运动而导致的数据开放之外，更在于社会化媒体的普及、物联网的实施与运用，即世界的数据化，如联合国的“全球脉动”（Global Pulse）项目组通过与技术公司 SAS 合作，用软件自动提取了 2009 年 6 月至 2011 年 6 月间含有“失业、被解雇”等关键词的博客、论坛和新闻网站内容，通过数据分析指出，在美国失业率出现上升趋势的 4 个

① GRAY J, BOUNEGRU L, CHAMBERS L. The data journalism handbook[EB/OL]. (2012) [2014-01-10]. http://datajournalismhandbook.org/chinese/.

月之前，网民的“郁闷”情绪就开始上升；失业率出现上升 2 个月和 3 个月后，网民讨论住房不保和汽车置换开始增多。而物联网技术意味着，任何时间、地点都可在互联网上查询到任何物体的状态数据，如同现在的快递包裹数据一样，这些数据的易得性无疑为记者获取相关新闻线索提供了诸多便利，而使他们不再受制于原来的固定采访线路。

二、当新闻报道遭遇大样本：消解精英新闻代理声音

在大数据中，有一种传统媒体时代不存在的数据：庞大的受众群体在新媒体上针对新闻叙事的点赞、评论、转发等互动数据。这种大样本互动使得舆情可见、可闻、可感。受众互动中不乏对新闻中社会精英叙事话语的不赞同，促成了事件真相浮出水面，如温州动车事故后，铁道部新闻发言人王勇平 2011 年 7 月 24 日表示，温州动车追尾事故是雷击造成设备故障导致的[①]，即事故乃自然灾害。这一因果解释遭到国内广大网民在各微博网站大肆讨论和疑问，发布了千万条级别的微博。在这种大样本的众声喧哗的压力下，国家相关部门听取民意，很快成立事故调查组，调查出了事故真相。2009 年的“躲猫猫”事件也是如此。在当地公安部门通报 24 岁男青年李乔明死于与狱友玩“躲猫猫”导致的头部受伤，事件经传统媒体报道后，网民难以置信的舆情在网络上迅速发酵。最后当地官方顺应民意成立由网民参与的真相调查委员会，调查显示死亡原因乃牢头狱霸施暴。2019 年 2 月 18 日@被冤枉的赵宇在新浪微博发布“#制止侵害被拘留 14 天#”帖子后，用户的大量转发与评论让福州警方了解了民意，重新调查取证。根据福州警方对案件重新侦办所取得的证据，福州检方也做出不予逮捕的决定。

正是由于大数据时代彰显了受众反馈与互动的强大威力，且易于获取回应，导致传统媒体非常注重受众对事件的反响，以致经常在新闻叙事中插入受众评论的截图，从而促成上述的注解式新闻和策展新闻的出现。

---

① 中国新闻网. 铁道部就动车追尾事故道歉 系雷击造成设备故障[EB/OL].（2011-07-24）[2014-05-08]. http://www.chinanews.com/gn/2011/07/24/3205067.shtml.

不仅大样本的受众反馈数据有助于解构社会精英话语权，建立在大样本基础上的数据新闻也能颠覆他们的话语。如前所述，2011 年伦敦骚乱爆发后，《卫报》与学界合作组建“解读骚乱”（Reading the Riots）的团队通过数据新闻推翻了英国政界所发表的两个声明：一是将骚乱归罪于如脸书、推特等社交媒体，因为它们传播谣言，煽动骚乱，因此要求关闭社交媒体；二是指出“骚乱与贫困无关”①。又如 2011 年美国经济复苏开始放缓，虽然政客们强烈否定，但这个信息仍被 Inrix（因瑞克斯）的交通状况数据分析披露了出来。因为他们发现，上下班高峰时期的交通状况变好了，这说明失业率增加了，经济状况变差了②。

前文指出，新闻在实践发展过程中由“对新近发生的事实的报道”变为了“权威新闻来源所告诉记者的”，是媒体趋利避害的结果，即为了使新闻更客观，并避免媒体陷入被控告的风险的做法。但事实上，某些社会精英往往由于主客观因素存在让新闻偏离客观轨道的风险，主观因素是他们出于种种权益目的，会通过或淡化或强化或隐瞒或凸显等各种手段操纵新闻，客观因素则是由于人类认知具有必然局限性的缺陷。但是大数据时代的数据新闻却因其大样本数据，甚至有时是“全体样本”的数据做支撑，无疑更为精确、更为客观。也正是因为与这些社会精英个人的观点相比，庞大数据或者说几乎是全体数据更精确，更具客观性，才使得这些社会精英们在数据面前不再辩解、发声，从而使数据新闻成为媒体宠儿和新闻业未来的发展趋势。

当新闻实践遭遇大数据时代，不仅可避免某些社会精英为了种种目的而有意隐瞒相关信息的现象，从而帮助公众更好地了解事件真相和现实面貌，还可以避免公众“被抽样”“被代表”，从而倾听到大多数公民所发出的声音。在获取和分析全体数据困难的时代即小数据时代，为了获得大众的声音，通常采取两种做法，一是抽样（主要是国外的做法），二是代表（主要是国内的做法）。在抽样中，随机抽样一向被认为是最

① GRAY J, BOUNEGRU L, CHAMBERS L. The data journalism handbook 1[EB/OL]. (2012) [2014-01-10]. http://datajournalismhandbook.org/chinese/.

② 维克托·迈尔-舍恩伯格，肯尼思·库克耶. 大数据时代[M]. 盛杨燕，周涛，译. 杭州：浙江人民出版社，2013：174.

为科学、最为精确的方法。但它的精确、成功是建立在绝对随机性之上。可绝对随机性在实施过程中非常困难，一旦采样过程中存在任何偏见，分析结果就会相去甚远[①]。而代表的选取则相对具有更强烈的主观性，这导致结果与真实民意存在差距。

在社会化媒体普及的今天，搜集全面而完整的数据乃至全体数据已经越来越成为可能，如至2018年，北欧、西欧、美国的互联网普及率都高达 90%及以上[②]。正因具有如此之高的普及率，因此《卫报》通过抓取、分析推特上的关键词而准确预测出奥巴马将在2012年美国总统大选中获胜。

不可否认，在互联网上、社交媒体上，人们所发出的声音遵循着幂律分布（power law distribution），如2005年6月纽约某岛举行了“美人鱼游行”。之后，118名游行参与者向Flickr提交了3000多张有关游行的照片，人均提交26张照片（即均值）。但事实上，这些上传的照片一半来自排名前10位的提交者。排在中间的（即第59名）提交了11张（即中值），但提交1张照片的人数最多（即众值），其分布依次形成了一条急剧倾斜向下和一条长长的尾巴的曲线（图2-16）。[③]

幂律分布虽然意味着社交媒体上存在舆论领袖，即这些人的粉丝数量非常之多，有些甚至相当于以往大众媒体的受众数量，如“微博粉丝排行榜2020”显示，至2020年8月，微博粉丝数量最多的过亿（谢娜粉丝12 648万）。而绝大多数的人发言不多，粉丝不多。他们的声音是如此之微弱，以至于在大数据时代到来之前往往被忽略，而成为“沉默的大多数”。但在大数据时代，数据的抓取、分析技术的成熟催生了“样本=全体”的理念，因此他们的声音很容易被倾听、被分析。如上述的“美人鱼游行”照片分享，假如记者要撰写一篇报道的话，按照以往的新闻实践，记者通常要么只会分析前10名的摄影作品或采访前10名的摄

① 维克托·迈尔-舍恩伯格，肯尼思·库克耶. 大数据时代[M]. 盛杨燕，周涛，译. 杭州：浙江人民出版社，2013：34.

② 全球网民已达40亿，哪国买家最厉害？数字2018互联网研究报告[EB/OL]. (2018-01-31) [2018-05-08]. https://www.sohu.com/a/220038848_491971.

③ 克莱·舍基. 人人时代：无组织的组织力量[M]. 胡泳，沈满琳，译. 北京：中国人民大学出版社，2012：99.

影者，要么分析一幅典型摄影作品或采访一位典型摄影者。根据判断常理，所谓典型摄影者至少是提交了均值的摄影者。然而在大数据时代，这 118 名摄影者将毫无遗漏地呈现在数据新闻之中。正因如此，美国著名的新媒体学者克莱·舍基（Clay Shirky）指出，社交媒体不存在典型用户，“源于考虑平均值的那些思维习惯变得毫无用处而且是有害的”，因此需要考察集体的行为而不是个体的用户[①]。因此在大数据时代，中国的“价格听证会”如果真想了解民意，完全可以不用召开“代表会议”，而是让受众在网络平台投票，或者像《卫报》、谷歌、《纽约时报》一样抓取社交媒体上的信息分析得出。数据新闻不再依赖社会精英的诠释，转向依赖庞大数据所显示的结果，说明新闻客观全面地“描绘社会的总体真实”已经不远了。

第三节　用户新闻：新闻话语权的回归与自理

耶鲁大学社会学者杰弗里·亚历山大（Jeffery Alexander）指出，互联网不仅是一种技术，更是一种叙事、一种文化结构，它把人们从专业精英文化中解放出来，令新闻可以甩开传统媒体直接闯入公众意识。[②]新媒体所带来的新闻话语权的变革，不仅表现在专业媒体的新的新闻类型从内部消解社会精英对普通民众话语权力的代理，更表现在用户新闻从外围消解记者代理普通民众话语权力的状况，促成普通个人的新闻话语权的回归与自理。

传统媒体时代的媒介资源的有限和新闻传播的中心化，导致不同的社会阶层在媒介资源的分配和使用上不可避免地存在着不平等、不均衡现象，普通公民通常只能通过读者来信、热线电话等非常有限的路径来向社会发布新闻，行使其新闻话语权。即便这一可通达路径，仍需专业媒体把关。除此之外，他们向整个社会发布新闻的话语权被记者、被社会精英所

① 克莱·舍基. 人人时代：无组织的组织力量[M]. 胡泳，沈满琳，译. 北京：中国人民大学出版社，2012：103.

② 周红丰，吴晓平. 重思新闻业危机：文化的力量——杰弗里·亚历山大教授的文化社会学反思[J]. 新闻记者，2015(3)4-12.

代理。“在媒介话语中，他们总是处于被动地位，其主体地位在无形中被剥夺，其话语空间在无形中被侵占……他们的话语被限制、被扭曲、被推向社会的边缘。”①

但互联网络和社交媒体极大地丰富了媒介资源和扩充了信息传播渠道，其去中心化技术与结构在很大程度上突破了专业媒体新闻传播的中心化，形成了多中心化的传播格局。互联网络社交媒体在技术上赋予了人人平等使用媒介的机会，真正实现了普通公民的媒介接近权。社交媒体的零编辑、零技术、零成本、零形式，使作为用户的普通公民能够随时随地发布新闻，因此用户新闻的诞生促成普通公民的新闻话语权力的回归。拥有完满新闻话语权的普通民众在社交媒体的用户新闻生产机制，不像传统媒体、专业媒体存在由上而下层层把关的权力体系。

用户新闻是指从新闻采集到叙述再到发布，即整个生产过程完全由作为用户的普通公民完成，任何环节都未被专业媒体或记者染指。至于记者生产新闻的过程，即在采集、编码或发布等任一环节邀请公民参与和帮助，这是参与式新闻，而非用户新闻。在参与式新闻中，公民话语权仍不完满，而是被记者收编。

根据是否需要资金资助，用户新闻分为两种：一种是未借助外部任何资金的用户新闻，这是大多数普通公民叙述新闻的情况；一种是借助公众捐助资金的用户新闻，即众筹新闻。众筹新闻指作为个人的媒体记者或作为自媒体用户的普通公民以众筹网站和社交媒体为平台，发起新闻报道计划，面向公众筹集报道所需资金，资金筹集成功后，便开展调查和报道，作为回报，受助人在整个新闻报道过程中需及时向捐助公众呈现报道内容。

一、当用户叙述新闻：行政规制难以实施

政治权力在社会各个领域都起到了重要作用，新闻领域亦不例外。正如英国学者阿雷恩·鲍尔德温（Elaine Baldwin）所指出：新闻媒介并

---

① 卫夙瑾. 大众传媒与农民话语权——从农民工“跳楼秀”谈起[J]. 新闻与传播研究，2004(2)：16-20，95.

不位于国家权力之外，而是处在国家权力体系内部。[①]一般来说，政治权力对新闻生产的管制主要体现在“法律控制”“消息源封锁”“新闻审查”“宣传纪律”等刚性禁止体系与“新闻发言人制度”“背景吹风会”“新闻公关”“新闻教育与培训”等柔性规训体系[②]。这套严格的新闻规制体系保障了新闻媒体帮助政治权力宣扬政治主张，建构其媒体形象，预测公共意见，影响社会舆论，推进社会变革，管理社会事务，因此媒体为了帮助每一个新闻工作者把相关政策法规烂熟于心，在从事新闻实务之前还会对其进行岗前培训。

相比之下，只要不违背国家法律和伦理道德，不触碰国家机密等话题，不故意传播虚假信息，公民在社交媒体所发布的新闻较少受到相关部门的干预，国外典型的案例是克林顿与白宫实习生莱温斯基的“拉链门”事件。这一事件最早是由美国《新闻周刊》的记者迈克尔 •艾西科夫（Michael Isikoff）逮住并报道，但在付印前最后时刻，即 1998 年 1 月 17 日晚上 6 点，《新闻周刊》却毙掉了这条引爆全球新闻界的重大新闻。最早（即 1998 年 1 月 17 日深夜）通过博客向世界报道这一事件的美国著名公民记者德拉吉解释说：“《新闻周刊》记者迈克尔 • 艾西科夫逮住了他平生最大的一条新闻，但就在即将见报之际，这条新闻被新闻周刊的高层扼杀了。”[③]

在我国，2012 年 12 月 6 日上午，担任《财经》杂志副主编的罗昌平在微博中向中纪委实名举报当时的国家发展和改革委员会副主任、国家能源局局长刘铁男涉嫌学历造假、巨额骗贷、对他人恐吓威胁等问题。《财经》副主编不通过杂志而通过微博举报，且“罗昌平在微博上举报几小时后，刘铁男所在部门新闻办公室有关负责人不仅称‘纯属污蔑造谣’，而且还称正在报案、报警”[④]。又如崔永元的一连串炮

---

① BALDWIN E, PLONGHURST B, SMITH G, et al. Introducing culture studies[M]. Beijing: Peking University Press, 2005: 51.

② 吴飞. 新闻专业主义研究[M]. 北京：中国人民大学出版社，2009：224-237.

③ 孙坚华. 新媒体观察：“德拉吉”旋风的背后[EB/OL].（2002-09-04）[2021-07-16]. https://net.blogchina.com/blog/article/719.

④ 张海英. 刘铁男或为被微博举报级别最高的官员[EB/OL].（2013-05-13）[2015-05-08]. http://news.sohu.com/20130513/n375645852.shtml.

轰也都是选择微博而非传统媒体来发声，这足以说明传统媒体记者的新闻话语权受到种种牵制，而作为自媒体用户的新闻话语权却在很大程度上突破了这些管控。

2002 年 12 月，美国国会多数党领袖洛特因不慎之言被博客、网站盯住，而丢掉了乌纱帽。2003 年 6 月，《纽约时报》执行主编和总编辑也因被博客揭开新闻造假的真相而下台，引爆了新闻媒体史上最大的丑闻之一。

当然，虽然用户通过新媒体发布新闻行政规制难以实施，但如果违反法律和伦理道德，法律责任事后会被追究。即“网络并不是法外之地，‘言论自由’也有边界”。如 2021 年国庆期间电影《长津湖》上映，罗昌平涉嫌侮辱长津湖英烈的行为而被公安机关刑拘。正是存在这一时间差，极个别用户居心叵测地故意散布虚假信息。

二、当用户讲述事件：经济制约难以渗透

传统媒体的资金来源主要有三：一是政党、政府或相关组织的拨款；二是出售信息的回笼资金；三是通过贩卖受众的注意力和购买力所带来的广告收入。在市场经济日益全球化、媒体商业化运作日趋普及的今天，广告在传统媒体的收入中所占比例日益加大，经济势力对传统媒体的控制也愈加显著。“在商业形式中，新闻媒介内容反映广告商及其商业伙伴的思想观点。”“没有哪份报纸杂志或哪家广播电台能够逾越其‘付钱主子’所认可的自治范围。”[①]不少媒体被财力雄厚的广告商裹挟、绑架，导致许多有利于民众的选题得不到报道。《华夏时报》曾于 2006 年记者节前调查企业如何应对新闻媒体的监督，一位家装、地产的总经理在采访中指出，减少甚至避免负面新闻的一个最好办法就是与媒体搞好关系，最重要的是日常的广告，根据企业自身的需要在几家媒体上投放广告，不仅是对企业产品的宣传，还是成为媒体保护对象最有力的武器。一旦有负面新闻，立即用广告“灭”掉，该经理还坦言每年花在媒体上的广告费要超过 500 万元，而关于其企

① 阿特休尔. 权力的媒介[M]. 黄煜，裘志康，译. 北京：华夏出版社，1989：287-288.

业的负面报道也几乎为零。

大多数用户新闻都是普通公民报道自己的所见所闻，在报道过程中几乎不涉及额外的资金支出，因此也就不受到经济权力的制约；且由于绝大多数的作为业余记者的公民并非专职报道，因此也难有机会受到金钱诱惑。不过，有些公民成为非媒体机构职员的专职报道者后，随着他的影响力扩大，便会遭遇经济权力的收买，如上述公民记者德拉吉在成名之后，便有一份收入达 6 位数的工作找上门来，微软旗下的网上杂志《石板》（*Slate*）也向德拉吉提供了一份报酬优厚的工作。但深知经济独立对于新闻报道的重要性的德拉吉统统婉拒了。[①]针对这一点，凭借高效而低成本的社交媒体，美国前总统特朗普以己之力对抗几乎整个美国传统主流媒体。

即便作为有资金需求的调查性报道，用户常会采取在互联网平台发动公众捐助即众筹方式募资。这种众筹新闻虽然资金同样来源于外界，但众筹模式却有以下两个机制保障用户作为业余记者摆脱资金束缚：一是众筹模式下的新闻生产，从选题到最终成文，都要受到所有出资人的监督，受助人需及时向资助人公布经费使用情况，整个生产过程中资金使用是透明的，这种生产模式避免了承担记者功能的用户为迎合某位出资人意愿而背离原来报道取向的现象；二是为避免新闻报道被某些大额的捐助者完全控制，切实落实透明、客观、公众参与的精神，众筹新闻网站一般对资助比例做出了限制[②]，如 Spot.us 规定个人资助的金额不能超过整个筹集资金的 20%，weReport 则规定个人不得资助任一提案所需资金的 50%以上，网站如要对某一新闻报道提案进行资助的话，也不能超过所需资金的 49%，以降低资金对新闻报道方向的影响。

不过，新媒体流量所具有的变现功用，导致部分网红新闻为了收割流量而出现煽情、耸人听闻等异化现象。

---

① 孙坚华. 新媒体观察：“德拉吉”旋风的背后 [EB/OL].(2002-09-04) [2021-07-16] . http://net.blogchina.com/blog/article/719.

② 胡元辉，罗世宏. “人人时代”的新闻突围：《weReport》的创设及其意义[M]//南方报业传媒集团，南方传媒学院. 南方传媒研究 • 第四十一辑：自媒体. 广州：南方日报出版社，2013：64-70.

三、当用户公开报道：受众束缚难以施展

受众对新闻生产的掌控靠的是庞大的群体数量及其对广告产品的购买力。一些传统媒体为了赢得受众和广告收入，常会降低新闻的专业品味，一味地追求色、腥、性。因此 M. L. 德福勒（M. L. Defleur）指出，媒介提供的“低级趣味”内容是满足传统媒介体系运转的首要财政条件的主要途径，公众偏爱给任何一种媒介服务机构提供了主要标准与动力。公众偏爱方面的变化，最可能引起新闻内容的变化。英国学者丹尼斯·麦奎尔（Denis McQuail）也指出，以市场模式运转的媒介内容结构与受众爱好，二者之间几乎没有多少差别，并用如图 9-2 中的模式标示。

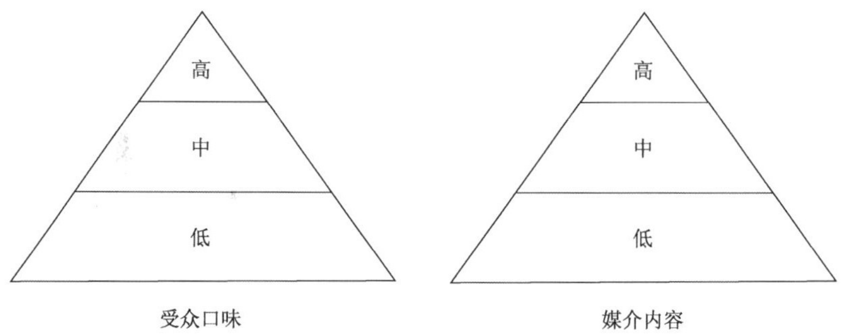

图 9-2　媒介内容结构与受众爱好

资料来源：丹尼斯·麦奎尔，斯文·温德尔. 大众传播模式论[M]. 祝建华，译. 上海：上海译文出版社，1997：122.

这一模式表示，媒介之所以有高、中、低不同类型的内容，是与不同品味层次的受众密切相关的。受众通过发行量、收视率、收听率而对传统新闻的影响巨大，如在我国许多电视台中，收视率的排名决定着节目的去留，收视率高的节目会被保留下来，收视率低的节目一般会被淘汰。这种管理模式将收视率低等同于不受欢迎，显然失之偏颇。由此也可发现，传统新闻生产模式和评价机制极易导致少数人群的需求被忽视。

一般公民发布新闻并非为了赚钱，而是出于诉说的冲动（至 2016 年 8 月 14 日，仅新浪微博每分钟就发出超过 6.4 万条[①]）或者出于自身

① 鸵鸟电台. 微博七岁啦，来跟我们一起细数那些大事记（上）[EB/OL]. (2016-08-16) [2017-07-08]. http://www.sohu.com/a/110667767_236263.

利益的需求，如@认真的赵先森 2017 年 11 月 22 日通过微博发布视频“教科书式的耍赖”，网友@被冤枉的赵宇 2019 年 2 月 17 日发布了【#制止侵害被拘留 14 天#】的微博，都是当事人发声。因此受众品味不是用户发布新闻的考虑因素。不过，为了吸引更多人围观、转发，即为了流量，用户新闻可能会采取叙事技巧，如悲情、戏谑。

众筹新闻则是需要资金资助的新闻摆脱受众人多势众的掌控的最佳途径，因为在芸芸众生之中，只要选题有价值，总会找到感兴趣的人，而一个选题的完成一般不需要大额的资金，因此哪怕是区区可数的几个人也能帮助作为业余记者的公民实现报道愿望。著名众筹网站 Kickstarer 和 Spot.us 从 2008 年开始就先后出现过许多相对小众但却有新闻价值的选题。2010 年 6 月，Kickstarter 上出现了一个关于“奥斯威辛阴影下的生活”（Life In the Shadow of Auschwitz）的选题，发起人想筹集资金报道大屠杀后生活在奥斯威辛这个具有象征性符号的地区的犹太人的生活面貌和心理状况，目标金额仅为 1000 美元，最终在 44 位出资人的支持下成功筹集到 1402 美元。这便是许多众筹新闻关注小众群体的原因。

总之，当作为用户的普通公民发布自己所遭遇的不公平事件时，受众势力一般无法阻止，而且还会推动其他用户挖掘、补充、叙述事件，有助于进一步公开新闻事件的内幕。不过，用户新闻能不能变成网红事件，能不能被推上热搜，却需要考虑受众的阅读兴趣、审美爱好等。一句话，用户新闻能不能面世，受众作为群体的势力无法束缚，但是能不能火爆，却需要受众势力的帮助。

不过，由于少部分用户为追求流量故意报道虚假不实内容而触发众怒，同样会受到众多网民集体抵制，致使其关闭社交媒体账户，出现“社会性死亡”和“公开处刑”现象。但相比传统媒体要考虑成本，这种受众束缚相对来说要少得多。

四、当用户发布消息：传媒组织管制缺失

传统媒体的新闻生产是一种组织性而非个体性的集体生产活动，自然要贯彻组织的意识，而组织意识的形成一是受制于上述政治、经济、受众喜好等诸种权力，二是受制于组织内部的权力结构布局。众所周知，

传统媒体作为组织，其层级结构一般是：社长/台长-总编辑-副总编辑-各部门主任/制片人-编辑/编导-记者。各人所处层级不同，其权力大小相异。这种层级布局与权力大小直接决定了一则新闻的命运与走向，即一篇新闻可以终止于任何一个由下至上的把关人。也就是说，一则新闻只要违背了层级布局中任何一个人的利益或价值观念，都可能夭折。传统新闻生产中的种种内外权力的交织与宰制，直接形成了美国学者沃伦·布里德（Warren Breed）在《新闻编辑部的社会控制：功能分析》（Social Control in the Newsroom: A Functional Analysis）所提出的潜网。这种无处不在的潜网很大程度上束缚了新闻工作者的"手脚"。

在传统的新闻生产中，传媒组织内权力对新闻生产的控制主要有两个环节，一是选题的申报与通过。一般来说，除了突发事件，各位记者的新闻选题一般都需在每周或每天的编前会上进行讨论，得到领导、编辑认可的才能报道；二是报道的审阅与发布。当记者完成报道之后，其审阅过程一般有以下几步：先上传给记者站的站长，接着再上传给相应版面或栏目的编辑或编导，然后上传相应版面的编辑部主任或相应栏目的制片人，最后交给媒体的高层定夺是否发布。报道的发布与面世可以终止于上述任何人之手。即传统媒体先过滤再出版的机制使众多新闻事实难于面世。

无论作为非专职报道的用户，还是作为专职报道但未获得记者证、不从属于任何媒体机构的普通公民，由于他们不从属于任何媒体组织，因此超越了媒体组织内的权力结构的层层把关与审查。这使得用户新闻只要不违反国家法律，不违背社会道德，不涉及敏感和秘密问题，一般都能呈现在受众面前，正是这种发布机制导致个别自媒体人在发布违反法律或反党反国家的内容后受到法律制裁，如在微博上拥有 200 多万粉丝的大 V 罗昌平就因 2021 年 10 月 6 日所发布的微博污蔑抗美援朝英雄而被怒批，并被警方依法刑拘。针对违法行为来说，互联网并非法外之地。

有时即便自媒体的内容发布后被过滤了，但只要新闻事件足够吸引人，也常会被人迅速截图并传播开去。

当然，由于用户未接受过正式新闻规训，个别用户新闻可能会出现一些违法内容。新媒体平台为了规避违法等风险，常会设置个别关键词，导致用户叙述的相关违法话题内容难以发布。虽然新媒体存在这种设置机制达到先过滤再发布，但相对传统媒体，受众发布消息受到的把关实在太少。报道新闻的普通公民在新媒体发布新闻因突破上述四种管控，而使其新闻话语权力得到回归，这使他们的叙事声音被受众、被社会所听到。对此，报道德拉吉的新闻有非常简洁的论述："作为一个个人网站的拥有者，德拉吉不属于任何人，不被任何人领导，更不用为金钱所左右。他不需要雇佣记者、编辑、秘书、制作和技术人员。"因此他被称为新闻界头号"独行侠"。德拉吉自己也指出："我从来没做过任何广告，从不花钱做公关，也从未举办过任何宣传活动。"①

总之，新媒体引起新闻业发生巨大震荡，表层影响是新闻叙述者、叙事方式、叙事样态、叙事语体等方面由固态转为液态②，深层影响是新闻叙事模式、叙事原则的变迁，底层逻辑则是新闻叙事声音、新闻话语权的变革，从对固定采访线路作为主要新闻来源的削弱与去除，对社会精英代理的新闻话语权的消解，到普通民众的新闻话语权的全面实现，即话语权利和权力的合并统一与自理自治，最终促使新闻叙事相对客观准确，新闻事实真相浮出水面，甚至难以缺席。新媒体令获取、叙述、编辑、传播新闻从一种职业技能普及为每个人生活工作的必备能力。

新媒体因积聚了众多舆论领袖，尤其是舆论领袖中的头部用户，其粉丝数量、其信息影响力几近与以往的一些传统媒体的发行量、收视率、收听率相媲美。虽然新媒体信息传播格局出现了再中心化现象③，虽然互联网并未也不可能带来新闻话语权的完全平等，但普通民众仍享有向社会公众讲述新闻的平台、渠道和机会，其新闻话语权仍未被让渡。甚至在互联网上人人都可能成为话题中心、事件中心，只不过普通民众只可能是流动或临时的中心，而专业媒体、头部用户、舆论领袖则是较为经常或稳固的中心。

---

① 孙坚华. 新媒体观察："德拉吉"旋风的背后[EB/OL]. (2002-09-04) [2021-07-16]. http://net.blogchina.com/blog/article/719.

② 陆晔，周睿鸣. "液态"的新闻业：新传播形态与新闻专业主义再思考——以澎湃新闻"东方之星"长江沉船事故报道为个案[J]. 新闻与传播研究，2016(7)：24-46.

③ 刘康. "去中心化一再中心化"传播环境下主流意识形态话语权面临的双重困境及建构路径[J]. 中国青年研究，2019(5)：102-109.

结语：话语嬗变与模糊边界

海德格尔说，技术不仅是一种手段。技术乃是一种解蔽方式。技术解蔽指技术决定了事物，甚至世界展现的方式，规定了人与世界的关系，因此成为人的“在世存有”（being in the world）。[①]新闻叙事包括新闻故事和新闻话语两个方面，前者即为新闻事件，后者即新闻叙事文本，包括叙述者、叙事视角、叙事逻辑、叙事时间、叙事空间、叙事声音等。本书所论述的新闻在叙述者、叙事样态、叙事语体、叙事模式、叙事原则等方面的新景观、新规律、新逻辑，即为新闻话语的嬗变，它就是肇始于互联网的新媒体解敝世界的方式之一。

在整个人类传播历史中，除了空气之外，从来没有一种媒介像互联网一样无孔不入，无远弗届，而且让人们使用得随心所欲（当然是在国家法律和道德允许范围内），成为人们生活和工作的必需品。即便是口语传播时代的空气，虽然生命离不开它，但人们的生活工作却并未如此依赖它。

借此，互联网及建立在其基础上的新媒体打破了诸多界限。首先是时空界限的突破，从而真正形成了普通人的地球村。其次是权力边界的跨越，无所不在的业余记者与电子眼，让掌权者、公众人物时时刻刻处在人们的盯视中，普通个人借助民众的围观频频打败权势人物。再次是人物角色界限的模糊，如微型电影和微型电视剧的出现，让普通民众过把导演和演员的瘾。网络出版的出现，让普通个人都能成为作家……

种种边界的模糊，数不胜数。仅就新闻传播来看，新媒体让人们的

① 转引自孙玮. 微信：中国人的“在世存有”[J]. 《学术月刊》，2015(12):5-18.

诉说冲动得到了前所未有的满足和展现：且不说一次旅行发N条微博、N条朋友圈，就算是一次家常的便饭、日常的谈话、正常的走路也要在微博、微信里晒一下。人们既在生活中、工作中随时随地记录动态，又在随时随地的新闻发布中生活着、工作着。在这种全天候的媒介化、新闻化的人生历程中，人们把自己的一生变成了一个漫长的新闻叙事，一篇宏大的新闻报道。互联网彻底模糊了新闻传播与生活工作的边界。

新闻叙事方面的边界被模糊还有种种：语境和媒介的边界被打破，新媒体既构成新闻叙事的语境，也成为新闻报道的媒介；不同媒介之间的边界被融合，新媒体成为一切媒介的媒介；记者和公民身份被模糊，记者可以公民的身份发布新闻，公民也可以记者身份报道事件；新闻和游戏的边界被磨合，新闻可以游戏的方式进行叙述，游戏又可以新闻的内容进行冲关；真实和虚拟的边界也被模糊，真实的事件被放置于拟真的环境中，虚拟的环境被用来更真实地报道事件；新闻前台展示和后台生产被取消，因为新闻的透明性叙事，新闻在展示中生产，在生产中展示；公众性和个人性的界限被突破，如定制新闻，在公众性问题的报道中得出了个人性的结论，在个人性的材料输入中得出了问题的公共答案；新闻的冷静客观和人们的亲密情感的边界也被跨越。人工和智能的边界，新闻素材和新闻成品的边界通通消失……正是这些方方面面的边界模糊导致了新媒体语境下的新闻叙事的种种变革，使新闻呈现为液态。

虽然新闻叙事话语的嬗变，造就了新媒体语境下新闻传播的景观。但扒开目前新闻种种新颖的叙事形式、手段、类型等等这些吸引人们眼球的外衣，深入到每个新闻故事之中，可以发现，人们的心还是那颗心，情感也依旧，因为讲述的许多故事依然是传统故事、永恒故事；因为人们用来建构许多新闻事件的框架仍旧是存在于集体记忆中的认知图式、行为模式以及事件脚本。如“江歌案”之所以能由一起简单的杀人案件转变为一个引起上亿人关注的新闻故事，之所以凶残的杀人者会被忽视，而另一位受害者被愤怒盯视，是因为人们用上古时期就已存在的恩将仇报的框架建构事件。手刃三人、血腥残忍的“张扣扣”在法制健全的现在之所以被网民集体呼吁轻判，是因为记者们用原始时期就已形成的“血亲复仇”的脚本来叙述事件。诸如此类的案例不胜枚举。

为什么追求“狗咬人不是新闻，人咬狗才是新闻”等异常性的新闻会讲述如此古老而又套路的故事？又为什么如此古老又套路的故事能引爆舆论？

因此，新媒体语境下新闻叙事更为奇观的是，人们用嬗变的新闻叙事技巧、方式、元素，却讲述着诸多永恒的、古老的故事。这种叙事景观，笔者借助《我的中国心》的歌词来描述。

……
洋装虽然穿在身
我心依然是中国心
我的祖先早已把我的一切
烙上中国印
长江 长城
黄山 黄河
在我心中重千斤
无论何时 无论何地
心中一样亲
流在心里的血
澎湃着中华的声音
……

探索至此，旅程告一段落。但遗憾的是由于笔者才疏学浅，未能沿着边界模糊的发展方向预测前方将有怎样的新闻叙事景观，即既未预测新媒体的发展方向，也未预测新闻叙事的将来走向和表现样态。

暂为停歇之后，笔者将调转方向，踏上探索永恒故事之旅程，将从原型、谜米、文化基因等理论视角对上述永恒故事进行阐释。

参 考 文 献

阿尔文·托夫勒. 1996. 第三次浪潮[M]. 朱志焱，潘琪，张焱，译. 北京：新华出版社.

阿瑟·阿萨·伯杰. 2002. 通俗文化、媒介和日常生活中的叙事[M]. 姚媛，译. 南京：南京大学出版社.

艾伯特-拉斯洛·巴拉巴西. 2007. 链接网络新科学[M]. 徐彬，译. 长沙：湖南科学技术出版社.

埃利亚，萨尔法蒂. 2006. 话语分析基础知识[M]. 曲辰，译. 天津：天津人民出版社.

安德森. 1989. 认知心理学[M]. 杨清，张述祖，等，译. 长春：吉林教育出版社.

保罗·范登，侯汶，杨颖，等. 2016. 批判修辞：一种新闻透明理论[J]. 全球传媒学刊，3（4）.

比尔·科瓦奇，汤姆·罗森斯蒂尔. 2014. 新闻的十大基本原则：新闻从业者须知和公众的期待[M]. 2 版. 刘海龙，连晓东，译. 北京：北京大学出版社.

蔡雯，郭翠玲. 2008. 从“公共新闻”到“公民新闻”——试析西方国家新闻传播正在发生的变化[J]. 新闻记者，（8）.

蔡琰，臧国仁. 1999. 新闻叙事结构：再现故事的理论分析[J]. 新闻学研究，（58）.

曹南燕. 1991. 认知学习理论[M]. 郑州：河南教育出版社.

曹三省. 2016. 新闻机器：智能传媒之路又一程[J]. 青年记者，（6）.

常江. 2014. “参与式新闻”的理念与中外实践——以 CNN iReport 和新华社“我报道”为例[J]. 中国记者，（7）.

常江，徐帅. 2017. 从“VR+新闻”到“VR 新闻”——美英主流新闻业界对虚拟现实新闻的认知转变[J]. 新闻记者，（11）.

常江，许诺. 2013. 新闻连续剧：叙事策略与传播样态探析[J]. 国际新闻界，35（5）.

陈昌凤. 2009. 中国新闻传播史：传媒社会学的视角[M]. 2 版. 北京：清华大学出版社.

陈昌凤. 2013. 数据新闻及其结构化：构建图式信息——以华盛顿邮报的地图新闻为例[J]. 新闻与写作，（8）.

陈昌凤，胡曙光. 2018. 让用户自主讲故事的互动新闻——从尼基·厄舍《互动新闻：黑客、数据与代码》一书谈起[J]. 新闻记者，（10）.

陈功，周鹏. 2015. 图解新闻的传播特征、适用范围与发展趋势[J]. 当代传播，（4）.

陈建远. 1988. 中国社会：原型与演化[M]. 沈阳：辽宁人民出版社.

陈力丹. 2014. 习近平的宣传观和新闻观[J]. 新闻记者，（10）.

陈力丹，李熠祺，娜佳. 2015. 大数据与新闻报道[J]. 新闻记者，（2）.
陈力丹，王亦高. 2006. 深刻理解“新闻客观性”——读《维系民主?西方政治与新闻客观性》一书[J]. 新闻大学，（1）.
陈丽莉. 2013. 论自媒体时代的言论自由[J]. 中国检察官，（15）.
陈原. 1980. 语言与社会生活：社会语言学札记[M]. 北京：生活·读书·新知三联书店.
陈振艳. 2017. 现代汉语口语语法的分布及特点研究[J]. 湖南工程学院学报(社会科学版)，27（1）.
陈祖耀. 1998. 社会科学研究中几个重要概念的辨析[J]. 广西师院学报(哲学社会科学版)，（4）.
戴维·波普诺. 2009. 社会学[M]. 11 版. 李强，等，译. 北京：中国人民大学出版社.
戴维·克里斯特尔. 2000. 现代语言学词典[M]. 沈家煊，译. 北京：商务印书馆.
戴卫·赫尔曼. 2002. 新叙事学[M]. 马海良，译. 北京：北京大学出版社.
丹尼斯·K. 姆贝. 2000. 组织中的传播和权力：话语、意识形态和统治[M]. 陈德民，陶庆，薛梅，译. 北京：中国社会科学出版社.
邓建国. 2015. 筛选与呈现:信息疲劳背景下的移动内容传播新趋势——以雅虎新闻摘要与 NYT Now 为例的分析[J]. 新闻记者，（6）.
董向阳. 2012. 微博的病毒式传播研究[D]. 深圳大学.
杜耀宗. 2018. AR 新闻现状与策略分析[J]. 新闻窗，（2）.
段枫. 2016. 巴赫金与修辞叙事学——从布思对巴赫金的序言说开去[J]. 杭州师范大学学报（社会科学版），38（2）.
段业辉. 1999. 新闻语言学[M]. 南京：江苏教育出版社.
范东升. 2006. 公民新闻的兴起和启示[J]. 国际新闻界，（1）.
范叶妮. 2010. 对新闻互动行为中卷入度研究[J]. 新闻界，（6）.
方洁，王士宇. 2009. 写新闻与讲故事——浅谈美国媒体的叙事新闻学[J]. 新闻与写作，（10）.
方洁，颜冬. 2013. 全球视野下的“数据新闻”：理念与实践[J]. 国际新闻界，35（6）.
方兴东，杨吉. 2005. 21 世纪的书：信息时代商业思想 10×10 阅读[M]. 广州：南方日报出版社.
风笑天. 2016. 社会研究方法[M]. 北京：中国人民大学出版社.
冯·戴伊克. 1993. 话语、心理、社会[M]. 施旭，冯冰，译. 北京：中华书局.
冯胜利. 2011. 语体语法及其文学功能[J]. 当代修辞学，（4）.
冯胜利，王洁，黄梅. 2008. 汉语书面语体庄雅度的自动测量[J]. 语言科学，（2）.
甘莅豪. 2012. 流行语分析：从逻各斯中心主义到后现代去中心化[J]. 海南大学学报（人文社会科学版），30（6）.
高长江. 1992. 文化语言学[M]. 沈阳：辽宁教育出版社.
郭之恩. 2013. 《雪从天降》：一次奢侈的融合报道探索[J]. 中国记者，（6）.
海登·怀特. 2003. 后现代历史叙事学[M]. 陈永国，张万娟，译. 北京：中国社会科学出版社.
韩鸿. 2006. 论新媒体背景下的公民共享新闻学[J]. 新闻与传播研究，（3）.

郝会丽. 2001. 论新闻语体[D]. 中国社会科学院研究生院.
何纯. 2006. 新闻叙事学[M]. 长沙：岳麓书社.
赫德森. 1990. 社会语言学[M]. 丁信善，宫琪，刘书栋，等，译. 北京：中国社会科学出版社.
胡长兰. 2009. 第五媒体与手机媒体的等同性分析[J]. 考试周刊，（27）.
胡壮麟. 1990. 语言系统与功能[M]. 北京：北京大学出版社.
华进. 2013. 数码语境下新闻叙事的转型[J]. 当代传播，（2）.
华莱士·马丁. 2005. 当代叙事学[M]. 伍晓明，译. 北京：北京大学出版社.
黄匡宇. 2000. 电视新闻语言学[M]. 北京：中国广播电视出版社.
黄鸣奋. 2011. 当代西方数码叙事学的发展[J]. 文艺理论研究，（5）.
黄雨水，顾良达. 2012. 新媒体环境下的新闻叙事创新[J]. 新闻传播，（6）.
季为民，叶俊. 2018. 论习近平新闻思想[J]. 新闻与传播研究，25（4）.
江伟. 2004. 中国证据法草案（建议稿）及立法理由书[M]. 北京：中国人民大学出版社.
姜华. 2013. 公民新闻及其民主监督作用初探[J]. 国际新闻界，35（4）.
姜欣. 2012. 浅析公民新闻视阈下的新闻客观性[J]. 前沿，（15）.
蒋晓丽，贾瑞琪. 2018. 新闻游戏的非虚构叙事研究[J]. 现代传播（中国传媒大学学报），（7）.
蒋晓丽，贾瑞琪. 2018. 新闻游戏：一个属性的界定[J]. 新闻界，（1）.
蒋枝宏. 2016. 传媒颠覆者：机器新闻写作[J]. 新闻研究导刊，7（3）.
杰拉德·普林斯. 2013. 叙事学：叙事的形式与功能[M]. 徐强，译. 北京：中国人民大学出版社.
金兼斌. 2014. 机器新闻写作：一场正在发生的革命[J]. 新闻与写作，（9）.
匡文波. 2008. “新媒体”概念辨析[J]. 国际新闻界，（6）.
匡文波. 2009. 网络传播学概论[M]. 3 版. 北京：高等教育出版社.
匡文波. 2012. 关于新媒体核心概念的厘清[J]. 新闻爱好者，（19）.
李彪. 2011. 网络事件传播空间结构及其特征研究——以近年来 40 个网络热点事件为例[J]. 新闻与传播研究，18（3）.
李彬. 2005. 媒介话语：新闻与传播论稿[M]. 北京：新华出版社.
李进良，倪健中. 2001. 信息网络辞典[M]. 北京：东方出版社.
李习文. 2010. 论中国现实语境下的“对话新闻”[J]. 国际新闻界，（2）.
李岩，李赛可. 2015. 数据新闻：“讲一个好故事”？——数据新闻对传统新闻的继承与变革[J]. 浙江大学学报（人文社会科学版），45（6）.
李元授，白丁. 2001. 新闻语言学[M]. 北京：新华出版社.
李悦娥，范宏雅. 2002. 话语分析[M]. 上海：上海外语教育出版社.
凌建侯. 2007. 巴赫金哲学思想与文本分析法[M]. 北京：北京大学出版社.
刘畅. 2008. “网人合一：从 Web 1.0 到 Web 3.0 之路”[J]. 河南社会科学，（2）.
刘桂英，任玉凤. 2004. 温纳的技术自主性思想[J]. 科学技术与辩证法，（3）.
刘建明. 2006. 马克思主义新闻观的经典性与实践性[J]. 国际新闻界，（1）.
刘鹏. 2019. 用户新闻学：新传播格局下新闻学开启的另一扇门[J]. 新闻与传播研

究，（2）.
刘洋，王超群. 2018. 反转新闻的叙事框架及其负面效应[J]. 青年记者，（18）.
刘滢. 2017. “互动新闻”：国外全媒体报道的新实践[J]. 青年记者，（4）.
罗宾. 2001. 语言的战争[M]. 刘丰海，郑保国，周亭，等，译. 北京：新华出版社.
罗伯特·C. 艾伦. 2000. 重组话语频道[M]. 麦永雄，柏敬泽，等，译. 北京：中国社会科学出版社.
罗钢. 1994. 叙事学导论[M]. 昆明：云南人民出版社.
马克·柯里. 2003. 后现代叙事理论[M]. 宁一中，译. 北京：北京大学出版社.
马忠君. 2011. 走进纽约时报互动新闻报道部[J]. 新闻战线，（11）.
麦克卢汉. 2006. 麦克卢汉如是说：理解我[M]. 何道宽，译. 北京：中国人民大学出版社.
毛湛文，李泓江. 2017. “融合文化”如何影响和改造新闻业？基于“新闻游戏”的分析及反思[J]. 国际新闻界，39（12）.
孟笛. 2016. 开放理念下的新闻叙事革新——以《纽约时报》数据新闻为例[J]. 新闻界，（3）.
米克·巴尔. 1995. 叙述学：叙事理论导论[M]. 谭君强，译. 北京：中国社会科学出版社.
米切尔·斯蒂芬斯. 2014. 新闻的历史[M]. 陈继静，译. 北京：北京大学出版社.
明安香. 1999. 信息高速公路与大众传播[M]. 北京：华夏出版社.
彭朝丞. 1996. 新闻标题学[M]. 北京：人民日报出版社.
尼尔·波兹曼. 2004. 娱乐至死[M]. 章艳，译. 桂林：广西师范大学出版社.
尼古拉·尼葛洛庞帝. 2017. 数字化生存[M]. 胡泳，范海燕，译. 北京：电子工业出版社.
尼克·库尔德利. 2014. 媒介、社会与世界：社会理论与数字媒介实践[M]. 何道宽，译. 上海：复旦大学出版社.
聂志腾. 2012. 刍议网络新闻的叙述模式[J]. 新闻爱好者，（05）.
宁稼雨. 2014. 叙事·叙事文学·叙事文化——中国叙事文化学与叙事学的关联与特质[J]. 天中学刊，29（3）.
潘玲琳. 2007. 基于关联规则的六度分隔系统设计与实现[D]. 华东师范大学.
潘亚楠. 2016. 新闻游戏：概念、动因与特征[J]. 新闻记者，（9）.
潘忠党，刘于思. 2017. 以何为“新”？“新媒体”话语中的权力陷阱与研究者的理论自省——潘忠党教授访谈录[J]. 新闻与传播评论，（1）.
裴纯礼，孙建刚. 2003. Usenet 新闻组服务及其在教学中的应用[J]. 信息技术教育，（10）.
彭兰. 2008. 中国网络媒体的变革轨迹[J]. 新闻学论集，（2）：79-93.
彭兰. 2010. 影响公民新闻活动的三种机制[J]. 上海师范大学学报（哲学社会科学版），39（4）.
彭兰. 2013. “连接”的演进——互联网进化的基本逻辑[J]. 国际新闻界，35（12）.
彭兰. 2015. 场景：移动时代媒体的新要素[J]. 新闻记者，（3）.
彭兰. 2016. “新媒体”概念界定的三条线索[J]. 新闻与传播研究，23（3）.

彭兰. 2016. 新媒体导论[M]. 北京：高等教育出版社.
彭兰. 2016. 智媒化：未来媒体浪潮——新媒体发展趋势报告（2016）[J]. 国际新闻界，38（11）.
彭柳. 2017. 新媒体时代的新闻叙事及文本特征[J]. 编辑之友，（11）.
彭增军. 2018. 新闻业的救赎：数字时代新闻生产的 16 个关键问题[M]. 北京：中国人民大学出版社.
皮埃尔·布尔迪厄. 2005. 言语意味着什么：语言交换的经济[M]. 褚思真，刘晖，译. 北京：商务印书馆.
浦安迪. 1996. 中国叙事学[M]. 北京：北京大学出版社.
齐沪扬. 2000. 传播语言学[M]. 郑州：河南人民出版社.
邱林川，陈韬文. 2011. 新媒体事件研究[M]. 北京：中国人民大学出版社.
仇筠茜. 2013. 新闻策展："微媒体"环境下突发新闻报道及伦理分析——以美国马拉松爆炸案报道为例[J]. 国际新闻界，35（9）.
热拉尔·热奈特. 1990. 叙事话语 新叙事话语[M]. 王文融，译. 北京：中国社会科学出版社.
尚必武. 2016. 什么是"叙事"？概念的流变、争论与重新界定[J]. 山东外语教学，37（2）.
申丹. 1991. 小说中人物话语的不同表达方式[J]. 外语教学与研究，（1）.
申丹. 2004. 结构与解构：评 J. 希利斯·米勒的"反叙事学"[J]. 欧美文学论丛，（1）.
申丹，王丽亚. 2010. 西方叙事学：经典与后经典[M]. 北京：北京大学出版社.
申丹，韩加明，王丽亚. 2005. 英美小说叙事理论研究[M]. 北京：北京大学出版社.
申金霞. 2013. 自媒体时代的公民新闻[M]. 北京：中国广播电视出版社.
史安斌，钱晶晶. 2011. 从"客观新闻学"到"对话新闻学"——试论西方新闻理论演进的哲学与实践基础[J]. 国际新闻界，33（12）.
史安斌，张耀钟. 2016. 虚拟/增强现实技术的兴起与传统新闻业的转向[J]. 新闻记者，（1）.
斯蒂夫奥汀，赵俊峰，张羽，等. 2006. 公民新闻：一种全新的尝试与冲击[J]. 今传媒，（3）.
斯图尔特·霍尔. 2003. 表征：文化表象与意指实践[M]. 徐亮，陆兴华，译. 北京：商务印书馆.
孙玮. 2015. 微信：中国人的"在世存有"[J]. 学术月刊，47（12）.
谭君强. 2002. 叙事理论与审美文化[M]. 北京：中国社会科学出版社.
汤姆·斯丹迪奇. 2015. 从莎草纸到互联网：社交媒体 2000 年[M]. 林华，译. 北京：中信出版社.
唐伟胜. 2008. 阅读效果还是心理表征？——修辞叙事学与认知叙事学的分歧与联系[J]. 外国文学评论，（4）.
汪苏华. 西方解释性新闻的特点与写作要求[J]. 当代传播，（5）.
王蓓露. 2015. 新媒体语境下的新闻叙事模式[J]. 新闻研究导刊，6（16）.
王德春，孙汝建，姚远. 1995. 社会心理语言学[M]. 上海：上海外语教育出版社.

王洪君，李榕，乐耀. 2009. “了$_2$”与话主显身的主观近距交互式语体[C]//《语言学论丛》编委会. 语言学论丛第 40 辑. 北京：商务印书馆：312-333.
田智辉. 2006. Google 与 21 世纪媒体[J]. 现代传播（中国传媒大学学报），（1）.
涂尔干. 2006. 宗教生活的基本形式[M]. 渠东，汲喆，译. 上海：上海人民出版社.
童天湘. 1981. “脑的设计”·“机器思维”·“人工主体”——人工智能提出的哲学问题[J]. 编辑之友，（4）.
王佳航. 2016. 叙事变迁：技术驱动下的新闻表达重构[J]. 新闻与写作，（6）.
王平. 2001. 中国古代小说叙事研究[M]. 石家庄：河北人民出版社.
王强. 2017. “数码受众”与“数字叙述”：新媒体叙述范式的建构[J]. 当代文坛，（5）.
王晴川. 2012. 自媒体时代对新闻专业主义的建构和反思[J]. 上海大学学报（社会科学版），29（6）.
王世华，冷春燕. 2013. 互联网再认识：去中心化是个伪命题？——兼与李彪先生商榷中心化问题[J]. 新闻界，（20）.
王侠. 2012. 英美三大电视台的微博新政[J]. 新闻记者，（3）.
王向峰. 1987. 文艺美学辞典[M]. 沈阳：辽宁大学出版社.
王旭. 2007. 互联网发展史[J]. 个人电脑，（3）.
王振军. 2011. 后经典叙事学：读者的复活——以修辞叙事学为视点[J]. 河南师范大学学报（哲学社会科学版），38（5）.
沃尔特·李普曼. 2006. 公众舆论[M]. 阎克文，江红，译. 上海：上海人民出版社.
吴国盛. 2008. 技术哲学经典读本[M]. 上海：上海交通大学出版社.
武晓立. 2016. 当新闻遇上游戏——浅谈新闻游戏的现状和发展策略[J]. 新闻研究导刊，7（21）.
西蒙·巴埃弗拉特. 2011. 圣经的叙事艺术[M]. 李锋，译. 上海：华东师范大学出版社.
西蒙·罗杰斯. 2015. 数据新闻大趋势：释放可视化报道的力量[M]. 岳跃，译. 北京：中国人民大学出版社.
希利斯·米勒. 2002. 解读叙事[M]. 申丹，译. 北京：北京大学出版社.
《习近平新闻思想讲义》编写组. 2018. 习近平新闻思想讲义[M]. 北京：人民出版社；学习出版社.
夏倩芳，王艳. 2016. 从“客观性”到“透明性”：新闻专业权威演进的历史与逻辑[J]. 南京社会科学，（7）.
谢尔·以色列. 2010. 微博力[M]. 任文科，译. 北京：中国人民大学出版社.
谢静. 2016. 微信新闻：一个交往生成观的分析[J]. 新闻与传播研究，23（4）.
谢静. 2016-05-05. 作为交往的新闻——社交媒体新闻的情境化与生活意义[N]. 中国社会科学报，3 版.
谢龙新. 2010. 经典“叙事”概念：外延、内涵及其超越[J]. 湖北师范学院学报（哲学社会科学版），30（5）.
谢新观. 1999. 远距离开放教育词典[M]. 北京：中央广播电视大学出版社.
熊学亮. 1999. 认知语用学概论[M]. 上海：上海外语教育出版社.

徐舟. 2014. 新媒体环境下“病毒”式传播的概念及机理[J]. 西部广播电视，（20）.
许鹃娟. 2007. 互动——新闻不可缺少的因素[J]. 东南传播，（7）.
许振洲. 2011. 新媒体的勃兴与传统媒体的迷失[J]. 新闻爱好者，（6）.
闫岩. 2015. 公民新闻：参与的幻象[J]. 新闻与写作，（6）.
杨保军. 2008. 简论“后新闻传播时代”的开启[J]. 现代传播（中国传媒大学学报），（6）.
杨保军. 2008. 简论网络语境下的民间新闻[J]. 新闻记者，（3）.
杨保军. 2008. 新闻的社会构成：民间新闻与职业新闻[J]. 国际新闻界，（2）.
杨保军. 2014. 新闻观念论[M]. 上海：复旦大学出版社.
杨驰原，匡文波，童文杰，等. 2016. 我国手机媒体发展现状与趋势 [J]. 传媒，(23).
杨立公，朱俭，汤世平. 2013. 文本情感分析综述[J]. 计算机应用，33（6）.
杨文钧. 2000. 谈谈新闻组[J]. 计算机辅助设计与制造，（11）.
杨晓军. 2016. 数据新闻故事化叙事的可能性及思维路径[J]. 编辑学刊，（1）.
杨新敏. 2003. 电视剧叙事研究[M]. 北京：文化艺术出版社.
姚静. 2016. 新闻游戏：新媒体环境下的互动性新闻叙事模式[J]. 传媒，（15）.
叶蜚声，徐通锵. 1981. 语言学纲要[M].北京：北京大学出版社.
叶舒宪. 1987. 神话——原型批评[M]. 西安：陕西师范大学出版社.
佚名. 2017. 科技热词[J]. 科学家，5（13）.
尹又汉. 2009. 互动新闻浅说[J]. 新闻前哨，（1）.
尹韵公. 2017. 用习近平新时代中国特色社会主义思想指导新闻舆论工作实践[J]. 世界社会主义研究，（9）.
余建清. 2008. 公共新闻与公民新闻辨析[J]. 国际新闻界，（7）.
俞晶晶. 2011. 新媒体时代新闻叙事学下叙述的嬗变[J]. 东南传播，（8）.
俞吾金. 2008. 历史事实和客观规律[J]. 历史研究，（1）.
喻国明. 2007. 关注 Web2. 0：新传播时代的实践图景[J]. 新闻与写作，（1）.
喻国明，马慧. 2016. 互联网时代的新权力范式：“关系赋权”——“连接一切”场景下的社会关系的重组与权力格局的变迁[J]. 国际新闻界，38（10）.
喻国明，谌椿，王佳宁. 2017. 虚拟现实（VR）作为新媒介的新闻样态考察[J]. 新疆师范大学学报（汉文哲学社会科学版），38（3）.
喻国明，张文豪. 2016. VR 新闻：对新闻传媒业态的重构[J]. 新闻与写作，（12）.
约翰·塞尔. 1991. 心、脑与科学[M]. 杨音莱，译. 上海：上海译文出版社.
詹姆斯·保罗. 2002. 作为修辞的叙事：技巧、读者、伦理、意识形态[M]. 陈永国，译. 北京：北京大学出版社.
詹姆斯·保罗·吉. 2011. 话语分析导论：理论与方法[M]. 杨炳钧，译. 重庆：重庆大学出版社.
詹姆斯·W. 凯瑞. 2005. 作为文化的传播[M]. 丁未，译. 北京：华夏出版社.
曾庆香. 2005. 新闻叙事学[M]. 北京：中国广播电视出版社.
曾庆香. 2008. 西方某些媒体“3·14”报道的话语分析[J]. 国际新闻界，（5）.
曾庆香. 2011. 模拟、施为与召唤——论仪式的符号特征[J]. 国际新闻界，33（8）.
曾庆香. 2014. 新媒体语境下的新闻叙事模式[J]. 新闻与传播研究，21（11）.

曾庆香，高红梅. 2018. 串式新闻：一种社交媒体的新闻样态[J]. 新闻爱好者，(1).
曾庆香，侯雪琪. 2015. 数据新闻：社会精英话语权的消解[J]. 探索与争鸣，(3).
曾庆香，陆佳怡. 2018. 新媒体语境下的新闻生产：主体网络与主体间性[J]. 新闻记者，(4).
曾庆香，陆佳怡，吴晓虹. 2017. 两极与互补：新媒体语境下的新闻样态与图景[J]. 新闻记者，(8).
曾庆香，陆佳怡，吴晓虹. 2017. 数据新闻：一种社会科学研究的新闻论证[J]. 新闻与传播研究，24(12).
曾祥敏，方雪悦. 2018. 新闻游戏：概念、意义、功能和交互叙事规律研究[J]. 现代传播(中国传媒大学学报)，40(1).
张超. 2018. 数据新闻复杂叙事的四个维度[J]. 电视研究，(2).
张超，丁园园. 2016. 新闻业的沉浸偏向：VR 新闻生产的变革、问题与思路[J]. 中国出版，(17).
张超，丁园园. 2017. 作为游戏的新闻：新闻游戏的复兴、意义与争议[J]. 编辑之友，(3).
张积家，陆爱桃. 2007. 汉语心理动词的组织和分类研究[J]. 华南师范大学学报(社会科学版)，(1).
张建中. 2015. 从信息流到信息库：卡片化新闻报道[J]. 现代传播(中国传媒大学学报)，37(3).
张建中，王天定. 2016. 迈向新的媒体融合：当新闻遭遇游戏[J]. 现代传播(中国传媒大学学报)，38(11).
张金桐，郝治丽. 2011. 从公民话语权看公民新闻的发展[J]. 新闻爱好者，(21).
张军辉. 2016. 从"数字化"到"数据化"：数据新闻叙事模式解构与重构[J]. 中国出版，(8).
张卫斌. 2008. 移动互联网中的 UGC 业务研究[D]. 北京邮电大学.
张寅德. 1989. 叙述学研究[M]. 北京：中国社会科学出版社.
张育华. 2006. 电视剧叙事话语[M]. 北京：中国广播电视出版社.
张志安. 2011. 新闻生产的变革：从组织化向社会化——以微博如何影响调查性报道为视角的研究[J]. 新闻记者，(3).
张志安，曾子瑾. 2016. 从"媒体平台"到"平台媒体"——海外互联网巨头的新闻创新及启示[J]. 新闻记者，(1).
张志安，姚尧. 2018. 平台媒体的类型、演进逻辑和发展趋势[J]. 新闻与写作，(12).
中共中央马克思恩格斯列宁斯大林著作编译局. 1965. 马克思恩格斯全集(第 4 卷)[M]. 北京：人民出版社.
中共中央文献研究室，新华通讯社. 1983. 毛泽东新闻工作文选[M]. 北京：新华出版社.
中国社会科学院新闻研究所. 1980. 中国共产党新闻工作文件汇编[M]. 北京：新华出版社.
朱丽，杨杜. 2015. 社会网络"大连结"的魅力——六度分隔和三度影响力[J]. 现代管理科学，(2).

朱瑞娟. 2017. 融媒体时代新闻叙事研究的路径衍变[J]. 青年记者，（13）.
朱文俊. 2000. 人类语言学论题研究[M]. 北京：北京语言文化大学出版社.
BARAN P, 2003. On distributed communications networks[J]. IEEE transactions on communications systems, 12(1).
BELL A, GARRETT P, BELL C, 1998. Approaches to media discourse[M]. Oxford: Wiley-Blackwell.
BELL A, 1991. The Language of news media[M]. Oxford: Wiley-Blackwell.
BERKOWITZ D, 1997. Social meanings of news: A text-reader[M]. Thousand Oaks: Sage.
BOGOST I, FERRARI S, SCHWEIZER B, 2010. Newsgames: Journalism at play[M]. Cambridge: The MIT Press.
BUOZIS M, 2000. Narrative journalism goes multimedia[J]. Nieman reports, 54(3).
BUOZIS M, CREECH B, 2017. Reading news as narrative: A genre approach to journalism studies[J]. Journalism studies, 19(2).
CASWELL D and Dörr K, 2017. Automated journalism 2.0: Event-driven nrratives[J]. Journalism practice, 12(4).
CHRISTOPHER B Daly, 2012. Covering America: A narrative history of a nation's journalism[M]. Amherst: University of Massachusetts Press.
COOKY C, ANTUNOVIC D, 2018. The visibility of feminism in the Olympic Games: Narratives of progress and narratives of failure in sports journalism[J]. Feminist media studies, 18(5).
FAIGLEY L, MEYER P, 1983. Rhetorical theory and readers' classification of text types[J]. Text-interdisciplinary journal for the study of discourse, 3(4).
FAIRCLOUGH N, 1997. Media discourse[M]. London: Edward Arnold.
FOWLER R, 1991. Language in the news: Discourse and ideology in the press[M]. London: Routledge.
FULTON H, 2005. Narrative and media[M]. London: Cambridge University Press.
GEORGAKOPOULOU A, 2013. Small stories research and social media practices: Narrative stancetaking and circulation in a Greek news story[J]. Sociolinguistica, (27).
GILES B, 2001. Narrative journalism: A new Nieman program[J]. Nieman reports, 55(3).
GILES B, 2004. Thinking about storytelling and narrative journalism[J]. Nieman reports, 58(1).
GILLMOR D, 2004. We the media: Grassroots journalism by the people, for the people[M]. Sebastopol: O' Reilly Media.
HALLIDAY M A K, 1995. An introduction to functional grammar[M]. London: Edward Arnold.
HART J, 2011. Story craft: The complete guide to writing narrative nonfiction[M]. Chicago: University of Chicago Press.
HASSAN Q F, 2018. Internet of things A to Z: Technologies and applications[M]. Piscataway: Wiley-IEEE Press.
HELLMUELLER L, VOS T P, POEPSEL M A, 2013. Shifting journalistic capital?

Transparency and objectivity in the twenty-first century[J]. Journalism studies, 14(3).
HERMAN D, 2009. Basic elements of narrative[M]. Hoboken: Wiley-Blackwell.
HERMIDA A, 2010. From TV to Twitter: How ambient news became ambient journalism[J]. Media/Culture journal, 13(2).
HERMIDA A, 2010. Twittering the news: The emergence of ambient journalism[J]. Journalism practice, 4(3).
HODGE R, KRESS G, 1993. Language as ideology[M]. London: Routledge.
HOWARD G S, 1991. Culture tales-a narrative approach to thinking, cross-culture psychology, and psychotherapy[J]. American psychologist, 46(3).
ISRAEL S, 2009. Twitterville: How businesses can thrive in the new global neighborhoods[M]. New York: Portfolio Hardcover.
JENKINS H, 2006. Convergence culture: Where old and new media collide [M]. New York: New York University Press.
JONES S, 2017. Disrupting the narrative: immersive journalism in virtual reality[J]. Journal of media practice, 18(2-3).
KARLSSON M, 2010. Rituals of transparency: Evaluating online news outlets' uses of transparency rituals in the United States, United Kingdom and Sweden[J]. Journalism studies, 11(4).
KRAMER M, 2000. Narrative journalism comes of age[J]. Nieman reports, 54(3).
LABOV W, 1972. Language in the inner city: Studies in the Black English Vernacular[M]. Philadelphia: University of Pennsylvania Press.
LASSILA-MERISALO M, 2014. Story first—publishing narrative long-form journalism in digital environments[J]. Journal of magazine & new media research, 15(2).
LERNER K, 2011. The structure and style of narrative journalism[J]. Journal of magazine & new media research, 12(2).
MARCHIONNI D M, 2013. Journalism-as-a-conversation: A concept explication[J]. Communication theory, 23(2).
MARIE-LAURE R, 2006. Semantics, pragmatics, and narrativity: A response to David Rudrum[J]. Narrative, 14(2).
NEVEU E, 2014. Revisiting narrative journalism as one of the futures of journalism[J]. Journalism studies, 15(5).
PHELAN J, 2005. Living to tell about it: The rhetoric and ethics of character narration[M]. Ithaca: Cornell University Press.
PIER J, LANDA J A G, 2008. Theorizing narrativity[M]. Berlin: Walter de Gruyter.
PRINCE G, 2003. A Dictionary of narratology (extended and revised version)[M]. Lincoln: University of Nebraska Press.
REAH D, 1998. The language of newspapers[M]. London: Routledge.
RIESER M and ZAPP A, 2002. New screen media: Cinema/art/narrative[M]. London: BFI.
ROBERTS W, GILES F, 2014. Mapping nonfiction narrative: A new theoretical approach to analyzing literary journalism[J]. Literary journalism studies, 6(2).

ROBINSON S, 2011. Journalism as process: The organizational implications of participatory online news[J]. Journalism & communication monographs, 13(3).

ROEH I, 1989. Journalism as storytelling, coverage as narrative[J]. The American behavioral scientist, 33(2).

SCOLLON R, 1998. Mediated discourse as social interaction: A study of news discourse[M]. Hong Kong: Longman.

SHAFFER V A, SCHERER L D, FOCELLA E S, et al., 2018. What is the story with narratives? How using narratives in journalism changes health behavior[J]. Health communication, 33(9).

SRISARACAM S, 2018. Crafting news narratives on social media[J]. Journalism practice, 12(8).

VAN DIJK T A, 1988. News as discourse[M]. Hillsdale: Lawrence Erlbaum Association.

VIRTANEN T, 1992. Issues of text typology: Narrative—a "basic" type of text?[J]. Text and talk, 12(2).

WAHIJORGENSEN K, 2012. Subjectivity and storytelling in journalism: Examing expression of affect, judgment and appreciation in pulitzer prize-winning stories[J]. Journalism studies, 14(3).

WELKER C B, 2002. The paradigm of viral communication[J]. Information service & use, 22(1).